SOUVENIRS

D'UN

OFFICIER DU 2ME DE ZOUAVES

Clichy. — Impr. M. Loignon, Paul Dupont et Cie, rue du Bac-d'Asnières, 12.

SOUVENIRS

D'UN OFFICIER

DU 2ᵐᵉ DE ZOUAVES

NOUVELLE ÉDITION

CONSIDÉRABLEMENT AUGMENTÉE

PARIS

MICHEL LÉVY FRÈRES, ÉDITEURS

RUE VIVIENNE, 2 BIS, ET BOULEVARD DES ITALIENS, 15,

A LA LIBRAIRIE NOUVELLE

—

1869

PRÉFACE

En 1856, après la guerre d'Orient et la conclusion de la paix de Paris, l'idée me vint de publier, dans le *Spectateur militaire*, quelques notices historiques sur les régiments qui avaient fait la glorieuse campagne de Crimée.

Je fus encouragé dans cette résolution par un de mes bons camarades d'école militaire et d'enfance, le général de Wimpffen, commandant alors une brigade d'infanterie de la garde impériale, aujourd'hui à la tête de la province d'Alger.

Cet officier général, d'un grand mérite, avait conduit le régiment de tirailleurs algériens en Orient. Il avait combattu à sa tête à l'Alma et à Inkermann; il l'avait encore dans sa brigade et sous ses ordres, le 8 septembre, au moment de l'attaque suprême.

Les braves tirailleurs, dont le lieutenant-colonel fut tué à la gorge du redoutable ouvrage de Malakoff, arrosèrent de leur sang généreux le vaste champ de bataille, ils aidèrent puissamment à conserver la clef de la position.

De Wimpffen, à qui je confiai mon intention de commencer ma série d'études par ses *turcos*, m'apporta des documents que j'utilisai de mon mieux dans quelques articles insérés au *Spectateur*.

Un beau jour il me dit qu'un de nos camarades d'école, le brillant général Cler, qui commandait comme lui une des brigades d'infanterie de la garde, désirait me voir et renouer avec moi une vieille connaissance qui lui était chère.

— Viens passer la soirée à l'École militaire, chez moi, ajouta de Wimpffen, tu y trouveras Cler, que je vais prévenir.

La chose convenue, je fus exact au rendez-vous, et, après avoir salué la maîtresse de la maison, je reçus de Cler la plus affectueuse, la plus cordiale poignée de main.

Cler était alors un des plus jeunes généraux de l'armée et un de ceux dont la réputation méritée avait grandi le plus rapidement. Je n'étais, moi, qu'un modeste chef d'escadron, et je ne fus pas médiocrement touché de la sympathie qu'il voulut bien me témoigner.

Nous causâmes toute la soirée en vieux camarades, heureux de se retrouver après s'être perdus de vue pendant vingt ans. Au moment de me quitter, Cler me dit :

— Si, après les *Turcos* de Wimpffen, vous ne craignez pas d'aborder l'histoire de mes zouaves du 2e régiment, dont j'ai été longtemps l'heureux chef, je vous donnerai des notions que vous trouverez peut-être curieuses sur ces braves gens, qui constituent pour moi une véritable famille.

J'acceptai avec reconnaissance. Le lendemain, à neuf heures du matin, Cler était chez moi. Il portait un portefeuille bien garni de documents que je me mis à parcourir avec avidité.

— Mon bon ami, lui dis-je, après avoir lu une partie de ces papiers, voulez-vous me permettre de vous dire la vérité tout entière?

— Parbleu! je l'entends bien ainsi.

— Il y a des trésors dans ce que vous m'offrez; mais il faut extraire de cette riche mine le métal précieux. Ce n'est point de simples articles que l'on doit tirer de ces documents; on peut en faire un bien joli volume qui serait un petit monument élevé à la gloire de votre cher régiment. Voulez-vous m'aider dans cette œuvre paternelle?

— Oh! de grand cœur! Mais, vous le voyez, je suis inhabile à manier une plume.

— Sans doute, vous savez mieux commander une brigade que rédiger un livre de longue haleine; mais je ne vous demande qu'une chose; fournissez-moi tous les documents que vous avez; creusez votre mémoire; jetez vos souvenirs sur le papier sans vous astreindre à les rédiger avec art... Soyez mon collaborateur, l'architecte de notre petit monument, et laissez-moi le soin de l'ornementation... Voulez-vous?

Cler fut ravi de la proposition, et, petit à petit, les *Souvenirs d'un officier du 2e de zouaves* virent le jour.

Je voulus les donner au *Moniteur universel*; le grave *Moniteur* trouva des obstacles sans nombre à publier un *factum* où il n'était question que des zouaves. Que diraient les autres corps de l'armée? Ne seraient-ils pas jaloux?... Le *Spectateur militaire*, moins timide, fit bon accueil à l'œuvre des deux saint-cyriens, et cette œuvre fut insérée sous un de mes pseudonymes, celui de *Forville*. Cler ne voulut être pour rien dans la publication.

Les *Souvenirs d'un officier du 2e de zouaves* trouvèrent ensuite un éditeur dans la maison *Michel Lévy*. Ce petit volume, auquel la mort d'un de ses auteurs, le brave et regretté Cler, devait faire une si puissante et si malheureuse réclame, ce petit volume parut précisément au moment où les premières troupes de l'armée quittèrent la France pour l'Italie.

Cler était parti un des premiers avec la garde; je le suivis quelques jours plus tard, pour rejoindre le corps d'armée à l'état-major général auquel j'étais attaché. Dans l'intervalle, je fus assez heureux pour recevoir de l'éditeur les six premiers exemplaires tirés du livre fait en collaboration avec mon bon Cler. Je voyageai de Paris à Marseille près d'un officier supérieur, le lieutenant-colonel des tirailleurs algériens, qui allait rejoindre la partie principale de l'armée. Je lui confiai les six précieux volumes pour les remettre à Cler, sachant le plaisir qu'éprouverait le général en les voyant. Hélas! ce fut son dernier bonheur sur la terre. Il les reçut la veille de Magenta. Le lendemain, il mourait au champ d'honneur à la tête de ses zouaves et de ses grenadiers de la garde, qui résistaient à l'armée autrichienne avec l'héroïsme grâce auquel la victoire put être remportée.

Frappé d'une balle au front par un tirailleur hongrois, Cler tomba mort et ses soldats se battirent autour de son corps pour ne pas le laisser en trophée à l'ennemi.

Pendant ce temps-là, son ami le général de Wimpffen était blessé d'un coup de baïonnette à la tête en guidant aussi sa brigade. Plus heureux que Cler, il contribua au gain de la journée sans périr comme mon pauvre camarade, enseveli dans son triomphe!

Le lieutenant-colonel qui avait porté les volumes à Cler, ne tarda pas également à tomber mort au champ d'honneur.

Alors le bruit, habilement propagé, et vrai du reste en

partie, que les *Souvenirs d'un officier du 2ᵉ de zouaves* avaient pour auteur le général Cler, fit à ce petit livre un véritable succès.

Quelque temps après, lorsque, de retour de la campagne d'Italie, je revendiquai dans les prospectus de mes œuvres ma collaboration à ce volume, des officiers me trouvèrent outrecuidant et l'un d'eux m'en écrivit. Je prouvai facilement que j'étais dans mon droit. Le succès du livre ne s'étant pas arrêté depuis dix ans bientôt, je me décide, aujourd'hui, à une édition nouvelle, en tête de laquelle je fais paraître cette préface explicative. Je la fais suivre d'une notice sur la vie militaire de mon brave camarade et collaborateur, et je termine seul, hélas ! l'ouvrage, par le récit succinct des campagnes et faits d'armes du 2ᵉ de zouaves, depuis et y compris la guerre d'Italie jusqu'à nos jours.

J'espère que, tout en regrettant de ne plus trouver dans cette fin du volume l'attache du général Cler, le régiment si longtemps commandé par ce brillant chef me saura gré d'avoir pensé à achever l'œuvre commencée par les deux saint-cyriens.

Le général Cler, lorsqu'il fut tué à Magenta, était un homme de quarante-cinq ans, grand, admirablement fait, ayant une figure noble, expressive, sur laquelle se peignaient à la fois l'audace et la bonté. Aimé de tous ses camarades, pendant sa belle carrière, estimé de ses chefs, il était adoré de tous ses soldats ; ces derniers l'ont prouvé en se faisant écharper autour de son corps pour ne pas le laisser aux mains de l'ennemi.

Né à Salins (Jura), le 2 décembre 1814, Jean-Joseph-Gustave Cler entra à Saint-Cyr le 20 novembre 1832, le même jour que moi. Sa taille élevée le fit placer dans les compagnies du demi-bataillon de droite de l'école. Je fus incorporé dans celles du demi-bataillon de gauche.

Les élèves donnaient en plaisantant le nom de *chameaux* aux saint-cyriens des compagnies de droite et celui de *graines* à ceux des compagnies de gauche. Les relations étaient peu fréquentes entre les *chameaux* et les *graines*, cependant Cler et moi nous nous liâmes assez intimement pendant notre séjour au *Royal-spécial-bahut*, comme on appelait alors Saint-Cyr.

A notre sortie, en 1834, Cler fut dans sa famille à Salins, moi, je me proposai pour entrer à l'École d'état-major, et nous nous perdîmes de vue.

Il rejoignit, en avril 1835, le 21ᵉ d'infanterie légère, qui faisait alors partie de la division active des Pyrénées-Orientales, sous les ordres du général de Castellane, à Perpignan et aux environs.

Le général, dont l'originalité et les petites manies militaires ont bien souvent donné lieu à des plaisanteries, mais qui, de fait, savait admirablement apprécier, distinguer les bons officiers, leur rendre justice et les pousser, le général ne tarda pas à remarquer le jeune sous-lieutenant Cler, dont la belle tenue, le zèle de tous les instants et l'instruction le frappèrent pendant les inspections incessantes qu'il passait de sa division. Il le porta sur le tableau d'avancement dès que le temps réglementaire fut écoulé. Cler obtint le 27 avril 1838, c'est-à-dire trois années après sa sortie de l'école, le grade de lieutenant.

En 1839, le 21ᵉ léger quitta la division Castellane pour venir à Bayonne. Cler, chargé de la direction des écoles régimentaires, déploya dans cette mission délicate un zèle, une ardeur, des talents qui le firent noter comme officier hors ligne. Il exécuta en outre, pendant cette première période de sa carrière militaire, des travaux topographiques qui lui valurent des témoignages de satisfaction du ministre. Il rédigea un mémoire sur la fortification passagère qui lui mérita la haute distinction de l'insertion de son nom au journal militaire officiel.

En 1841, le 18 avril, Cler fut promu capitaine au choix. Quoiqu'il aimât beaucoup le régiment dans lequel il avait fait ses premiers pas, désireux d'utiliser en campagne les connaissances acquises pendant six années de garnison, il sollicita et obtint la faveur de passer, en novembre, au 2e bataillon d'infanterie légère d'Afrique, alors dans la province d'Alger. Le général, bientôt maréchal Bugeaud, était gouverneur de notre colonie.

Il faut des aptitudes spéciales pour servir aux bataillons d'infanterie légère d'Afrique, dont les hommes sont connus sous le nom de *zéphyrs*.

On ne place dans ces corps que des officiers vigoureusement trempés, d'une valeur à toute épreuve, et ne reculant devant aucune difficulté. Cler fut jugé remplir parfaitement ces conditions.

Avec ce bataillon, il fit les campagnes d'Afrique de 1842 à 1846, prit part à la bataille d'Isly et se fit connaître de l'illustre homme de guerre auquel cette journée valut le bâton de maréchal et le titre de duc.

Le 23 décembre 1842, Cler fut mis à l'ordre de l'armée comme s'étant distingué aux divers combats soutenus par la division Korte dans les montagnes de l'Ouarensénis, principalement à celui de Besnès, du 10 décembre. L'année suivante il était adjudant-major. Le commandant de son bataillon, dans son rapport au colonel de Saint-Arnaud sur la défense d'un convoi attaqué par les Arabes le 23 avril, le cite de nouveau.

« Le capitaine Cler, trouve-t-on dans ce rapport, s'est » multiplié pour diriger les tirailleurs dans les retours offen- » sifs et pour offrir aux blessés le secours de son cheval. »

Cler était, en effet, aussi bon, aussi humain qu'il était intrépide au feu. Ces qualités se trouvent habituellement réunies dans les cœurs haut placés.

Un jour, une jeune femme, causant avec le général Cler et ne voyant que le beau côté du métier des armes, lui dit :

— Vous devez être heureux, général, si jeune, d'avoir une si brillante position. Et puis l'on doit être si fier de commander un grand nombre d'hommes.

— Sans doute, madame, répondit Cler avec un sentiment de modestie et de tristesse; mais si vous saviez la responsabilité qui incombe au chef à de certains moments, si vous saviez quelles pensées agitent le cœur d'un honnête homme lorsqu'il se dit qu'un ordre mal donné, qu'une mesure mal prise, qu'une erreur de sa part, vont peut-être coûter la vie à de braves gens qui ont mis toute leur confiance dans leur chef ! — Je vous assure que la médaille du commandement a parfois de bien pénibles revers.

En 1844, le 24 mai, aux combats livrés dans le Dahra, Cler se fit encore remarquer. C'est là qu'il fut en relation pour la première fois avec le colonel depuis général Pélis·

sier. Il eut par la suite avec le futur duc de Malakoff, quand il était général de division, en Afrique, une sorte de conflit dont il sortit à son honneur.

Cler était un des meilleurs chefs de corps de l'armée. Le général Pélissier n'était pas toujours tendre pour ses subordonnés. Souvent il était fantasque et quinteux. Un jour il adressa au colonel Cler, devant sa troupe, un reproche immérité. Il le fit d'une façon brutale. Cler jette aussitôt son sabre à terre, et déclare qu'il quitte le service et donne sa démission. Pélissier se retire un peu honteux. Son aide de camp, le regretté et brillant Cassaigne, tué le jour de la prise de Malakoff, qui avait une grande influence sur le général, lui dit qu'après ce qui vient de se passer il ne veut plus être attaché à sa personne. Pélissier, troublé et reconnaissant son injustice, se hâte de faire demander le colonel Cler, de lui adresser de nobles excuses et de le prier à dîner.

En février 1846, le capitaine Cler fut cité à l'occasion du coup de main exécuté contre les Ouled-Bessem. Après ces différentes expéditions, il dirigea comme capitaine-major l'administration de son bataillon, et s'acquitta de ces nouvelles fonctions de la manière la plus remarquable. Il ne tarda pas à être promu major au 6e léger (27 avril 1846).

Dans cette position, Cler redoubla de zèle, montra les talents d'un administrateur et reçut, le 10 décembre 1849, la croix de chevalier de la Légion d'honneur.

En janvier 1852, il obtint la double épaulette et fut nommé lieutenant-colonel au 21ᵉ de ligne.

C'était l'époque où le maréchal de Saint-Arnaud, comprenant tout ce qu'on peut tirer de soldats comme les zouaves, obtint du chef de l'État de former, avec les trois bataillons de ce corps, trois régiments. Il fallait des hommes spéciaux, vigoureux, énergiques et brillants pour être à la tête de ces nouveaux régiments. Cler fut choisi des premiers. Il rejoignit le 2ᵉ de zouaves à Oran et contribua puissamment à son organisation.

Nous ne le suivrons plus dans sa carrière malheureusement trop courte, à partir de ce moment. *Les souvenirs d'un officier de zouaves* le font connaître malgré lui.

Cler, devenu un des plus brillants généraux de la garde après la campagne de Crimée, n'oublia pas, comme on l'a vu, un camarade que sa carrière beaucoup moins avancée, beaucoup moins brillante, n'avait pas élevé aux premiers grades.

Lorsque je lui demandai d'être mon collaborateur pour le petit ouvrage des *Souvenirs d'un officier du 2ᵉ de zouaves*, il fut ravi de ma proposition et se mit à mon entière disposition. Il venait souvent chez moi, m'écrivait sans cesse. En voyant retracer les souvenirs de sa vie militaire, il montrait la joie d'un enfant.

Voici quelques-unes des lettres qu'il m'écrivit à cette époque.

Paris, le 2 février 1855.

« Mon cher Du Casse,

' » Je vous envoie le caporal Lacour (dit l'Enrhumé), ancien caporal-sapeur de mon régiment et des zouaves de la
garde, qui a beaucoup vu, beaucoup retenu et qui, avec
son esprit naturel et original, vous racontera toutes les histoires que vous désirerez sur les campagnes d'Afrique et
d'Orient. Lacour est le *La Ramée* de notre jeune armée;
c'est aussi un brave soldat qui porterait dignement la croix
de chevalier de la Légion d'honneur.

» Croyez, mon cher Du Casse, aux sentiments de bonne
affection de votre ancien et bon camarade.

» CLER.

» *P. S.* — L'Enrhumé ayant été rayé des contrôles de
son corps et porté en mutation sous la formule suivante :
« Tué le 8 septembre à l'assaut de Malakoff, » vous pour-
riez intituler votre feuilleton : *Mémoires d'outre-tombe d'un
Zouave.* »

Cette lettre est tout une histoire. Le caporal Lacour,
dit l'Enrhumé, parce que de fortes et nombreuses libations
avaient altéré profondément le timbre de sa voix, était un

de ces rudes zouaves que rien n'étonne. Tombé un des premiers dans le fossé de Malakoff, grièvement blessé au moment où il s'élançait à l'assaut à la tête de la colonne des enfants perdus, il avait été tellement vite enseveli sous les corps de ses compagnons d'armes, comme lui culbutés dans les défenses de l'ouvrage à jamais célèbre, qu'il n'avait pu se relever.

Un jour entier, chose incroyable, il était resté dans cette position. Le soir, comme on ne le vit pas rentrer au corps, on le porta au nombre des tués ; mais, le lendemain, lorsque les corvées se présentèrent pour ensevelir les morts et qu'on l'eut dégagé des entraves humaines qui le retenaient captif malgré lui , le vieux *Zouzou* réclama énergiquement contre le titre de *décédé* qu'on lui voulait donner. Il entra à l'hôpital de Constantinople , revint en France avec une jambe de bois, « ayant refusé, me dit-il, à Paris, *de se laisser graisser ses bottes* [1] par l'aumônier, qui l'eût envoyé dans l'autre monde, croyait-il, s'il l'eût laissé faire. »

Le brave *Zouzou* était convaincu que cette dernière cérémonie religieuse ne peut se terminer autrement que par la mort de celui qui l'accepte.

Le bon général Cler avait une véritable affection pour son

---

[1] C'est ainsi que l'Enrhumé désignait l'extrême-onction.

caporal-sapeur. Il avait quitté la Crimée le croyant très-défunt, aussi ne fut-il pas peu surpris lorsqu'il le vit arriver un beau matin, droit comme un I sur sa jambe de bois, réclamant énergiquement sa place de bataille à la tête de ses sapeurs.

Cler me l'envoya, me priant de l'aider à lui faire obtenir la croix, qu'il fut assez heureux pour lui faire donner avec une bonne retraite.

Voici quelques autres lettres de mon bon et excellent camarade d'école :

« Mon cher Du Casse,

» A quelle heure serez-vous chez vous pour que je puisse aller vous porter du travail? Si le temps le permet, je monterai à cheval entre deux et trois heures; en passant, j'irai vous voir.

» Tout à vous de cœur,

» CLER. »

Lundi   in.

« Mon cher Du Casse,

» Je vous porterai vers deux heures la partie de mon manuscrit qui raconte l'expédition de Laghouat. Veuillez me faire savoir si vous serez chez vous.

» Tout à vous,

» CLER. »

Dimanche matin.

———

« Mon cher Du Casse,

» Le manuscrit qui contient la première partie de l'histoire du 2e régiment de zouaves pendant la campagne d'Orient étant prêt, je vous le porterai demain mercredi, entre une heure et deux heures. Si vous deviez être occupé demain, veuillez me prévenir afin que je puisse choisir un autre jour.

» Croyez aux meilleurs sentiments de votre ancien et bon camarade,

» CLER. »

Mardi 31 mars.

———

Lundi matin 13 avril.

« Mon cher Du Casse,

» J'irai aujourd'hui à deux heures vous porter une nou-

velle partie de l'histoire du 2ᵉ de zouaves... Veuillez me faire
savoir si je vous rencontrerai chez vous.

» Tout à vous de cœur,

» CLER. »

———

Paris, le 14 avril 1857.

« Mon cher Du Casse,

» Je vous envoie une petite note qui servira à compléter la description du champ de bataille d'Inkermann.
Cette note sera bien placée entre le grand paragraphe
qui se termine par cette phrase : « En avant de la batterie
» de l'Abattoir, les glacis étaient marqués par une couche
» de cadavres » et celui qui commence par celle-ci : « De
» larges fossés furent creusés dans les parties basses du
» champ de bataille. »

» Voici cette note :

« Des monceaux d'affûts et de roues, les débris noircis
» des caissons qui avaient sauté, des amas de projectiles,
» marquaient l'emplacement de la grande batterie russe
» établie pendant la bataille sur la déclivité du contre-fort en
» arrière de la route, et celui de la batterie anglo-française
» qui lui avait été opposée dans le haut du champ de ba
» taille entre la batterie de l'Abattoir et la route. De nom-

» breux cadavres de chevaux, dont plusieurs avaient été
» éventrés par les boulets et les obus, indiquaient aussi
» l'emplacement de ces batteries. Le champ de bataille,
» coupé par des bouquets de hautes broussailles, était litté-
» ralement couvert de fusils dont les baïonnettes en ren-
» daient le parcours très-difficile, surtout aux cavaliers.

» Croyez, mon cher Du Casse, aux meilleurs sentiments
de votre ancien camarade,

» CLER.

» Je vous recommande encore de rédiger l'ouvrage de
manière à ce que *mon nom* y soit remplacé le plus possible
par l'indication de *mon grade*. »

Paris, le **17** avril 1857.

« Mon cher Du Casse,

» Le fait reproché aux Russes d'avoir fait feu sur les
infirmiers des armées alliées qui ramassaient les blessés
sur le champ de bataille d'Inkermann appartenant à l'histoire, je tiens à ce qu'il soit *bien précisé* dans la description
que je donne du champ de bataille. Je vous prie donc de
rédiger de la manière suivante la phrase qui rappelle ce
fait :

« Les infirmiers anglais et français furent dirigés sur

» toutes les parties du champ de bataille où se trouvaient
» les blessés russes; mais bientôt les projectiles ennemis,
» lancés par les batteries de la rive droite de la Tchernaïa
» et du Phare et par les bateaux à vapeur qui remontaient
» jusque dans le haut du port, les forcèrent de suspendre
» leur pieux et charitable devoir. »

» Je vous serre bien affectueusement la main, mon cher
Du Casse.

» CLER. »

La dernière visite que Cler me fit avant de partir pour
l'Italie, il ne me trouva pas; j'étais occupé, de mon côté, à
mes préparatifs pour cette campagne. Il venait me dire que
s'il avait le bonheur de passer général de division, son premier acte serait de me demander pour aide de camp ou pour
chef d'état-major.

Voyant une larme perler aux yeux des miens lorsqu'il
prit congé d'eux :

— Ne craignez rien, leur dit-il, voilà vingt ans que je
fais la guerre et je n'ai jamais été blessé. Nous reviendrons
sains et saufs, Du Casse et moi.

Pauvre Cler! sa première blessure fut mortelle. En recevant la balle qui le frappa au front, il n'eut que le temps de s'écrier : Mon Dieu!

Il est mort en soldat, contribuant, ainsi que ses braves zouaves et grenadiers, à assurer, par son héroïque résistance, la belle victoire de Magenta.

A. DU CASSE.

Paris, 1er décembre 1868.

SOUVENIRS

D'UN

OFFICIER DU 2me DE ZOUAVES

LAGHOUAT. — LES BABORS. — L'ORIENT. — LA CRIMÉE. — LA GRANDE KABYLIE

I

AVANT-PROPOS

Les *Souvenirs d'un officier du 2e de zouaves* ont été rédigés d'après des notes écrites jour par jour, notes prises avec la plus grande exactitude par un des officiers les plus marquants du corps.

Le 2e de zouaves, depuis sa formation à Oran jusqu'au jour où nous publions ce récit, traité au double point de vue historique et pittoresque, n'a pas cessé, pour ainsi dire, de se trouver en face de l'ennemi. Dans le sud de notre colonie africaine, dans la Kabylie des Babors, en Orient, enfin tout récemment encore dans la grande Kabylie, ce régiment a été mêlé à toutes les expéditions, à tous les faits de guerre de ces dernières années.

« Les zouaves sont les plus braves soldats du monde, » a dit le maréchal de Saint-Arnaud, le soir de la victoire de l'Alma. Ces paroles ont jeté un noble orgueil dans le cœur de tous les membres des trois régiments de cette arme.

Toutefois, le lecteur étranger à l'état militaire est en droit de se faire une question que nous avons entendu poser plus d'une fois en notre présence : Pourquoi des régiments, qui semblent formés d'éléments identiques à ceux avec lesquels se recrutent les autres corps de notre armée, paraissent-ils souvent avoir sur les autres troupes une espèce de supériorité? Pourquoi sont-ils considérés par nous comme des corps d'élite, par l'ennemi comme des corps plus redoutables?

Peut-être trouvera-t-on une réponse à cette double question, si l'on veut examiner avec nous l'organisation, le recrutement et l'esprit de corps des régiments de zouaves, et remonter à leur formation première.

Peu de temps après la prise d'Alger, le gouverneur général voulant utiliser au profit de notre nouvelle colonie les services qu'on pouvait attendre de quelques indigènes disposés à entrer dans les rangs de notre armée, organisa un bataillon d'infanterie dont les compagnies, commandées par des officiers français, furent presque entièrement recrutées parmi les anciens habitants du pays. Ces nouveaux soldats, auxquels on conserva le costume oriental, prirent le nom de *zouaves*, nom donné par les Turcs aux fantassins indigènes que le dey d'Alger recrutait principalement dans une des grandes tribus de la Kabylie.

On ne tarda pas à s'apercevoir que ce bataillon était d'une grande utilité dans les opérations de petite guerre faites contre les indigènes. On se décida à former un régiment de deux bataillons. Le commandement en fut donné au colonel de Lamoricière, dont le nom devint célèbre dans notre armée d'Afrique. Les indigènes entrèrent bien encore dans le nouveau régiment, mais l'élément français y domina.

En 1842, après les premières années de l'occupation, après des services importants rendus par les deux bataillons de zouaves, principalement dans la guerre de 1840 et de 1841, le régiment fut porté à trois bataillons de neuf compagnies, dont une de dépôt. Mais alors les indigènes disparurent presque entièrement de nos rangs. C'était déjà à qui, parmi les meilleurs, les plus vigoureux et les plus braves soldats de l'armée d'Afrique, entrerait dans un corps séduisant à plus d'un titre pour des Français. Uniforme, façon de vivre, liberté plus grande que dans les garnisons de France et même d'Algérie, certitude de se trouver partout où il y aurait un coup de fusil à tirer, gloire à acquérir, tout cela était bien fait pour attirer dans les rangs des zouaves les descendants de ces Gaulois nos premiers pères, qui disaient jadis avec orgueil : *Si le ciel venait à tomber, nous le soutiendrions du fer de nos lances.*

Outre cette condition de succès résultant de l'organisation première, nous devons dire que l'on eut plus tard la bonne idée d'adopter, pour les zouaves destinés à combattre en troupe légère, les manœuvres et l'armement des bataillons de chasseurs à pied.

Le recrutement ne contribua pas peu aussi à la réputation que les zouaves acquirent si rapidement. Nous avons déjà déduit quelques-unes des raisons qui faisaient rechercher cette arme, de préférence à beaucoup d'autres. Nous ajouterons que les soldats de ces régiments y sont habituellement admis sur leur demande. Beaucoup sont enfants de Paris où nés dans les grandes villes[1]. La plupart, entrés au service, dans le principe, à titre d'engagés volontaires ou de remplaçants ayant terminé un premier congé, sont faits à la vie militaire, rompus aux privations qu'ils supportent gaiement, aux fatigues qu'ils méprisent, aux dangers des combats dont ils se font un jeu. Ils sont fiers de leur uniforme, qui ne ressemble à celui d'aucune autre troupe; fiers de ce nom de zouave à origine mystérieuse; fiers des actions d'éclat dont chaque jour ils enrichissent l'historique du corps; heureux de la liberté dont on les laisse jouir en station et en expédition. On dit que le zouave aime le vin, c'est vrai; mais il recherche bien plus dans la bouteille le plaisir que l'abrutissement causé par l'ivresse. Ces régiments comptent dans leurs rangs: des officiers démissionnaires, et qui, fatigués d'une vie oisive, viennent reprendre le mousquet et la chéchia; des sous-officiers ayant fait un premier congé, et qui, braves,

---

[1] Souvent un étranger, ayant demandé à un zouave de quelle tribu il sortait, en a reçu cette réponse: « De la tribu des Beni-Pantin, ou de celle des Beni-Moufftard. »

téméraires même, viennent redemander aux combats leurs galons, une position ou une mort glorieuse; d'anciens officiers de la garde mobile; des matelots libérés, aux larges épaules, habitués à se jouer du canon et des tempêtes; des jeunes gens de famille, désireux de remplacer par le ruban rouge de la Légion d'honneur, ruban payé de leur sang, sur le champ de bataille, la fortune qu'ils ont gaspillée sur le pavé de Paris.

On comprend si, avec de semblables éléments, les régiments de zouaves doivent être brillants en face de l'ennemi. On assure que peu de temps avant la campagne d'Orient, un personnage compétent en matière de bravoure et juste appréciateur du mérite militaire, disait : « Si la guerre éclate, nous montrerons nos zouaves aux Russes. » Les Russes les ont vus de près, et l'on reconnaîtra, dans le cours de ce récit, s'ils savent apprécier ces héroïques soldats. Les officiers sont généralement choisis dans les régiments de ligne, parmi les hommes les plus vigoureux au moral et au physique. Pleins d'énergie, poussant l'amour du drapeau jusqu'à sa dernière limite, toujours prêts à affronter la mort et à courir au-devant du danger, ils cherchent la gloire plus encore que l'avancement. Comme tous leurs camarades de l'armée, ils n'ignorent pas que, dans leur noble métier, ils ne doivent pas songer à la fortune. Entraîner leurs soldats, leur donner l'exemple de toutes les vertus militaires, tels sont leurs uniques soucis. Nos ancêtres disaient : *Noblesse oblige*. Ils s'appliquent volontiers cette belle devise. Leur noblesse, à eux, ce ne sont pas de vieux parchemins de famille, mais l'uniforme dont ils sont revêtus, ce titre d'officier de zouaves dont ils tirent vanité.

L'esprit de corps, cette religion du militaire, est porté au plus haut point parmi les zouaves. Bien des simples soldats de ces régiments ne consentiraient pas à changer leur turban contre des galons de sous-officiers dans d'autres corps. On a vu beaucoup de sous-officiers, et même d'officiers, préférer attendre leur avancement en restant aux zouaves, plutôt que de l'obtenir en rentrant dans d'autres régiments. Il existe entre les soldats et les officiers de ces corps une confraternité militaire qui, loin de nuire à la discipline, en resserre plus étroitement les liens. L'officier voit dans le soldat un compagnon de dangers et de gloire plutôt qu'un inférieur. Pénétré de cette idée que la reconnaissance de l'*estomac* n'est point un vain mot, il s'occupe sans relâche à éviter à ses hommes des privations inutiles. Dans les pays où l'on est exposé à manquer du nécessaire, il n'hésite pas à venir en aide, par tous les moyens en son pouvoir, à ses zouaves. Il prête ses bêtes de somme, avance de l'argent pour que la marmite ne soit pas vide. En retour, le soldat professe pour son officier une grande reconnaissance; il a pour lui du dévouement, et même une sorte de respect filial. Bien que la discipline soit sévère, il ne réclame pas contre les punitions infligées. Au combat, il n'abandonne jamais son chef, veille sur lui, se fait tuer pour le protéger, pour le sauver, ne le laisse pas tomber aux mains de l'ennemi s'il est blessé. Au bivouac, il entretient son feu, a soin de son cheval, de son mulet. S'il lui arrive de se procurer des fruits, du gibier, il les lui porte. Convaincus du désir qu'ont leurs chefs de les voir bien nourris en expédition, les zouaves demandent souvent qu'une partie de leur argent de poche soit employée pour l'achat des vivres de la tribu[1].

Le colonel, dans un régiment de zouaves, est l'homme vénéré des soldats, qui voient en lui le père de la famille. Pas un qui ne soit fier des succès qu'il obtient, qui ne soit heureux d'avoir pu contribuer à sa gloire et à son avancement. Lorsqu'un ordre émane directement de lui, on est sûr qu'il est religieusement exécuté. « Puisque le *père* l'a dit, se répètent-ils entre eux, il faut obéir. — Le *père* sait ce qu'il fait. — Il veut que nous soyons le mieux possible. »

Dans des moments critiques, le colonel peut user, au besoin, d'une discipline *draconienne*, sans avoir à craindre la désapprobation de ses hommes.

Ces considérations nous ont paru de nature à faire comprendre pourquoi les zouaves ont acquis une si brillante réputation. Nous allons commencer maintenant le récit de l'*existence* militaire du 2e régiment, existence qui, selon toute probabilité, a une bien grande analogie avec celle des deux autres régiments de la même arme, et nous di-

---

[1] D'après un usage emprunté aux Arabes, dans notre armée d'Afrique, lorsque l'on part pour une expédition, les soldats qui, selon l'expression consacrée, font *ordinaire* ensemble, c'est-à-dire vivent en commun, composent une réunion à laquelle ils donnent le nom de *tribu*. Dans la tribu, habituellement, chacun a sa spécialité, ses fonctions bien distinctes : l'un est chargé du bois et du feu, un autre de l'eau et de la cuisson des aliments, de la fabrication du café, un troisième du dressage des tentes, etc.

rons même aussi avec celle des autres régiments de notre belle armée.

II

FORMATION DU RÉGIMENT

Le maréchal de Saint-Arnaud, ministre de la guerre en 1851, avait fait son avancement en Algérie. Ayant été souvent en contact avec les régiments de troupes *indigènes*, ou plutôt *spéciales*, créées pour le service de notre colonie, il avait apprécié, en maintes occcasions, tout le parti qu'on en peut tirer. Dès qu'il prit le portefeuille, dès que la fermeté du nouveau gouvernement laissa entrevoir l'avénement d'une ère plus stable, il songea à augmenter la partie permanente de l'armée d'Afrique.

En février 1852, il adressa au Président de la République un rapport dans lequel il fit ressortir les avantages qui résulteraient de cette mesure.

Le Prince-Président, prenant en considération les motifs exposés par son ministre de la guerre, décréta, le 13 du même mois de février 1852, que trois régiments de zouaves seraient formés avec les éléments qui composaient le seul de cette arme existant alors.

Chacun des trois bataillons de l'ancien corps devint le noyau d'un des nouveaux rgéiments, qui prirent la dénomination de 1er, 2e et 3e de zouaves.

Le 1ᵉʳ fut formé à Blidah, le 2ᵉ à Oran, le 3ᵉ à Constantine. On adopta pour cette organisation les bases de l'ordonnance du 8 septembre .844. Il fut décidé, en dérogation aux dispositions de celle du 16 mars 1838 : 1° que les officiers des corps d'infanterie pourraient être admis, avec leurs grades, dans les trois régiments de zouaves, sur la désignation du ministre; 2° que les hommes de troupe seraient pris, en proportion à peu près égale, dans toute l'infanterie de l'armée.

Dès que l'on connut la création de trois régiments de zouaves, ce fut à qui, dans l'armée française, obtiendrait la faveur d'en faire partie. Les officiers et les soldats ayant servi en Afrique firent valoir ce titre pour y être admis; ceux placés dans la position contraire prétendirent qu'on devait leur laisser cette occasion de faire campagne. Tous voulaient porter un uniforme illustré déjà par des faits d'armes qui avaient acquis un véritable renom de bravoure à ce corps dont l'existence remontait à peine aux premières années de notre conquête de l'Algérie.

Le maréchal de Saint-Arnaud, juste appréciateur des qualités qui doivent distinguer les zouaves, désigna pour les trois régiments des hommes vigoureux au physique et au moral. Les officiers nommés avaient pour la plupart fait leurs preuves; les sous-officiers et les soldats comptaient tous plusieurs années de service, et nous devons ajouter qu'un grand nombre de caporaux, et même de sous-officiers des régiments de France, abandonnèrent volontairement leurs galons pour être compris dans les détachements dirigés sur les nouveaux corps.

Le 2ᵉ de zouaves, organisé à Oran, reçut d'abord, comme noyau, 1,400 zouaves de l'ancien corps, composant le 2ᵉ bataillon. On les fit partir de Blidah, sous les ordres du chef de bataillon Morand. On compléta le régiment avec 2,400 hommes tirés des troupes de France et de celles dans la province d'Oran, en sorte que le régiment se trouva avoir, dans le principe, un effectif de 3,800 anciens soldats.

On donna aux hommes de troupe le nouveau *fusil à tige*, que le comité d'artillerie avait mis à l'essai dans l'ancien régiment de zouaves, et l'on chargea un capitaine d'artillerie de surveiller les expériences prescrites avec cette nouvelle arme. L'ordonnance du 4 mars 1831, sur les manœuvres d'infanterie, fut remplacée pour les zouaves, par l'ordonnance du 22 juillet 1845, sur les manœuvres des chasseurs à pied.

Ce que nous disons là pour le 2ᵉ régiment doit être sous-entendu pour les 1ᵉʳ et 3ᵉ de même arme, en sorte qu'on eut bientôt sous la main un corps d'une dixaine de mille anciens soldats, dans la force de l'âge, bien armés, instruits, braves, ne reculant devant rien, et qu'on pouvait à juste titre considérer comme une troupe d'avant-garde, d'élite et de réserve propre à tout. Elle a noblement prouvé en Orient qu'elle était digne des espérances fondées sur elle.

Le colonel Vinoy (aujourd'hui général de division), alors commandant le 54ᵉ de ligne, officier supérieur qui alliait à une grande fermeté une aptitude particulière au commandement des corps spéciaux de l'armée d'Afrique, reçut le commandement du 2ᵉ de zouaves; on lui donna pour le seconder le lieutenant-colonel Cler (maintenant général de brigade de la garde). Les autres officiers supérieurs furent : le major Blaise, les chefs de bataillon Fraboulet de Kerleadec, Morand et Malafosse, tous ayant acquis par une longue expérience de la guerre d'Afrique les qualités nécessaires pour commander des troupes de la nature de celle des zouaves.

Le régiment fut constitué sous les yeux et sous l'inflexible direction du général Pélissier, qui commandait alors la province d'Oran. Au bout de trois mois, le 2ᵉ de zouaves était habillé, instruit et prêt à entrer en campagne. Ce résultat était dû à deux causes : le zèle des officiers, la réunion sur un seul point des éléments destinés à concourir à sa formation.

Vers la fin d'avril, le lieutenant-colonel, deux officiers, six sous-officiers, caporaux et soldats s'embarquèrent pour la France, afin de venir à Paris recevoir de la main du chef de l'État l'aigle qu'ils devaient bientôt montrer de si près à l'ennemi.

Au mois de septembre de la même année 1852, le 1ᵉʳ bataillon fut envoyé en garnison à Tlemcen. Quelqus compagnies des autres bataillons furent détachées aux travaux des routes.

Deux mois plus tard l'ordre arriva de se tenir prêt à faire une expédition. La joie fut grande parmi les zouaves du 2ᵉ régiment quand on apprit cette bonne nouvelle. Le lieutenant-colonel commandait alors le régiment, en l'absence du colonel parti pour la France, où l'avaient appelé de graves intérêts de famille.

LIVRE·PREMIER

LAGHOUAT

I

Dans les premiers jours du mois de novembre 1852, le général Pélissier reçut l'ordre du gouverneur général de prendre la direction des colonnes destinées à agir contre Mohamed-Ben-Abd-Allah, schériff d'Ouargla, qui, depuis quelque temps, excitait à la révolte les tribus sahariennes des provinces d'Oran et d'Alger. Ces colonnes, au nombre de six, furent formées dans les places du Tell[1]. Celles

[1] L'Algérie, prise dans son ensemble, depuis la mer jusqu'au désert, se divise, sous le rapport du sol et du caractère des habitants, en deux grandes zones bien distinctes, le Tell et le Sahara. Le Tell, pays de la

ayant pour mission d'opérer dans le sud-est eurent leurs points de départ fixés à Bouçada, Médéah et Boghar. Elles devaient se réunir, puis rallier le général Yusuf. Les trois autres, sous le commandement direct du géneral Pélissier, furent rassemblées à Sidi-bel-Abbès, Saïda et Oran. L'infanterie de cette dernière colonne était formée par le 2ᵉ régiment de zouaves.

Les points de concentration de toutes les parties de cette petite armée furent indiqués sur les hauts plateaux; à Djeffa pour les colonnes de l'est, à El-Biod et El-Aricha pour celles de l'ouest.

Sur l'ordre donné au 2ᵉ de zouaves, le 4 novembre, de former deux bataillons expéditionnaires de 600 hommes chacun, on fit venir des compagnies d'Oran, de Mers-el-Kébir, d'Arzew et de quelques autres localités. On organisa ces deux bataillons à cinq compagnies de 125 hommes. Les malades furent envoyés à Oran, en sorte qu'on n'eut que des zouaves aptes à faire immédiatement campagne. Les 2ᵉ et 3ᵉ bataillons avaient été désignés. Le lieutenant-colonel Cler en prit le commandement, ayant sous ses ordres les chefs de bataillon Morand et Malafosse, les capitaines adjudants-majors Abattucci et de Lignerolles, le chirurgien aide-major Canteloube.

culture et des ruisseaux, comprend, depuis la mer, une profondeur variant de 40 à 70 lieues; au delà se trouve la ligne de partage des eaux, puis le Sahara, dit *algérien*, région des oasis, transition entre la terre qui, sans être cultivable, produit encore certaines plantes, et l'immensité nue, aride et déserte. Laghouat au centre, Géryville à l'ouest et Biskra à l'est, marquent les points extrêmes de la limite du *Sahara algérien*.

Avant d'entrer dans les détails du rôle que joua le régiment dans cette rude expédition, nous croyons utile de présenter quelques considérations sur les événements qui la précédèrent et sur le but qu'on se proposait en l'entreprenant.

Au commencement de l'année 1852, notre influence dans le sud, l'organisation que nous avions tentée dans les oasis, étaient prêtes à disparaître par suite des intrigues et des prédications fanatiques du schériff d'Ouargla, Mohamed-Ben-Abd-Allah. Les tribus sahariennes nous échappaient. L'insurrection, grossie par plusieurs fractions de l'Arba[1], devint des plus violentes dans les environs du Mezab[2]. L'attraction exercée par ce foyer de révolte sur les populations flottantes du Sahara, dans les provinces d'Oran et d'Alger, commençant à donner des inquiétudes réelles au commandant de la subdivision de Médéah, il fut contraint, pour arrêter la désertion des nomades, de se porter au milieu d'eux, et de passer, à la tête d'une colonne, l'été tout entier dans les environs de Laghouat, de Ksar-el-Aïran et de Tadjerouna[3].

Nous avions alors un grand intérêt à isoler l'insurrection non-seulement des tribus de la subdivision de Médéah, mais encore de celles de la division d'Oran. Le schériff Mohamed avait conservé une grande influence sur les popu-

---

[1] Grande tribu saharienne au sud de Laghouat.

[2] Oasis située au sud de Laghouat, à l'extrémité de la limite du Sahara algérien de la province d'Oran.

[3] *Ksar-el-Aïran*, point situé un peu à l'est et près de Laghouat; *Tadjerouna*, point situé à 16 lieues au sud-ouest de Laghouat.

lations limitrophes du Maroc. La fidélité de ces populations était déjà fort ébranlée par les embarras que nous causait la tribu des Béni-Snassan du Riff [1].

Les Laghouat du Ksel [2], les Ouled-Sidi-Cheikh et une partie des Makna [3], par la position avancée de leurs cantonnements, paraissaient gagnés à la cause du shériff, et prêts à offrir à ce dernier une nouvelle base d'opérations pour ses mouvements dans l'ouest. Ils occupaient effectivement l'Oued-Zergoum, à une vingtaine de lieues au-dessus de Tadjerouna. Mohamed était venu les visiter, accompagné de goums nombreux.

Vers la fin de mars, une petite colonne légère de troupes françaises s'était dirigée de Mascara sur ces tribus, pour les forcer à se replier et à rentrer au nord de leurs ksours [4]. Cette opération avait eu lieu sans que nos soldats éprouvassent de résistance, grâce à la position prise en avant de Tadjerouna par la colonne du général commandant la subdivision de Médéah.

Avant de rétrograder, cette petite colonne arrêta le chef des Ouled-Sidi-Cheiskh, Si-Hamza, dont la présence à

[1] On appelle *Riff* toute la contrée montagneuse qui se trouve sur la frontière du Maroc, depuis la mer jusqu'aux environs d'Ouchda, ville située à environ 40 kilom. de la Méditerranée, près de la frontière est du Maroc.

[2] Le *Ksel* est la région intermédiaire et montagneuse dans l'ouest, entre le pays des Chotts (grands étangs desséchés), les hauts plateaux (sur la ligne de partage des eaux) et le Sahara algérien.

[3] Tribus au sud-ouest de Laghouat.

[4] *Ksours*, villages souvent entourés de jardins, quelquefois fermés par des murs en pierres sèches ou en briques, et dans lesquels les tribus sahariennes mettent les grains qu'elles achètent dans le Tell.

Oran nous offrait comme un otage et nous garantissait contre les velléités belliqueuses des tribus voisines.

Le général commandant à Médéah étant rentré dans le chef-lieu de sa division, les tribus sahariennes des deux provinces se trouvèrent, à la suite des dispositions adoptées vis-à-vis d'elles, éloignées du contact de l'insurrection. Elles passèrent l'été à faire leurs achats de grains, paraissant rester en dehors de toute intrigue ; mais leurs acquisitions de céréales une fois terminées, leurs approvisionnements complétés, on s'aperçut à Médéah que Laghouat était devenu le marché de l'insurrection. Les grains du Tell, transportés dans cette ville pour le compte de nos tribus soumises, étaient vendus aux dissidents. Il en résultait que toutes nos mesures prises, dans le but d'affamer les populations insurgées, se trouvaient complétement éludées. Ces dernières se rapprochaient de Laghouat avec leurs tentes et leurs troupeaux, afin d'ouvrir les principales routes du Tell à leur commerce d'échange, et de s'imposer par la force aux tribus fidèles des hauts plateaux.

Les choses en vinrent au point que le général Jusuf dut sortir de nouveau de Médéah au mois d'octobre pour parer aux éventualités. Il créa le poste de Djeffa[1], afin de maintenir les Ouled-Naïls[2] et de faciliter les opérations des colonnes qu'on se préparait à faire agir dans la partie des hauts plateaux dépourvue de ressources, et beaucoup trop

---

[1] *Djeffa,* poste fortifié situé à environ 80 kilomètres au nord-est de Laghouat.

[2] Grande tribu saharienne occupant le pays de Laghouat à Djeffa.

éloignée de nos derniers postes du Tell pour donner aux
expéditions le caractère de durée et de persistance qui
peuvent les rendre efficaces.

A l'approche du général Jusuf, les dissidents se replièrent et se portèrent à quelques jours de marche en arrière
de Laghouat. La colonne française poussa jusqu'à l'oasis
dont les habitants accueillirent bien nos soldats. Jusuf n'y
séjourna pas, et revint sur Djeffa, laissant dans Laghouat
un officier de spahis indigène avec une vingtaine de cavaliers du Magzem, chargés de maintenir l'ordre, de faire la
police, de relever et d'affermir l'autorité de nos agents.

En entrant à Djeffa, le général apprit qu'une grande
partie des populations révoltées s'était jetée sur le Djebel-
Amour[1], en traversant le pays des Makna et en portant le
désordre et l'effroi dans le Ksel. Il apprit, en outre, qu'une
bande de leurs coureurs avait poussé plus loin encore.
Retenu à Djeffa pour y activer les travaux de construction
de ce poste, Jusuf se hâta de rendre compte au gouverneur général de ce qui se passait, puis il surveilla, en
attendant ses ordres, les tribus qui l'entouraient.

Lorsque la nouvelle de ces événements fut connue dans
le Sahara de la province d'Oran, il se produisit une vive
émotion. Les tribus de Djebel-Amour entrèrent dans le
pays des Harrars, et ces derniers se jetèrent en désordre
sur le Chott el-Chergui[2]. Les Laghouat du Ksel descen-

---

[1] Chaîne de montagnes qui court du sud-ouest au nord, et sépare
les oasis de Laghouat de la plaine du haut Chéliff.

[2] Grand étang parallèle à la limite du Tell, dans le pays des hauts
plateaux (Sahara algérien de la province d'Oran).

dirent aussi dans le bassin du même Chott, et s'établirent pêle-mêle avec les Harrars.

Cette situation, habilement exploitée par les agents du schériff, et par les mécontents des deux provinces, parut assez grave au général Pélissier, commandant à Oran, pour qu'il demandât au gouverneur général de se porter vers le sud, afin d'être prêt à agir si les événements prenaient un caractère plus alarmant. D'ailleurs, il devenait indispensable de rendre de la confiance aux Sahariens, de les replacer dans leur pays et d'arrêter l'influence du schériff.

Les propositions du général Pélissier étant approuvées par le gouverneur, trois colonnes furent immédiatement réunies à Oran, à Mascara et à Sidi-Bel-Ebbès, et dirigées sur Frenda, Saïda et El-Aricha[1]; elles devaient ensuite agir autour d'El-Biod, en tête du pays des Harrars, des Hamians, et au milieu des terres de parcours des Laghouat du Ksel.

On connaît maintenant les événements qui précédèrent l'expédition à laquelle le 2e régiment de zouaves prit une part glorieuse. Nous abandonnerons donc le cadre général des opérations, pour rentrer dans celui plus restreint de la colonne partie le 6 novembre d'Oran, et dans laquelle se trouvaient les deux bataillons expéditionnaires du régiment dont nous voulons retracer l'histoire impartiale et pittoresque.

---

[1] *Frenda, Saïda, El-Aricha,* villes et campement de la province d'Oran, situées (de l'est à l'ouest) sur la limite du Tell et du pays des hauts plateaux.

II

Le 2e de zouaves partit le 6 novembre d'Oran, vint bivaquer le premier jour sur l'Oued-Tlelat (28 kilom.), le second jour sur l'Oued-Sig (32 kil.), le troisième sur l'Oued-el-Hamman (24 kil.), le quatrième (9 novembre) à Mascara (24 kil.). Pendant les trois premières journées, la colonne avait eu à supporter de fortes pluies [1]. Elle avait traversé la plaine d'Oran, la forêt de Muley-Ismaël, plantée dans un sahel légèrement ondulé et quelquefois marécageux, et célèbre par le combat dans lequel fut tué le colonel Oudinot. Les zouaves, remontant les vallées du Sig et de l'Habra par le cours de l'Oued-el-Hamman, avaient coupé les contreforts de la chaîne de montagnes qui sépare la plaine d'Oran de celle d'Eghis, chaîne couverte de broussailles et de bouquets de bois, et témoin de nombreux combats contre les Arabes pendant la guerre sainte soutenue contre Abd-el-Kader. Sur le versant de ces montagnes est située la ville de Mascara, qui domine la plaine d'Eghis.

[1] Dans notre colonie algérienne, dont une grande partie du territoire est sillonnée plutôt qu'occupée par des tribus nomades, déplaçant journellement leurs tentes, leurs bivouacs sont indiqués, pour les colonnes, le long des rivières (oueds), près des ruisseaux ou des fontaines; l'eau potable est la considération déterminante pour nos haltes comme pour celles des Arabes.

Continuant son mouvement le 10, le 2ᵉ de zouaves campa le soir à Cacheron, dans la plaine d'Eghis, après avoir parcouru 24 kilom. Le 11, il s'établit 32 kil. plus loin, sur l'Oued-el-Abd; le 12, à Muley Abd-el-Kader (29 kil.); le 13, en avant de Frenda (17 kil). Pendant cette seconde période de marches, après être descendue du versant de la chaîne de montagnes, où se trouve Mascara, la colonne, traversant la plaine, avait passé une nuit sous les magnifiques ombrages de Cacheron. Elle était entrée le lendemain dans un vaste système de montagnes, que séparent entre elles de larges et belles vallées. Les Arabes cultivent rarement ces vallées, mais il est vrai de dire qu'elles sont en partie couvertes de bois. La colonne n'avait pas tardé à atteindre la route muletière de Frenda, qu'elle suivit jusqu'à la petite ville arabe de ce nom, bâtie sur la partie la plus élevée des derniers mouvements de terrain, à la naissance des hauts plateaux.

Du 14 au 19 novembre, les deux bataillons expéditionnaires se reposèrent successivement à Aïn-Sidi-Aïssa, Guétifa, Haoudji, Mekam-Sidi-Chikz, Aïn-Krechal, et enfin à El-Biod. Ils avaient fait quarante et quelques lieues, presque continuellement sur les hauts plateaux et dans le pays des Chotts [1], vastes solitudes incultes, à peine ondulées, sans arbres ni buissons, n'offrant que de maigres pâturages et quelques flaques d'une eau saumâtre, restes des *oueds* ou rivières qui naissent dans ces con-

[1] On appelle *chotts* de vastes étangs à sec pendant une partie de

trées, se perdent dans les sables et n'ont de cours que pendant la saison des grandes pluies.

Du 26 au 29 novembre, la colonne séjourna à El-Biod. Afin d'utiliser les bras inactifs de nos soldats, on occupa les zouaves à relever un petit ksour arabe n'offrant plus que des ruines, mais qui, placé à la naissance d'un ruisseau, pouvait offrir, grâce à ce cours d'eau, quelques avantages dans un pays aussi aride [1].

Le 22, le 2e de zouaves fut rallié par la colonne partie de Saïda, et placée sous les ordres du général Bouscarin (ancien colonel du 3e de spahis). Le général Pélissier, apprenant le même jour que la colonne Yusuf avait quitté Djeffa et marchait sur les dissidents, campés autour de Laghouat et à proximité de Ksar-el-Aïran, resta convaincu de la prochaine retraite de l'ennemi sur Berram, base d'opération des tribus en guerre avec nous. Berram est une oasis située à l'est, et un peu en dehors de la circonscription des Mezab. En conséquence du projet qu'il prêtait, avec beaucoup de vérité, à l'ennemi, le général en chef prescrivit aussitôt de convoquer les goums et les fantassins des tribus soumises pour le 25. Son plan était de faire attaquer l'ennemi par nos goums pendant sa retraite sur sa base d'opération, tandis que lui-même appuierait le mouvement offensif de nos auxiliaires indigènes en se portant avec sa colonne en avant de Tadjerouna, sur l'Oued-Zergoum.

[1] Ce poste fut appelé Géryville. Sa position le rendit bientôt le centre de notre organisation militaire dans cette partie du Sahara algérien.

Le 25 novembre, en effet, 700 chevaux des goums du sud et 600 fantassins se réunirent à El-Biod, afin de se porter le lendemain vers les oasis des Mezab. Le mouvement de ces goums acquérait en ce moment une grande importance, attendu que le général Yusuf était parvenu à atteindre au Ksar-El-Aïran une partie des tribus dissidentes. Il avait rasé plusieurs douairs, et ce qui restait des Larba et des Ouled-Naïls insoumis s'était replié sur Berram, ainsi que l'avait fort justement prévu le général Pélissier. Dans cette position, s'éclairant vers le nord, abrité à l'ouest par des espaces considérables, par des obstacles naturels qu'ils jugeaient insurmontables, et les sables du désert, l'ennemi se considérait comme à l'abri de nos coups. Les goums cependant s'avançaient vers le sud-est. Les guerriers de la tribu des Hamians-Chéragas, abandonnant leurs tentes pour nous seconder, marchaient vers le sud. Afin de protéger ces tribus fidèles et de les sauvegarder des entreprises et des razzias de l'ennemi, tandis qu'ils combattaient pour nous, laissant leurs troupeaux, leurs enfants et leurs femmes sans protecteurs, le général Pélissier envoya l'ordre à la colonne de l'ouest, en position à El-Arich, de se porter en avant et de s'établir à Fekarine. Elle couvrait ainsi et les lignes de ravitaillement et les tentes des Hamians-Chéragas.

Le 26 novembre, le général en chef se décida à marcher sur Laghouat; il avait appris que le général Yusuf se trouvait arrêté devant l'oasis, en tête des eaux. Les troupes sous sa main reçurent l'ordre de se mettre en marche le lendemain.

Le 27, le 2e de zouaves fit 25 kilomètres et campa sur le versant sud du Ksel, près de Stiten. Le 28, le régiment fit 40 kilomètres, et passa la nuit sur l'Oued-Mekenza. Le 29, bivouac au Khreneg-el-Malah, près du ksour ruiné de Macta (36 kilom.); le 30, au ksour des Ouled-Yagoub, près de Tadjerouna (36 kil.); le 1er décembre, à El-Aouita, au ksour des Mekralil (36 kil.).

On n'était plus qu'à quelques lieues de Laghouat; la colonne du général Pélissier fut fractionnée en deux parties, qui durent suivre deux directions. Le convoi et les principales forces, sous les ordres du général Bouscarin, furent coucher à Recheg, sur l'Oued-Mzi, après avoir fait 28 kilomètres. Sous le commandement direct du général en chef, l'autre partie, composée de la cavalerie, de l'artillerie et d'un bataillon d'élite, bataillon ayant avec lui l'aigle du 2e de zouaves, se dirigeait droit sur Laghouat. Cette seconde fraction de la colonne fit halte, le 2 décembre, à trois lieues de la ville, pour recevoir un convoi d'eau expédié par le général Jusuf, et lorsqu'elle fut ainsi ravitaillée, elle déboucha dans la plaine au sud de Laghouat, par le Teniet-Erremel.

Avant de parler de l'attaque et de la prise de cette ville arabe, nous donnerons une description rapide des pays curieux parcourus par le 2e de zouaves, d'El-Biod à l'oasis de Laghouat.

En quittant El-Biod, le régiment prit la direction du sud-est, et, abandonnant bientôt le bassin de l'Oued-Sidi-Nasseur, il commença à gravir les montagnes du Ksel. Les contrées qu'il traversait alors reçoivent rarement une

culture. Elles ne sont guère foulées que par le pied des
nomades, qui s'y rendent pour déposer les grains venant
du Tell dans les ksours, sortes de villages à l'aspect triste,
aux rues étroites et sales. Les ksours jalonnent de distance
en distance les routes, ou plutôt les chemins suivis par les
tribus.

Vers la fin de la seconde journée de marche, la colonne
atteignit la partie sud du Djebel-Amour, large système de
montagnes courant du sud-est au nord-ouest, et renfermant des plaines élevées arrosées par quelques rares filets
d'eau, disparaissant à chaque instant dans les sables qui
couvrent le sol. Rien de plus bizarre que les formes tout
exceptionnelles affectées par une grande partie de ces
montagnes. Ce sont des cônes, des pyramides ou des pyramides tronquées, figures presque toujours régulières et
représentant comme une suite de redoutes étagées, comme
une série de diadèmes et de tiares colossales, dont les parties rocheuses ont une couleur jaunâtre. Elles sont incli-
nées à 45 degrés pour la plupart, et séparées les unes des
autres par des zones d'égale épaisseur, zones de gravier et
de sable. L'un des systèmes les plus élevés, le Kreneg-El-
Malah, est celui dont les formes sont les plus singulières.
Il est composé de trois gigantesques pyramides tronquées,
dominant les autres pics de la chaîne. Il présente, à partir
de sa base, des couches de sel pur, de porphyre et de
pouzzolane. Ses crêtes montrent des cratères éteints ; ses
flancs, souvent abruptes et déchirés, sont couverts de dé-
jections volcaniques mêlées aux débris des différentes
agrégations qui ont contribué à la formation du sque-

lette primordial de la montagne. L'Oued-El-Malah, qui tourne sa base et suit un défilé quelquefois à sec, devient un torrent infranchissable et furieux après quelques heures de pluie.

Le 2ᵉ de zouaves franchit ce dangereux passage le 30 novembre, au moment où une affreuse tempête fondait sur le Tell et les hauts plateaux : heureusement la tempête avait perdu de son intensité.

Le quatrième jour de marche, la colonne sortit du défilé de l'Oued-El-Malah pour pénétrer dans la région des sables et des oasis. Là, plus de cultures ; de vastes solitudes, séparées à de grandes distances par des redressements de sol peu accentués, quelques crêtes rocheuses et déchirées. Cette partie des hauts plateaux forme la ligne de séparation des eaux de l'Afrique septentrionale.

Les rares ksours qu'on aperçoit dans ce commencement du désert sont pauvres et de peu d'étendue. Ils servent de greniers aux tribus sahariennes, qui, à leur retour du Tell, y déposent provisoirement leurs grains. Quelques-uns sont entourés de jardins parsemés çà et là de rares palmiers ; aussi ñe peut-on réellement leur donner le *titre* d'oasis. La première oasis, digne de ce nom, que l'on rencontre dans ces échelles du désert, en marchant vers le sud, est celle de Laghouat.

III

Le 2 décembre, vers trois heures de l'après-midi, la colonne légère du général Pélissier déboucha dans une plaine immense. Sur la gauche et à deux lieues vers le nord, les soldats aperçurent une longue ligne d'un vert sombre, légèrement dentelée par les branches d'une forêt de hauts palmiers. Au-dessus de cette verdure, chacun put distinguer encore les tours noirâtres d'une ville et le minaret blanc d'une mosquée. A cette vue d'un effet pittoresque qui n'avait pas encore frappé leurs yeux, les zouaves comprirent qu'ils touchaient au terme de leur long voyage. Ils pressentirent une de ces splendides créations qui révèlent jusque dans le désert la toute-puissance de Dieu et sa bonté infinie pour l'homme destiné à vivre dans ces effrayantes contrées de sables arides.

C'étaient en effet la ville et l'oasis de Laghouat.

Située à 110 lieues au sud d'Alger, Laghouat est bâtie en double amphithéâtre sur les flancs de deux mamelons qui courent du nord-ouest au sud-est et se font face. Ces mamelons, terminés par des pentes roides et rocheuses du côté de la campagne, affectent des pentes douces et la forme en éventail du côte de la ville. Les deux parties de cette cité singulière sont séparées par une dérivation d'une petite rivière, sur les bords de laquelle la colonne avait campé la veille, l'Oued-Mzi. Il y a peu d'années, la ville était coupée elle-même en cet endroit par l'oasis.

Laghouat, à l'époque où le général Pélissier arriva sous ses murs, avait 2,000 mètres de longueur; elle contenait 700 maisons. Chacune de ces demeures, ayant une cour intérieure et une porte basse, était complétement indépendante des maisons voisines. Bâties de briques séchées au soleil, sans que la chaux y soit employée, les constructions conservaient une teinte brune qui jetait sur la ville entière comme un manteau de deuil. L'habitation la plus remarquable était la casbah de Ben-Salem. Elle formait une citadelle dans la partie sud-ouest de la ville. Elle contenait quatre grandes maisons quadrangulaires réunies, et à deux étages, dont les terrasses, défilées par des murs, dominaient une partie de la cité. Quatre portes, ménagées dans les murs au bas de l'escarpement des mamelons, donnaient accès dans Laghouat; les deux portes du sud étaient reliées par une grande rue qui coupait la ville dans toute sa longueur. Tout autour de la place, dont ils formaient les fortifications, régnaient un mur et des tours construits en briques séchées au soleil, ayant la forme d'obélisques à larges bases; le mur avait 4 mètres d'élévation, les tours de 8 à 10. Au nord et au sud s'étendaient des jardins formant comme les ouvrages avancés du système de défense, système excellent du reste, car les jardins, coupés en tous sens par des murs de clôture élevés et nombreux, empêchent absolument d'approcher de la ville. Les jardins de Laghouat ont une superficie totale de 1,000 à 1,200 hectares; leur plus grande largeur est de 3,000 mètres. On voit donc que les colonnes d'attaque, en arrivant au bord de l'oasis, avaient encore 1,000 à 1,200 mètres à parcourir à travers des jardins difficiles à enlever à l'ennemi, pour se trouver à portée de la place.

L'oasis de Laghouat a la plus riche végétation qu'il soit possible de voir : la vigne, le figuier, le grenadier, y croissent mêlés à tous les arbres à fruits du midi de la France. Le roi de cette végétation luxuriante est le palmier, l'arbre au port majestueux, à la tige svelte et élancée, au feuillage toujours vert. Lorsque la colonne française pénétra dans l'oasis, on ne comptait pas moins de 25,000 pieds de cet arbre si utile, qui mérite la dénomination de roi du désert. Non-seulement le palmier est utile par lui-même, non-seulement son fruit est un des principaux approvisionnements des tribus sahariennes, non-seulement il constitue la richesse la plus claire des populations, mais il sert encore d'appui, de protecteur aux autres arbres. Sous son dôme toujours vert et touffu, les plantes les plus faibles croissent à l'abri des ardeurs d'un soleil qui ne respecte pour ainsi dire rien que son épais feuillage. Le chameau, le cheval d'Orient, le palmier, sont les trois êtres qui seuls permettent à l'homme de parcourir les plaines du Sahara, et de vivre sous une atmosphère embrasée.

La population de Laghouat était de 4,000 âmes. Ainsi que nous l'avons dit plus haut, la ville est coupée en deux parties à peu près égales, reliées entre elles par une place assez vaste conquise sur l'oasis, et alors encore garnie de quelques palmiers. Les deux quartiers, séparés par une vieille porte, étaient habités par deux peuplades, deux tribus ayant chacune leur mosquée et leur administration civile distincte : les uns s'appelaient les *Hallaf*, les autres les *Serin*. On comprend que des dissensions intestines devaient agiter souvent deux populations vivant aussi près l'une de l'autre et n'ayant pas les mêmes chefs ni les mêmes intérêts. Aussi les Hallaf et les Serin étaient-ils souvent en guerre; mais ils n'appelaient jamais l'étranger pour s'en faire un auxiliaire ou régler en arbitre leurs différends. Le parti le plus habile, le plus actif ou le plus vigilant, se rendait maître du ruisseau qui alimente toute la cité, et alors il pouvait dicter ses conditions à l'autre, car ce dernier se trouvait naturellement privé d'eau et à la merci du premier. Cette situation singulière pour deux fractions d'une même ville, offre une bizarrerie qui n'a certainement rien d'analogue dans l'histoire d'aucun peuple.

Telle était la ville de Laghouat et son oasis, tels étaient ses habitants lorsque le général Pélissier se présenta devant la place, sur l'Oued-Mzi, le 2 décembre[1]. Le chef des

---

[1] Il est indispensable de compléter cette description par le court aperçu historique et politique suivant :

L'origine de Laghouat est fort ancienne. Sur l'emplacement où se trouve aujourd'hui une seule ville, il y en eut dans le principe deux très-voisines, très-rivales par conséquent, obéissant chacune à une famille puissante : la ville du nord était sous la domination de la famille des *Halaff*, la ville du sud sous celle de la famille des *Serin*. Vint un jour où une de ces deux familles fut assez forte pour s'emparer de l'autorité, pour réunir les deux villes et pour dominer sur les deux oasis. Cette famille descendant des Serin était celle des Ben-Salem.

Le vieux Ben-Salem, en 1844, voulant se donner un appui contre Abd-el-Kader, demanda à recevoir l'investiture de la France et le titre de

2*

troupes françaises s'aboucha immédiatement avec le général Jusuf pour se former une première opinion sur l'état des choses et prendre une connaissance exacte des événements qui avaient eu lieu avant son arrivée. Il apprit alors que le commandant de la subdivision de Médéah avait fait des sommations inutiles aux habitants et au schériff; que ses envoyés avaient eu la tête coupée; que la réponse à ses ouvertures avait été repoussée avec l'expression du fanatisme le plus exalté, et que le schériff avait répondu à ses propositions par des fanfaronnades ridicules et par des menaces.

Le lendemain, 3 décembre, à sept heures du matin, le

khalifat. On s'empressa d'envoyer une colonne sous le commandement du général Marey. Ben-Salem la guida lui-même jusqu'à Laghouat.

Lorsqu'il mourut, en 1850, les Halaff, qui n'avaient pas abandonné l'idée de reprendre le pouvoir, voyant que les fils de Ben-Salem étaient peu aptes à maintenir leur influence dans l'oasis, suscitèrent des troubles. Le général commandant la subdivision de Médéah vint à Laghouat pour appuyer le parti des Ben-Salem, qui était le nôtre, et laissa dans la ville un officier de spahis et quelques cavaliers. Dès que le général fut revenu à Médéah, les Halaff appelèrent le chérif d'Ouhargla, qu'ils introduisirent dans la place, lui et ses nègres du Mezab. Les enfants de Ben-Salem, chassés, quittèrent Laghouat, ainsi que nos spahis, pour se réfugier auprès du général Jusuf, tandis que le schérif faisait arrêter et garder à vue comme otages toutes celles des personnes de la smala des Ben-Salem et de leurs principaux partisans qui n'avaient pas eu le temps de fuir.

Ainsi, lorsque la colonne du général Pélissier s'empara de Laghouat, la ville était aux mains du schérif; les Ben-Salem et leurs partisans se trouvaient dans le camp de Jusuf, et les femmes, les enfants, les familles de ces malheureux, étaient enfermés dans la maison fortifiée, dite *du Khalifat*, sous la garde de nègres. Ces derniers, en essayant de se défendre, faillirent faire massacrer par nous toutes ces infortunées et innocentes victimes de la guerre, nos partisans, ce que nos soldats ignoraient.

général Pélissier se prépara à faire le tour de l'oasis et de
la place, afin de pouvoir bien apprécier les difficultés de
l'attaque. Cette reconnaissance eut lieu principalement avec
les goums et la cavalerie des deux colonnes. Lorsqu'il fut
en vue d'un marabout et d'un col portant le nom de Sidi-
el-Hadj-Aïssa, les indigènes firent une sortie et garnirent
l'arête de la montagne qui se trouve entre ces deux points.
Deux compagnies du 1ᵉʳ régiment de zouaves reçurent à
l'instant l'ordre de repousser cette sortie ; ces compagnies,
dans leur mouvement de retraite, après avoir éprouvé des
pertes assez considérables, furent soutenues par une compagnie du 2ᵉ de zouaves, commandée par le capitaine de
Fresne, et formée d'une section de la 5ᵉ du 2ᵉ et d'une section de la 1ʳᵉ du 3ᵉ. Après cette première affaire, où furent engagées avec les zouaves une compagnie du 60ᵉ et
une des tirailleurs indigènes, le général, ayant terminé sa
reconnaissance des abords de la place et du front de la
ville qu'il voulait attaquer, fit rentrer les troupes dans les
camps. Elles y arrivaient au moment où la colonne du général Bouscarin débouchait à son tour sur l'Oued-Mzi,
par le Ras-el-Aïoum.

Le même jour, une heure avant la nuit, le lieutenant-
colonel Cler partit du camp du général Pélissier, avec le
général Bouscarin, pour aller former l'investissement de
la place à 1,000 mètres au sud, en avant et sur la droite du
marabout de Sidi-Aïssa. Cet officier supérieur avait sous
ses ordres directs les deux bataillons du 2ᵉ de zouaves, le
bataillon du 1ᵉʳ régiment et un petit bataillon formé de trois
compagnies de zéphirs et une de tirailleurs indigènes.

Au moment où le lieutenant-colonel quittait le bivouac, le général Pélissier vint lui serrer la main, en lui souhaitant bonne et surtout prompte réussite. « Souvenez-vous, Cler, lui dit le général, que je veux vous donner à déjeuner demain avant midi sur la plus haute terrasse de la casbah de Ben-Salem. »

Lorsque l'avant-garde de cette colonne fut arrivée en vue du marabout et à 200 mètres environ de la pointe la plus méridionale de l'oasis, 500 Arabes sortirent de la ville en poussant des cris. La colonne s'arrêta aussitôt et prit ses dispositions de combat; mais l'ennemi, s'apercevant sans doute qu'elle était nombreuse et qu'elle occupait une bonne position, regagna la ville et les postes avancés. A partir de ce moment, la ville et l'oasis gardèrent ce morne silence qui contribue si puissamment à donner aux villes du désert l'aspect de vastes nécropoles.

La nuit venue, le bivouac fut installé, et, à huit heures, deux petits mamelons à arêtes rocheuses qui se trouvaient sur le prolongement en avant de la partie sud de la ville, furent occupés par trois compagnies de zouaves (une du 1ᵉʳ régiment, et les 1ʳᵉ et 2ᵉ du 2ᵉ bataillon du 2ᵉ régiment). Ce mouvement terminé, la tête de nos positions ne fut plus séparée de la ville que par le mamelon à l'extremité duquel s'élevait le marabout de Sidi-Aïssa, destiné à devenir le point important des attaques.

A dix heures, les deux pièces de campagne furent conduites à trente pas des avant-postes du côté de la place; dix boulets ou obus furent lancés à toute volée sur la basse ville, afin de jeter le trouble chez ses habitants et de donner le change à ses défenseurs[1]. A onze heures, une colonne, composée de trois compagnies (3e et 4e du 2e bataillon du 2e de zouaves, capitaines Banon et Lauer), une compagnie du bataillon d'Afrique et de deux sections de travailleurs, fut dirigée, sous les ordres du commandant Morand, sur le mamelon et le marabout, afin d'enlever de vive force la position et de préparer ainsi la tête de l'attaque. L'opération était difficile, car l'ennemi occupait en force les positions à enlever, positions très-fortes et sur lesquelles on devait se précipiter. L'ordre était de ne pas répondre au feu des Arabes. Toutes les recommandations ayant été faites aux soldats par le lieutenant-colonel[1], la petite colonne partit en silence et bien décidée à accomplir sa périlleuse mission. L'anxiété fut grande au bivouac pendant les dix minutes qui suivirent le départ des compagnies, car chacun savait que la plus légère hésitation compromettrait cette opération, qui était l'une des plus importantes du siége et dont le succès devait, selon toute apparence, donner les clefs de la place. Le commandant Morand justifia complétement la confiance que son chef avait mise en lui: il enleva à la

---

[1] Au deuxième coup de canon, il s'éleva de la basse ville une immense clameur. On sut, après la prise de la ville, que cette clameur avait été causée par la vue d'un boulet tombé dans la cour du Khalifat, où était détenue la famille de Ben-Salem.

[2] Cet officier supérieur termina ses recommandations en disant à ses zouaves « qu'il leur remettait sans crainte l'honneur du régiment;
» que, puisqu'ils avaient hérité des vingt et un ans de gloire de l'ex-
» 1er régiment, ils ne failliraient pas, au moment du danger, à tout ce
» que la patrie était en droit d'exiger de leur courage ; qu'ils étaient
» bien heureux de se trouver en position de fournir à l'histoire du jeune
« régiment sa première page glorieuse. »

baïonnette les positions ennemies, et cette attaque fut conduite avec tant de promptitude et de résolution qu'elle ne
coûta aux troupes engagées qu'un tué et trois blessés.
Maître du mamelon, le commandant fit immédiatement
occuper le marabout, commencer la construction de la batterie de brèche et celle du *Nied de pie*, destinée à la protéger. Le marabout fut percé en deux endroits, afin de
pouvoir recevoir la pièce de 8 ; un épaulement en sacs à
terre fut élevé à sa droite pour protéger l'obusier. Pendant
ce temps, une compagnie commença immédiatement en
arrière et sur le versant nord du mamelon, la rampe destinée au passage des pièces.

A une heure du matin, ces différents travaux étant en
partie achevés, les deux bouches à feu, sous les ordres du
lieutenant d'artillerie Caremel[1], partirent du bivouac, escor-
tées par deux compagnies du 3ᵉ bataillon du 2ᵉ de zouaves.
Ces diverses et importantes opérations furent accomplies
avec promptitude et résolution sous un feu croisé partant
des jardins de droite et des tours du front d'attaque. La
nuit, heureusement très-sombre, rendit le tir des asiégés
tellement incertain que deux hommes seulement furent
blessés. Les deux compagnies, après avoir établi les pièces
dans la batterie de brèche, rentrèrent au bivouac.

La fin de la nuit fut employée à terminer la construction
de la batterie ; les assiégés n'inquiétèrent que faiblement
cette dernière opération. Au point du jour, le travail était
achevé ; à huit heures le général Pélissier, qui venait

---

[1] Tué le jour de l'assaut de Sébastopol.

d'arriver à la batterie de brèche, fit ouvrir le feu par les deux pièces et par des tirailleurs.

A la même heure le lieutenant-colonel Cler reçut l'ordre de préparer une colonne destinée à livrer l'assaut et de la conduire à la queue des attaques, entre le premier et le deuxième mamelon. Quatre compagnies du 1er régiment de zouaves et cinq du 2e furent formées en deux petits bataillons; pendant leur trajet du camp à la queue des attaques, l'ennemi leur lança plusieurs boulets qui passèrent sur le front et sur la tête de la colonne sans atteindre un seul homme[1]. A peine établi à la queue des attaques, le lieutenant-colonel Cler reçut l'ordre d'aller prendre le commandement des troupes à la place du général Bouscarin, qui venait d'être blessé grièvement en se portant avec le général en chef à la batterie de brèche. Pour arriver à ce point extrême de l'attaque, il fallait suivre une longue crête rocheuse, découverte et battue de flanc et de face par le feu des assiégés. Pendant le trajet, le trompette de spahis d'ordonnance près du lieutenant-colonel fut tué à l'endroit même où, quelques minutes auparavant, le général Bouscarin et le trompette du général en chef avaient été blessés. Le lieutenant-colonel arriva à la batterie de brèche avec le capitaine adjudant-major de service près de lui.

Le feu des deux pièces, appuyé un instant par celui d'un obusier de montagne, dura trois heures environ. Deux

---

[1] Ces boulets étaient lancés par une pièce hollandaise de *six*, qui était portée à bras sur plusieurs points de la place, de manière à faire croire aux assiégeants que les Arabes avaient plusieurs pièces de canon.

sections du 2ᵉ régiment de zouaves, commandées par les capitaines Banon et Lauer, furent chargées de défendre la batterie et de répondre à la faible artillerie de la place. Les hommes des deux sections, embusqués derrière des sacs à terre, à l'abri des balles de l'ennemi, n'eurent pas à souffrir. Quelques boulets de l'assiégé écrasèrent le marabout; une pierre blessa à la tête le sous-lieutenant Arnaud; mais on n'eut à déplorer la perte d'aucun homme. On transporta des munitions à la batterie de brèche, l'on construisit un bûcher destiné à donner le signal de l'assaut[1] et à prévenir le général Jusuf, qui devait attaquer en même temps par le nord. Bientôt on se trouva en mesure de commencer d'une manière vigoureuse les opérations offensives.

V

Le 4 décembre 1852, à onze heures du matin, le général Pélissier, ayant reconnu la possibilité d'enlever la ville de vive force, puisque les deux brèches faites aux courtines étaient praticables, ordonna la formation immédiate de trois bataillons destinés à donner l'assaut. Douze compagnies de zouaves, quatre du 1ᵉʳ régiment, huit du 2ᵉ, furent immédiatement réunies. La première de ces colon-

---

[1] Les deux premiers zouaves envoyés pour construire le bûcher furent tués. Le caporal Vincendon, qui leur succéda, fut plus heureux; il est aujourd'hui capitaine au régiment et chevalier de la Légion d'honneur.

nes, commandée par le chef de bataillon Barois, du 1er de zouaves, et formée par les quatre compagnies de ce régiment, eut l'attaque de droite; les zouaves du 3e bataillon du 2e régiment, sous le commandant Malafosse, formèrent la colonne de gauche, et les compagnies du 2e bataillon de ce même régiment, sous le commandant Morand, composèrent un bataillon de réserve, ayant pour mission d'appuyer l'attaque de droite. Cette dernière colonne, prise en grande partie parmi les hommes de garde à la batterie de siége, reçut l'aigle du 2e régiment. Une section de travailleurs, commandée par le capitaine Brunon, du génie, marchait avec ces colonnes.

Au signal convenu, parti de la batterie de brèche, les clairons sonnèrent la marche des zouaves. Tandis que le général Jusuf, qui opérait au nord de la ville, était prévenu, par l'éclat d'un grand feu, que l'attaque commençait au sud, les deux colonnes de droite et de gauche et la réserve s'ébranlaient pleines d'ardeur.

C'est un moment solennel que celui qui précède un assaut. Chacun de ceux qui doivent s'élancer sur la brèche, l'œil au guet, l'oreille attentive, la bouche muette, appelle de tous ses vœux l'instant du combat : chacun de ceux qui doivent remplacer sur la brèche le compagnon tué par l'ennemi ou enterré sous de sanglants décombres, n'est pas moins impatient. Pas un soldat qui ne désire voir son existence avancée de vingt-quatre heures; pas un soldat, quelque brave qu'il soit, qui ne jette un rapide regard sur le passé, qui ne donne un adieu intérieur à sa famille, à une fiancée bien-aimée et à ses amis, et qui ne se trouve fier et heureux, malgré les dangers qui le menacent, de faire partie de la colonne d'attaque. S'il échappe à la mort, comme il pourra dire avec orgueil, le soir au bivouac, plus tard au foyer domestique : J'étais à tel siége ; le premier je me suis élancé sur la brèche !.... Quand son colonel passera devant lui, il s'entendra nommer par lui : — C'est toi, un tel ; tu étais à tel assaut : tu t'y es vigoureusement conduit !..... S'il meurt, chefs et camarades diront : Un tel, c'était un brave..... Et puis la perspective de la croix de la Légion d'honneur, de cette croix, création sublime qui a enfanté tant de héros dans notre belle patrie, n'entre-t-elle pas en ligne de compte dans la pensée du soldat ou de l'officier?... Cette croix ne sera-t-elle pas le prix du courage? La campagne finie, revenir décoré !..... Avec ces mobiles, en agissant sur notre esprit chevaleresque, esprit qui ne se perd pas en France, surtout dans nos armées, on peut faire de nos enfants ce que l'on veut ; on peut tenter l'impossible.

Le 4 décembre 1852, douze belles compagnies de vieux soldats d'Afrique, 1,200 de ces zouaves à qui rien n'avait encore résisté, attendaient donc, près de la batterie de brèche de Laghouat, le signal du clairon. Bientôt retentit dans les airs la marche des zouaves, cette marche guerrière qui avait sonné pour la prise de Constantine, aux redoutes du Teniah de Mouzaïa et à Zaatcha.

A cette fanfare éclatante, le bataillon de droite s'élance, franchit au pas de course et sans éprouver presque de perte, tant son mouvement est rapide, l'espace qui le sépare du bas du talus rocheux à l'extrémité duquel com-

mence la brèche. Le bataillon de gauche, précédé des.
zouaves de la section de la 2e compagnie du 3e bataillon,
jetés en enfants perdus, traverse le terrain rocailleux qui
s'étend entre l'oasis et la basse ville. Sous le feu des Arabes
embusqués sur ces deux points, et dont les balles se croisent sur toute l'espace à parcourir, cette colonne d'attaque
arrive au pied du mamelon, ayant dix-huit hommes hors
de combat. Le bataillon formant réserve suit de près la
colonne de droite sans éprouver de pertes sérieuses; il
arrive à son tour jusqu'au talus qui précède le mur ruiné
de la courtine.

Au même instant, le général Pélissier, suivi des officiers de son état-major, du lieutenant-colonel du 2e de
zouaves et d'une section de garde de tranchée, se porte
lui-même vers la brèche pour imprimer une direction à
l'attaque générale sur la ville.

Les douze compagnies de zouaves, ainsi que nous
l'avons dit, étaient au pied du mamelon, glacis naturel de
la place. Arrivés là, ces braves soldats prennent immédiatement le pas de course, escaladent tous les obstacles,
franchissent, à l'aide de courtes échelles, les brèches faites
par le canon, et, passant par les armes tout ce qui essaie
de résister, ils se précipitent comme une avalanche, avec
cette *furia francese* tant redoutée de nos ennemis, dans les
mouvements offensifs, jusque sur la partie haute de la ville.

Intimidés par la marche rapide des colonnes d'assaut,
les Laghouat abandonnent la défense de la haute ville et
se jettent, par les pentes de droite et de gauche, sur les
bas quartiers. Les Arabes postés dans les jardins, crai-

gnant de voir leur retraite coupée, abandonnent également leurs positions de combat, et se replient des bords
extérieurs de l'oasis jusque dans le dédale inextricable des
plantations de palmiers.

La haute ville ne tarde pas, à la suite de ces circonstances et de la vigueur de l'attaque, à rester en notre pouvoir. Le général Pélissier, voyant l'heureux résultat de
l'assaut, prescrit à la colonne de réserve de se jeter à gauche, à la colonne de gauche de se diriger vers la casbah
de Ben-Salem, tandis que le lieutenant-colonel Cler, à la
tête de quelques compagnies des trois bataillons, se por-
tera également sur cette citadelle pour l'assaillir de face et
par la droite.

La casbah ne peut résister aux efforts des assaillants. Le
capitaine Fernier et ses zouaves, avec lesquels marche le
lieutenant-colonel de Ligny, directeur des affaires arabes
de la province d'Oran, enfoncent la porte et se précipitent
dans l'intérieur de cette espèce de forteresse. Les défenseurs sont poursuivis à la baïonnette dans la cour, aux
étages supérieurs et sur les terrasses. Le lieutenant-colonel du 2ᵉ de zouaves, se souvenant des paroles du général Pélissier, hisse l'aigle de son régiment sur le dôme du
minaret, au moment où le chef des nègres, chargé d'organiser la défense pour le schériff, tombe mort à ses
pieds, sous les balles de la garde du drapeau français.

La ville était prise, mais ce brillant fait d'armes coûtait
cher au 2ᵉ de zouaves. Soixante hommes mis hors de combat et le commandant Morand atteint d'une blessure mortelle, lorsqu'il conduisait la tête de sa colonne sur la

casbah, payaient ce succès de leur sang. C'était un glorieux, mais un sanglant baptême, pour l'aigle du nouveau régiment.

Qu'on nous permette de consacrer quelques lignes au
brave Morand. Cet officier, un des plus intrépides du
2e de zouaves, avait l'esprit éminemment chevaleresque.
Admirateur passionné des héros de l'Empire (et cela était
d'autant plus naturel qu'il était le fils d'un de ces hommes
de fer qui firent tant pour la gloire de Napoléon), Morand, la veille de l'assaut de Laghouat, sollicita de son
lieutenant-colonel l'autorisation de porter par-dessus son
uniforme un paletot gris, de couleur assez voyante, pour
le faire remarquer de ses soldats et des Arabes pendant
l'action. Au moment de franchir la brèche, il sonna lui-
même la marche des zouaves avec un petit cornet qu'il
avait l'habitude de porter au feu, quand il commandait
une compagnie de chasseurs à pied. Lorsqu'on le rapporta
mortellement blessé au camp des zouaves, il passa devant le front de deux compagnies d'élite du 50e de ligne.
Ces soldats s'empressèrent de lui rendre les honneurs militaires. Morand en fut touché, et, se tournant vers ces
compagnies : « Voltigeurs du 50e, leur dit-il avec une
noble fermeté, je vous remercie et vous souhaite à tous
plus de bonheur qu'à moi. Je termine en ce moment ma
vie de soldat. » Il ne se trompait pas ; on fit l'amputation
de la cuisse, et il mourut. Son frère Louis, lieutenant, fut
blessé le même jour à la tête de sa section [1].

---

[1] Quel poétique sujet pour un tableau militaire que celui qui repré-

Le général Pélissier ne tarda pas à arriver lui-même sur les terrasses de la casbah de Ben-Salem. Il prescrivit au lieutenant-colonel du 2e de zouaves de rallier les tronçons épars de son régiment et d'achever la prise de possession de Laghouat, en donnant la main à la colonne Jusuf. Ce dernier, escaladant à la tête de ses troupes les murs nord de la place, venait d'y pénétrer. Le colonel Cler avait l'ordre, une fois cette jonction opérée, de rejeter jusque dans les jardins de l'oasis les Arabes qui chercheraient à résister encore.

Les instructions du général en chef furent suivies ponctuellement. La place des Bains maures, au centre de la ville, fut prise. En arrivant sur cette place, le lieutenant-colonel du 2e de zouaves aperçut sur sa gauche, près de la porte de l'oasis, un Arabe soutenu par deux Mzab ; il le fit poursuivre, mais bientôt ce groupe disparut dans les fourrés des jardins. C'était le schériff lui-même, non blessé, mais tellement affecté par sa défaite, qu'il ne pouvait marcher sans se faire soutenir. Du reste, nous devons dire que les Arabes du Tell, surtout ceux de l'ouest de la province d'Oran, qui ont vécu longtemps avec le schériff, lui accordent de grandes qualités politiques et lui refusent généralement le courage du soldat.

Les zouaves, après avoir franchi des rues étroites, tortueuses, dont plusieurs étaient couvertes par les étages supérieurs des maisons, après s'être mis en communica-

senterait le brave Morand blessé, porté par ses zouaves, se soulevant pour saluer encore les soldats qui lui rendent les honneurs militaires!..

tion avec les troupes du général Jusuf, firent tête de colonne à gauche et occupèrent les bâtiments donnant accès sur les jardins. Cette partie de la ville fut à peine défendue.

Lorsque la colonne revint du côté de la casbah de Ben-Salem, l'attention des soldats fut attirée par une maison fortifiée de laquelle s'échappaient de grands cris, et où paraissait s'être réfugié beaucoup de monde.

Cette maison ayant appartenu aux Ben-Salem, et pour ce motif appelée maison du Khalifat, était alors remplie des familles des principaux partisans de l'ancien chef de Laghouat, que le schériff d'Ouargla y détenait en otages, ainsi que nous l'avons dit précédemment. Les Mzab du schériff, chargés par lui de garder ces malheureux, ayant fait feu sur les colonnes d'attaque de la grande casbah, avaient attiré sur eux l'attention d'abord, la vengeance bientôt après des assaillants. Une fois la grande casbah enlevée, nos soldats s'étaient précipités sur cette maison dite du Khalifat. Une première cour avait été envahie. La défense, tout en continuant à tirer, s'était rejetée dans une grande cour entourée de terrasses et d'appartements occupés par des juifs, des femmes, des enfants et des vieillards.

Dans ce moment, le lieutenant-colonel du 2e de zouaves, qui venait de faire enfoncer une petite porte de derrière, et de pénétrer par là dans l'intérieur de la maison avec quelques officiers et zouaves, comprit ce qui se passait. Reconnu à son uniforme pour un chef par les malheureux Laghouat, partisans de la famille Ben-Salem, il fut bientôt

entouré, ainsi que les officiers, par ces victimes de la
guerre, qui s'attachaient à leurs vêtements pour échapper
à la fureur des assaillants... A moitié étouffés par ces dernières étreintes du désespoir, séparés de leurs soldats par
cette masse mouvante de chair humaine, les officiers du
2e de zouaves, qui avaient pénétré dans la grande cour,
parvinrent difficilement à se dégager, à se faire reconnaître des vainqueurs et à arrêter le carnage. Enfin, grâce
à leurs énergiques efforts, ils purent sauver plus de trois
cents Laghouat, qui tous appartenaient à l'aristocratie de
la ville. Ils furent transférés dans la grande casbah. On y
porta également cinq drapeaux pris dans la maison du
Khalifat. Le zouave Labalme, qui en avait apporté un à
son colonel, fut immédiatement élevé à la première classe.

Il était deux heures de l'après-midi. La ville de Laghouat
était entièrement occupée par les troupes françaises. Ainsi
qu'il l'avait dit la veille, le général Pélissier était entré
avant midi dans la place. Il rappela au lieutenant-colonel
Cler, qui le rejoignit après la délivrance des otages et
l'enlèvement de la maison du Khalifat, la promesse de
déjeuner sur la terrasse la plus élevée de la grande casbah. Là, au milieu des sanglants débris du combat, entouré des drapeaux pris à l'ennemi, assis sur de riches
tapis arabes, dominant l'oasis et l'immense horizon du
désert, un repas tout militaire fut servi au général en chef
et au général Jusuf qui venait d'arriver dans la casbah.
Bien des choses y manquaient. L'argenterie fut représen-
tée par les couteaux des sapeurs du 2e de zouaves, que
ces braves soldats prêtèrent à leurs chefs. Le café fut en-

suite préparé dans leurs marmites de campement. Ce déjeuner improvisé, assaisonné par l'appétit que donnent trois heures de combat et par la joie d'une victoire éclatante, fut trouvé délicieux par tous les convives.

Le soir, un peu avant l'entrée de la nuit, les enfants de Ben-Salem et ses principaux officiers ou partisans, réfugiés dans le camp du général Jusuf, ayant appris que leurs femmes et leurs familles avaient été miraculeusement sauvées, s'empressèrent de les venir réclamer. Le lieutenant-colonel Cler, nommé par le général Pélissier commandant supérieur de la ville, fut fort satisfait de se débarrasser de cette population féminine, dont la présence au milieu de ses soldats, dans un pareil moment d'exaltation victorieuse, pouvait n'être pas sans inconvénient et même sans danger. En effet, quelques-unes des femmes, les juives principalement, avec leur costume biblique fort en désordre, leurs grands yeux noirs, leur magnifique chevelure et leur teint d'une mate blancheur, offraient un genre de beauté que l'on ne rencontre guère qu'en Orient et dans le désert. Toutes ces malheureuses, en quittant la grande casbah où elles avaient été transférées après la prise de la ville, exprimaient leur reconnaissance aux officiers en baisant leurs mains et même leurs vêtements.

Un des bataillons du 2e de zouaves (le 2e) passa la nuit dans la maison du Khalifat, au milieu des débris de meubles, des restes de vivres, des vêtements et des dépouilles de toute nature qui encombraient les cours. Les zouaves que les balles de l'ennemi n'avaient pas atteints, accroupis autour des feux de bivouac, racontaient à haute voix leurs prouesses de la journée, heureux et fiers d'avoir jeté un nouvel éclat sur leur uniforme.

Le lendemain, le 2ᵉ bataillon rallia le premier au camp de l'Oued-Mzi, à une lieue de la ville, et y séjourna jusqu'au 16 décembre. La garnison de Laghouat, sous les ordres du lieutenant-colonel Cler, employa ce temps à déblayer et à brûler les nombreux cadavres amoncelés dans les rues et dans les maisons, et dont la putréfaction pouvait causer des maladies pestilentielles. Le 9 décembre, l'armée accomplit un triste et pieux devoir en rendant les derniers honneurs au chef de bataillon Morand et à trois officiers tués pendant le siége, qui furent enterrés sur la brèche, comme l'avait été à Constantine, quelques années auparavant, le brave colonel Combes.

Le 16, le régiment commença son mouvement pour revenir à Oran. Le 2ᵉ de zouaves se mit en route pour revenir vers le nord, avec la colonne aux ordres du général Pélissier. Le 16 décembre, il fit sa grande halte à Reched et établit son bivouac au ksour de Tadjerouna, à 28 kilomètres de Laghouat. Le 17, il arriva à Aïn-Madhy, à 24 kilomètres plus loin.

Aïn-Madhy est une petite ville qui a joué un rôle important dans les premières années de l'histoire politique et religieuse d'Abd-el-Kader. Elle avait encore, en 1852, pour chef un marabout issu d'une très-ancienne famille et ayant un grand renom, le vieux Tedjini.

Après avoir soutenu plusieurs siéges, cette petite place, située à l'entrée du Sahara algérien, s'était rendue indépendante, grâce à l'énergie de la famille des Tedjini; elle ne payait plus d'impôts aux Turcs, vivait tranquille, lorsque, en 1838 Abd-el-Kader, qui songeait à recommencer la guerre sainte contre nous, jeta les yeux sur Aïn-Madhy pour en faire sa place de dépôt. C'est là qu'il voulait laisser ses trésors et sa smala, dans le cas où nous arriverions à nous emparer des quelques établissements qu'il avait créés dans le Tell.

Afin de colorer d'un prétexte à peu près plausible la querelle qu'il allait faire au schériff Tedjini, marabout comme lui, Abd-el-Kader déclara que le chef d'Aïn-Madhy, ne s'étant pas rendu à une assemblée convoquée dans le but d'une guerre sainte contre les chrétiens, et à laquelle avaient paru tous les chefs mahométans, il n'était plus digne de rester à la tête d'une population musulmane. En conséquence, il réunit un corps de troupes de ses réguliers, quelques canons et vint mettre le siége devant la ville. Les tribus voisines prirent toutes parti pour le vénérable et brave schériff d'Aïn-Madhy. Ce dernier se renferma dans sa ville avec trois cent cinquante des meilleurs tireurs du Sahara, fit sortir toutes les autres bouches inutiles, et pendant huit mois entiers il eut la gloire de tenir tête à l'émir, qui fut obligé d'abandonner ses projets, non sans avoir toutefois saccagé les jardins, coupé les eaux et commis les actes les plus cruels[1]. Un seul palmier mutilé resta debout au milieu des jardins ; les Arabes du désert ont pour ce vieux débris de la guerre une grande vénération.

---

[1] Nous empruntons ces détails au général Daumas, qu'il faut toujours citer lorsqu'on parle de notre colonie. Nous les puisons dans son excellent, curieux et instructif ouvrage du Sahara algérien.

Toutefois l'émir, qui ne reculait devant aucun moyen, honorable ou non, pour arriver à ses fins, usa d'un stratagème infâme pour s'emparer d'Aïn-Madhy. Il fit demander à rester cinq jours dans la ville pour dire ses prières à la mosquée, attendu qu'il avait fait ce vœu depuis long temps. Marabout s'adressant à un marabout comme lui, il comptait bien n'être pas refusé : c'est ce qui arriva. Le vieux et loyal Tedjini lui accorda l'entrée de la place, et se retira lui-même à Laghouat pour lui donner plus de liberté. Abd-el-Kader ne fut pas plutôt dans la ville qu'en véritable chef de brigands, sans foi ni loi, et quoiqu'il eût juré sur le Coran d'observer le traité passé, il fit abattre les murs d'Aïn-Madhy et ruiner les maisons, épargnant seulement l'habitation du schériff, dans laquelle il était logé.

Cette action, qui suffirait seule pour jeter un jour odieux sur la vie d'Abd-el-Kader, souleva contre lui toutes les populations des tribus voisines et celle des ksours. Lorsqu'il se retira, obligé de revenir dans le nord où le rappelaient les événements, ses convois furent attaqués, leurs escortes massacrées par les gens du désert, qui lui firent éprouver tout le mal possible.

Tedjini rentra plus tard dans sa ville, en releva les murailles, en restaura les maisons et ne cessa plus d'y commander, jouissant dans tout le désert d'une haute réputation de sainteté et de bravoure. On prétend qu'il avait juré de ne jamais voir la figure d'un sultan, et, en effet, en 1838, il avait refusé de se montrer à Abd-el-Kader; en 1844, il donna des ordres pour que les officiers français de la colonne du général Marey, se rendant avec Ben-Salem à Laghouat, fussent bien reçus, mais lui-même ne parut pas.

Toutes ces circonstances étaient connues des officiers et de beaucoup de zouaves du 2e régiment; aussi ce ne fut pas sans un profond étonnement que la colonne française vit venir au-devant d'elle le schériff lui-même, à la tête de ses serviteurs. C'était la première fois que le vénérable Tedjini consentait à se trouver avec un kébir. Il pria le général Pélissier d'honorer sa maison de sa visite et d'y accepter la *diffa*.

Jamais encore le pied d'un chrétien n'avait foulé le sol de cette ville vierge de toute conquête : toutefois, il y a lieu de croire que le schériff, dans cette circonstance, sacrifia plutôt à la crainte inspirée par la puissance d'une armée française que par un désir bien sincère de resserrer des liens d'alliance avec notre colonie.

Tedjini reçut le général Pélissier et les officiers de la colonne dans la bibliothèque de sa casbah. Bientôt après il donna des ordres et la diffa fut apportée. Chacun prit place, en s'asseyant à l'orientale, autour d'un grand tapis sur lequel furent déposés les mets composant le repas. Un intendant tunisien dirigeait un domestique nombreux, chargé de servir les convives.

Rien de curieux comme la mise en scène de ces sortes de repas pantagruéliques offerts souvent à nos officiers généraux par les chefs arabes. Comme dans la jolie pièce du Vaudeville intitulée : *Vatel, ou le petit-fils d'un grand homme,* les marmitons se succèdent sur la scène; seule-

ment au Vaudeville ils sont huit ou dix vêtus de la prosaïque veste blanche et couverts du bonnet de coton, plus
prosaïque encore. Ils opèrent sur un espace de quelques
mètres carrés, tandis qu'en Afrique les marmitons arabes
se produisent par centaines, portant tous sur un plat de
bois les mets les plus excentriques. Beaucoup sont pieds
nus; quelques-uns ont pour tout vêtement une chemise de
laine, serrée à la taille par une corde de chameau ; d'autres
ont de vieux burnous ayant la prétention d'avoir été
blancs. Leurs grands yeux noirs et expressifs, leurs longs
corps osseux et maigres, leurs nez longs et recourbés,
leurs membres noircis par un soleil de feu, leur calme, le
silence qu'ils observent, la gravité avec laquelle ils viennent déposer, les uns après les autres, devant les convives,
leurs couscouss, leurs pilums, leurs moutons, leurs œufs,
leurs galettes, tout contribue à donner à cette cérémonie
biblique un cachet original qui n'est pas sans attrait.

La diffa offerte à la colonne française par le marabout
d'Aïn-Madhy différait des cérémonies de ce genre, nous
devons le reconnaître, par la tenue tout exceptionnelle de
la grande livrée chargée du service. Plusieurs des serviteurs du vieux Tedjini appartenaient aux premières familles, et cependant ils étaient fiers de faire partie de sa
domesticité. Ils portaient de riches costumes. Tout dans la
maison, dans le palais de ce petit prince du Sahara algérien, se ressentait des habitudes sédentaires du maître. Ce
contraste se trouve souvent dans les différentes contrées
de notre colonie. Tandis que, chez l'homme de la tente,
tout est continuellement dans une sorte d'état provisoire,

parce que chacun doit-être prêt à suivre sa tribu ou sor
donair, à transporter femmes, enfants, troupeaux d'un
point sur un autre; chez le Kabyle ou l'habitant des ksours,
au contraire, tout prend un cachet de stabilité.

Pour nous autres Français, il manquera toujours le
principal à ces repas : le vin et les liqueurs; cependant on
a vu quelquefois, dans ces derniers temps, des diffas
offertes par des caïds qui avaient la bonne idée de joindre
aux mets préparés dans le désert quelques bouteilles de
bon vin de Bordeaux, de Bourgogne ou de Champagne,
qu'ils s'étaient procurées on ne sait comment ni dans quel
but, mais qui n'en étaient pas moins fort appréciées des
convives.

La diffa du schériff d'Aïn-Madhy, offerte à la colonne
du général Pélissier, le 17 décembre 1852, se composait
de la manière suivante :

1° Des dattes fraîches et excellentes, à profusion.

2° Du lait de chamelle, servi dans de petits chaudrons
d'argent. Chaque convive, après avoir bu à même le chau-
dron, le faisait passer à son voisin, cérémonie très-frater-
nelle sans doute, on ne peut plus primitive, mais assez
désagréable quand on n'en a pas l'habitude.

Ce lait de chamelle, beaucoup plus gras que celui de
nos meilleures vaches, est fort apprécié dans le désert.
Dans le Tell, les chefs arabes en sont assez avares.

3° Une foule de ragoûts de poulet au riz, ragoûts assai-
sonnés avec une profusion de piment et de poivre rouge à
faire dresser les cheveux sur la tête.

4° Le couscoussou, indispensable à tout repas de ce

genre. Le couscoussou est une fort bonne et excellente chose pour des estomacs français; quand il est apprêté à la française, ainsi que cela a lieu chez beaucoup de chefs de notre armée; mais, dans les conditions de piment et d'autres ingrédients de ce genre par lesquelles celui du pieux schériff avait passé, il soulevait légèrement le cœur, il faut l'avouer.

5° Une série de moutons rôtis, accompagnés de rognons cuits dans leur graisse, dont il ne faut pas médire, car peu de rôtis peuvent être comparés à celui-là. Le talent des cuisiniers arabes est si véritablement hors ligne pour l'art de rôtir, que l'on ne comprend pas encore comment il se fait que les grandes maisons de Paris n'envoient pas leurs chefs prendre quelques leçons dans le Tell et dans le Sahara algérien.

6° Un monceau de beignets et de pâtes au miel, pour l'étude desquels on peut engager les artistes culinaires de France à ne pas se déplacer.

Tout cela, servi avec profusion, était arrosé, comme boisson, d'une eau parfaitement fraîche, mais, hélas! fortement aromatisée avec de l'essence de rose et de jasmin. A défaut de vin, et de bon vin, un gosier français se contente d'eau fraîche; mais de l'eau aromatisée!...

Après ce repas primitif et homérique, qui, nous devons le dire, produisit deux effets bien différents sur les convives du schériff, effets sur lesquels nous croyons inutile de nous appesantir, on servit le café maure, traité comme on traite le café dans toute l'Algérie, c'est-à-dire délicieux de parfum et de saveur. Malheureusement on le sert dans des tasses ayant plutôt la capacité de dés à coudre ou de coques de noix que le volume rationnel de nos jolies tasses de porcelaine anglaise ou de Sèvres, et c'est là un grand défaut, dont les Arabes devraient bien se corriger.

Puis vinrent, comme complément à ce festin du désert, la longue pipe et le tabac de Tunis.

Le 2e de zouaves se porta, le 18 décembre, sur l'Oued-Monilech; le 19, à El-Kadra (ksour du Djebel-Amour; le 20, sur l'Oued-Mekrenza, qui coule entre deux chaînes de montagnes fort élevées; le 21, à Aïn-Krechale; le 22, sans faire de grande halte, sur l'Oued-el-Nadjel, bivouac où il fit sejour pour attendre le convoi parti d'El-Biod. La colonne avait parcouru environ 200 kilomètres pendant cette première partie de son itinéraire de retour.

Le régiment reprit son mouvement le 24, et vint camper, ce jour-là, au Mekam des Sidi-Chikr, après avoir fait 49 kilomètres[1]. Le lendemain, il eut encore une rude étape à franchir, 36 kilomètres, et une grande halte sans eau. Il alla coucher aux puits d'Askoûra; le 26, à Guetifa; le 27, à Médrissa; le 28, à Ardjétoum; le 29, à Tiaret (28 kilomètres au-dessus de la cascade de la Mina).

Le 30, il y eut séjour.

Pendant cette seconde partie de son itinéraire, le 2e de zouaves avait parcouru près de 200 kilomètres. Le pays

---

[1] Du 22 au 24 décembre, le ciel se couvrit de nuages, la température devint glaciale; le vent d'ouest s'éleva avec violence. On craignit une de ces tempêtes de neige si terribles, pendant la saison d'hiver, dans la région des hauts plateaux de l'Afrique. Heureusement pour la colonne, les nuages se dissipèrent le 25, et le 2e de zouaves put atteindre le Tell, sans essuyer de tempête.

traversé étant le même que celui décrit dans la marche sur Laghouat, nous croyons inutile d'en parler, d'autant plus que toutes les localités du Sahara algérien sont admirablement dépeintes dans l'ouvrage du général Daumas.

Le 31 décembre, le régiment reprit sa marche et se porta en sept jours de Tiaret à Oran, passant par Kaf-Lereeg, Zamora, Relizan, Bou-Guivat, Aïn-Nouissi et Mefessour (188 kilomètres).

Dans ce dernier parcours, la colonne franchit une haute chaîne de montagnes, puis descendit dans de larges vallées où l'on commença à trouver de belles cultures, mais où le bois et l'eau sont encore fort rares. Le troisième jour, elle entra dans le pays des Flitas, pays cultivé, habité, boisé, accidenté et d'un. accès difficile; puis elle traversa la belle et fertile plaine de la Mina pour venir couper cette rivière à Relizan, un peu au-dessous de son barrage. Elle marcha à travers la contrée habitée par la tribu des Borgia, et rentra à Oran en suivant le littoral à hauteur de Mostaganem et d'Arzew. A Oran, elle trouva les habitants qui l'attendaient pour lui faire une entrée triomphale[1].

---

[1] L'expédition de Laghouat amena deux résultats très-importants: l'un matériel, l'assurance de notre domination dans le sud, domination qui n'a pas été troublée depuis; l'autre moral, la preuve donnée aux Sahariens que, pour nous, il n'y a pas de distances infranchissables, pas de sables, pas de déserts pouvant arrêter notre juste vengeance et abriter nos ennemis.

Le schériff Mohammed-ben-Abd-Allah, qui était parvenu à sortir de Laghouat et à s'échapper, se retira chez les Beni-Mzab, à Ouargha, à sept journées dans le sud-est. Au lieu de chercher à se faire oublier, il voulut en 1853 porter la guerre chez les tribus récemment soumises

L'expédition de Laghouat donna lieu à beaucoup de récompenses accordées dans le 2e de zouaves.

Le lieutenant-colonel Cler, le commandant Malafosse furent nommés officiers de la Légion d'honneur; les capitaines Fermier et Abbatucci, le lieutenant Kléber, le chirurgien aide-major Canteloube, le sergent-major Bouchard, le caporal Moreau, les zouaves Rogel, Beicas, Giboteau, furent faits chevaliers du même ordre.

En outre, sept médailles militaires furent accordées aux sergents Verneur, Girardot, Wiedembach, de Chalot et Catelan, aux caporaux Ehrard et Beignard.

Enfin le capitaine de Fresne fut promu chef de bataillon au 14e de ligne; le lieutenant Morand, capitaine au corps; le sous-lieutenant Arnaud, lieutenant; l'adjudant Castan, les sergents-majors Seriot et Breugnot, sous-lieutenants.

par nous. Son châtiment ne se fit pas attendre: le gouverneur général donna ordre de mettre sur pied les goums, les contingents arabes des trois provinces, suivis à longues distances par des colonnes mobiles. Si-Hamza, notre khalifat des Ouled-Sidi-Scheikh, attaque le schérif, le bat dans un combat acharné, lui fait perdre son prestige aux yeux des Beni-Mzab, et telle est la soumission de ces peuplades à la force matérielle que toutes les tribus appellent nos colonnes et payent l'impôt, et que Mohammed, traqué de ville en ville, rejeté de Metlili, de Nyouça et même de Ouargla, est contraint de se réfugier dans les oasis dépendant de la régence de Tunis, du côté de Nefta.

LIVRE DEUXIÈME

LES BABORS, — 1853

I

SOMMAIRE. — I. Départ du 2ᵉ de zouaves d'Oran pour Alger, le 25 mars 1853. — D'Alger à Sétif (du 25 avril au 8 mai). — Mansourah. — La Medjana. — II. Commencement de l'expédition des Babors (18 mai). — Razzia chez les Rhamin (20 mai). — Le colonel de la Tour-du-Pin. — Les Beni-Tizi (22 mai). — Col de Tizi-ou-Sakka. — Bivouac de Sidi-Etnim (le 5 juin). — Cérémonie d'investiture. — Messe au camp. — III. Coup d'œil sur les mœurs et sur l'histoire des habitants des Babors. — IV. Seconde partie de l'expédition des Babors du 6 juin au 4 juillet 1853. — Le colonel Vinoy, nommé général de brigade, est remplacé par le lieutenant-colonel Clerc, promu colonel du régiment.

Pendant que le 2ᵉ et le 3ᵉ bataillon du 2ᵉ de zouaves faisaient l'expédition de Laghouat, le 1ᵉʳ bataillon, détaché dans la subdivision de Tlemcen, marchait avec une colonne dirigée dans la région des hauts plateaux pour occuper les postes avancés d'Aïn-Tekarin et d'El-Aricha. Cette colonne était chargée de tenir en échec les dissidents de l'Ouest et d'observer les tribus errantes et insoumises de la frontière du Maroc. Le bataillon n'eut pas d'engagement avec les Arabes; mais il eut beaucoup à souffrir du froid. Dans les derniers jours de l'année 1852, il rentra à Tlemcem, où il fut remplacé à la fin de juin par le 2e bataillon du régiment.

Pendant l'hiver, quelques compagnies furent détachées d'Oran et occupées à réparer les routes de la province.

Au mois de janvier 1853, le gouverneur général, prévoyant la nécessité d'une expédition prochaine dans la grande Kabylie, prescrivit à toutes les troupes de l'armée d'Afrique de se préparer à entrer en campagne en reprenant les exercices de tir et les marches militaires, ce qui fut exécuté avec le plus grand soin par le 2e de zouaves.

Vers le milieu du mois de mars, le régiment reçut, en effet, l'ordre de mettre sur pied de guerre deux de ses bataillons, qui durent se tenir prêts à être embarqués le 10 avril pour être dirigés sur Bougie. Afin de rompre les bataillons à la fatigue, afin de mettre les hommes en haleine et aussi afin de donner aux officiers la possibilité d'emmener avec eux toutes leurs bêtes de somme, le jour du départ fut avancé, et les deux bataillons du régiment furent dirigés d'Oran sur Alger par la voie de terre.

Les six compagnies, les premières à marcher dans les 1er et 2e bataillons, formèrent les bataillons de guerre. Les compagnies du 2e bataillon, alors à Tlemcen, arrivèrent le 24 mars à Oran, et, le lendemain, le régiment se mit en route pour Alger, sous le commandement du colonel Vinoy qui avait sous ses ordres le lieutenant-colonel Cler,

les chefs de bataillon Fraboulet de Kerleadec et Malafosse.

Au moment du départ, l'effectif de chaque compagnie
était de 125 hommes présents, ce qui portait le total des
deux bataillons, y compris l'état-major, à 43 officiers et
1,533 hommes.

Le régiment suivit la route de Mostaganem, les basses
vallées de la Mina, du Riou et du Chéliff, toucha à Orléansville, franchit le Chéliff sur le pont d'El-Kantara, arriva
à Milianah en remontant l'Oued-Boutan, descendit ensuite
l'Oued-Géer, passa à Blidah, traversa la Mitidja et le
Sahel, et entra à Alger le 14 avril, après une vingtaine de
jours de marche. Un seul homme était resté en route.
Aussi, le gouverneur général félicita-t-il le colonel Vinoy.

Le 2e de zouaves fut très-bien accueilli dans la capitale
de notre colonie, où il séjourna du 14 au 25 avril. Logé à
la grande caserne d'Orléans, il fit le service de la place, et
les hommes donnèrent constamment l'exemple d'une bonne
discipline.

Le 25 avril, le régiment fut dirigé sur Sétif par Aumale.
La colonne traversa la plaine de Mustapha et celle de la
Mitidja, la première parfaitement couverte de riches habitations, la seconde destinée, grâce à des cultures intelligen-
tes, à devenir pour la France un immense jardin potager,
qui, au moyen des chemins de fer, donnnera pendant
l'hiver et le primtemps des légumes frais et des primeurs
aux principaux centres de la mère-patrie.

Pour arriver à Aumale, les zouaves eurent à franchir la
chaîne de montagnes qui relie le petit Atlas au cap Mati-

foux. Cette chaîne, fort élevée, est coupée par de nombreuses vallées profondes et rapprochées les unes des autres, tantôt perpendiculaires, tantôt parallèles aux arêtes. Les versants, déchirés, arides, souvent difficiles, sont quelquefois impraticables. Les Arabes, dans leur langage figuré, ont baptisé ces défilés de noms qui les dépeignent : ici, c'est un col très-élevé, ouvert du côté du Levant, qu'ils ont nommé *Porte du Soleil;* là, c'est une longue gorge étranglée, profonde, d'un accès presque impossible : ils l'ont appelée *Défilé du Chat,* sans doute parce qu'ils supposent que cet animal, qui a la faculté de passer partout, peut seul le traverser. Le *Défilé du Chat* prend naissance dans un entonnoir profond, aux versants ravinés, où le soleil pénètre difficilement, même dans les jours les plus longs de l'année. Cet entonnoir, gorge sauvage, est appelé *Sac à Maudits,* probablement parce que la tradition arabe en a fait dans les temps primitifs le séjour des réprouvés. Pendant huit mois de l'année, ces hautes régions, ouvertes aux vents de mer, sont visitées par les tempêtes et les ouragans. Lorsque des convois en marche ont le malheur de se laisser surprendre dans ces défilés par la tourmente, ils ont bien de la peine à se tirer d'affaire. Souvent les hommes, les chevaux et les mulets sont entraînés dans des fondrières et disparaissent sous les neiges. C'est bien en cet endroit que des maisons hospitalières, semblables à quelques-unes de celles qui existent aux passages des principales montagnes des Alpes, rendraient de véritables services. Les Arabes racontent qu'en 1847 un convoi de 17 hommes du train des équipages fut complétement englouti par.un de ces terribles ouragans, et que, lorsqu'on put relever les cadavres, on trouva une mère cachant dans son sein la tête d'un enfant dont les pieds étaient appuyés sur la poitrine nue du maréchal-des-logis qui commandait le détachement.

En sortant d'Aumale, le 2e de zouaves traversa un pays sauvage, repaire de bêtes féroces, et parcouru par des tribus à peine soumises.

Le 3 mai, le régiment établissait son bivouac au-dessous du village de Mansourah (lieu protecteur), bâti au sommet d'un piton tronc-conique, formant un bas contrefort de la chaîne qui sépare le Tell des hauts plateaux. Ce village commande une grande vallée qui s'ouvre dans la direction du nord-ouest. De ses terrasses, on découvre entièrement le pays du Jurjura, de l'Oued-Sahel et des Bibans. Ses maisons sont bâties avec des pierres jaunâtres et schisteuses, taillées naturellement en forme de cube rectangulaire et trouvées en abondance sur le sol même. Les toits, légèrement inclinés, soutenus par de fortes charpentes de bois de mélèze et de pin, sont recouverts de terre. Dans l'intérieur des maisons, existent des silos d'une construction curieuse : ce sont des espèces de vases, montés en forme de grandes jarres, ornés de sculptures primitives dont les parois sont faites en torchis de crottin mêlé à de la paille hachée. Ces grands vases conservent parfaitement les grains et ne laissent pas, par leur forme rustique, de donner une idée assez exacte des céramiques puniques et numides.

Au-dessous du cône, sur le sommet duquel s'élève le

village, sourdent les sources de deux ruisseaux dont les eaux, vives et fraîches, font tourner deux moulins très-simples de construction et de mécanisme. Les deux sources arrosent ensuite une oasis plantée d'arbres fruitiers, d'oliviers et de vignes. Cette luxuriante végétation ne forme qu'un point vert sur le versant sud de cette grande vallée, presque inculte, rocheuse et à peine tachetée, dans les parties élevées, par des bouquets de pins rabougris.

Conduits par le caïd, qui faisait avec une gracieuseté toute kabyle les honneurs de sa capitale, les officiers de zouaves atteignirent le péristyle rustique de la djemma (lieu de réunion, mairie) de Mansourah. De cet endroit élevé, l'œil embrassait alors un immense et magnifique panorama. Sur le premier plan et près du village, la naissance de deux ravins, dont les eaux arrosaient l'oasis et contournaient le bivouac des zouaves, placé au-dessous (ces premiers cours d'eau étaient bornés à l'est par la haute chaîne qui sépare la vallée de la plaine de Medjana); sur le second plan, vers le nord-ouest, d'immenses vallées remontant jusqu'aux dernières ramifications du Jurjura; dans le fond, cette longue chaîne, montrant sa muraille de neige, à 15 ou 20 lieues au nord du pittoresque village; puis de grandes plaines, au-dessus desquelles on voyait s'élever les pitons dentelés et les arêtes minces de la chaîne de l'Oued-Sahel. Dans la partie la plus basse de cette vaste contrée, apparaissaient deux grands trapèzes de lave volcanique, détachés et isolés de la chaîne des Bibans, fermant les deux côtés d'un défilé profond et étroit connu sous le nom de *Portes de Fer*, défilé si célèbre depuis l'expédition aventureuse du duc d'Orléans.

La journée avait été très-chaude : l'air, lourd, chargé d'électricité, faisait pressentir l'approche d'un orage, annoncé d'ailleurs par des vapeurs noires amoncelées à l'horizon et par les roulements encore peu distincts d'un tonnerre lointain. Chacun voyait se préparer un de ces majestueux orages dont on est témoin quelquefois dans les pays chauds, près des hautes montagnes, aux premiers jours du printemps. Il se formait vers la chaîne du Jurjura. Bientôt, en effet, de sombres nuées couvrirent une étendue immense, et se subdivisèrent ensuite comme de profondes colonnes. Elles semblaient partir des pitons des montagnes pour se perdre dans l'immensité du ciel. Ces espèces de zones, séparées par les rides éclairées des derniers rayons d'un soleil chaud, qui disparaissait derrière les hautes chaînes, s'avançaient à pas de géant, sautant du Jurjura à l'Oued-Sahel, de l'Oued-Sahel aux Portes-de-Fer et aux Bibans. Leur approche était annoncée par de splendides éclairs verticaux et par des éclats d'un tonnerre dont les roulements prolongés et sourds, répercutés par les montagnes, jetaient dans l'âme comme une vague terreur... Ce grand cataclysme du ciel mit moins de temps pour parcourir vingt lieues qu'il n'en faut pour le décrire.

Les officiers du 2e de zouaves, qui étaient venus visiter Mansourah, voyant poindre l'orage, songèrent à revenir au milieu de leurs soldats. Ils reprirent leurs chevaux pour regagner au plus vite le bivouac, bientôt changé par la pluie en un vaste marais, dont les hommes ne purent sortir le lendemain qu'avec de la boue jusqu'à mi-jambe.

Le temps, dérangé par cet orage, qui ne dura pas moins de dix-huit heures, resta mauvais jusqu'à l'arrivée de la colonne à Sétif, le 8 mai. La température, dans ces régions élevées (la Medjana est à 1,200 mètres au-dessus du niveau de la mer, et Sétif 1,100 mètres), devient souvent glaciale à la suite des orages. C'est ce qui arriva : des giboulées, une pluie mêlée de neige, rendirent les bivouacs humides et très-froids. La marche à travers les montagnes et les plaines fut souvent arrêtée par des flaques d'eau et de boue, par des rivières débordées et par des fondrières. Sous le Borj-Bou-Ariridj, la colonne fut même obligée de bivouaquer dans un marais, et il fut impossible aux hommes d'allumer les feux pour faire la soupe.

La Medjana, plaine haute et fertile, est très-bien cultivée et très-productive en céréales; le plateau ondulé qui s'étend entre cette plaine et Sétif a quelque analogie avec le plateau de la Beauce; les ruines romaines qui la jalonnent prouvent la richesse de cette ancienne province, appelée jadis, à juste titre, le grenier de Rome. Le sol de Sétif est couvert de ruines, et les murs de l'ancienne citadelle, construits à la hâte des débris de toute nature, attestent encore la résistance désepérée du lieutenant de Bélisaire au moment où le vieux monde romain croulait sous les efforts des Barbares.

Pendant ces jours d'orage, de neige et de boue, les zouaves se montrèrent admirables de courage. Plus chargés que les soldats romains, mouillés jusqu'aux os, ayant à franchir des torrents, à gravir des pentes roides et glissantes, à bivouaquer dans l'eau et sans bois, la gaieté ne les abandonna pas ; l'esprit français leur vint en aide pour supporter leurs infortunes. Chantant pendant les rares éclaircies, riant comme des enfants lorsqu'un de leurs camarades laissait au fond d'une ornière son soulier, sa guêtre ou sa jambière, ou lorsque, glissant et tombant dans un sol fangeux, il se relevait changé en zouave de terre glaise..., ces braves gens ne firent pas entendre une plainte.

Le 8 mai, le régiment arriva à Sétif et occupa, au nord de la ville, un emplacement destiné à recevoir momentanément toutes les troupes de l'armée expéditionnaire rassemblée par le gouverneur général.

Ce général, parti d'Alger le 9 mai, débarqua le 10 à Bougie et arriva le 13 à Sétif.

Les corps destinés à prendre part à l'expédition formèrent deux divisions, l'une commandée par le général Bosquet, sous les ordres directs du gouverneur général, l'autre sous le général de Mac-Mahon, composées chacune de deux brigades d'infanterie et de parties constituées d'autres armes, destinées à agir ensemble ou isolément, suivant les éventualités. Le nombre des bataillons était de 14 et l'effectif des troupes s'élevait au chiffre de 13,000 hommes. Le 2e de zouaves fut placé dans la 1re brigade de la division Bosquet. Elle eut pour chef le colonel Vinoy ; le lieutenant-colonel Cler prit le commandement du régiment. Le 13 mai toutes les troupes furent passées en revue par le gouverneur général : l'aspect de l'infanterie était imposant ; les bataillons étaient aguerris, et, parmi eux, figuraient 7 bataillons de zouaves.

Le séjour des trois régiments de zouaves à Sétif fut marqué par plusieurs réunions où régna la plus grande frater-
nité. C'était la première fois, depuis leur organisation, que
ces trois régiments de zouaves se trouvaient ensemble e*
dans un but commun. Cette circonstance fut saisie avec em-
pressement par les officiers, par les sous-officiers et par les
soldats. Tous voulurent montrer qu'ils étaient animés d'un
même esprit, et que, enfants d'une même famille, ils désiraient rester unis par les mêmes sentiments de gloire
et d'émulation, sans jamais chercher à devenir rivaux.

II

Le 18 mai, la colonne du général gouverneur quitta Sétif
et prit la direction du nord. Elle vint asseoir son bivouac
à cinq lieues plus loin, sur la droite de la route de Bougie,
au bord de l'Oued-Chilkan. La division du général de Mac-
Mahon appuya à l'est pour gagner l'Oued-Berd, au pied
sud des Babors.

Le 19, la division dont le 2e de zouaves faisait partie,
se porta à 20 kilomètres et bivouaqua sur l'Oued-Draouats[1],
qui coule parallèlement et au sud de la chaîne des Babors.
A peine installées au bivouac, les trois premières com-

[1] Appelé aussi l'Oued-Merkad ; c'est un des principaux affluents de
gauche de l'Oued-Berd.

pagnies du 1er bataillon, sous les ordres du commandant
Fraboulet de Kerléadec, partirent sans sacs pour aller attaquer, avec deux autres bataillons de la 2e brigade, la tribu
kabyle des Djermounah, qui n'était point venue demander
l'*amân*. Cette petite colonne réussit à chasser l'ennemi et
à incendier dans des ravins rocheux, profonds, d'un accès
très-difficile, les villages de cette tribu. Les Kabyles n'opposèrent pas une très-grande résistance ; cependant ils
firent rouler du haut de leurs montagnes des rochers
dont les éclats blessèrent plusieurs hommes. Malheureusement, cette petite opération, faite au début de la campagne, coûta au régiment un officier de mérite, le sous-
lieutenant Liabeuf, ancien et brave militaire, qui tomba
frappé d'une attaque d'apoplexie au moment où il marchait
à la tête de sa section pour enlever une position à l'ennemi.

Le 20, la colonne fit séjour au bivouac de l'Oued-
Draouats. Pendant la journée, huit compagnies du régiment et quelques autres troupes partirent, sous les ordres
du général Bosquet, pour attaquer une fraction insoumise
de la tribu des Rhamin.

Arrivé sur les villages, le général Bosquet chargea les
huit compagnies du 2e de zouaves, divisées en deux colonnes, sous les ordres des colonels Vinoy et Cler, d'attaquer
les positions dominantes et le rocher escarpé du Takoucht[1],
où les Kabyles avaient caché leurs femmes et leurs enfants.
Cette attaque, menée avec une grande résolution, réussit
complétement. Les hauteurs, hérissées de difficultés, furent

---

[1] Ce point est à 1,904 mètres au-dessus du niveau de la mer.

successivement enlevées, et bientôt tout l'hémicycle rocheux qui contournait les villages fut occupé par les zouaves.

La razzia terminée, les deux colonnes, qui avaient opéré leur jonction, se replièrent sur les villages par leurs lignes d'attaque; les positions, défendues pied à pied, furent évacuées successivement sous le feu des Kabyles et souvent après des retours offensifs qui firent éprouver des pertes à l'ennemi [1].

Les deux petites colonnes d'attaque, ayant rallié leur réserve au bas de la vallée, rentrèrent sans être inquiétées. Cette retraite fut marquée par un trait d'audace d'un officier d'état-major assez coutumier du fait, le colonel de La Tour-du-Pin.

Le colonel de La Tour-du-Pin, auquel nous consacrerons encore quelques lignes dans le récit du siége de Sébastopol, était un homme d'un caractère antique. Surnommé par les officiers de l'armée *le La Tour-d'Auvergne moderne*, il était connu de tout le monde en Afrique, mais surtout des zouaves, qu'il accompagnait habituellement en simple amateur dans toutes leurs expéditions. Mis en traitement de réforme pour cause de surdité complète, de La Tour-du-Pin, qui avait une véritable passion pour la guerre, ne laissait pas manquer une occasion de courir dans tous les pays où il y avait des combats, de la gloire et des dangers. Il avait

---

[1] Les troupes étaient disposées par petits échelons de section et même de demi-section, de manière à pouvoir couvrir de feux les positions abandonnées, ainsi que cela se pratique habituellement dans la guerre contre les Arabes ou contre les Kabyles.

servi en volontaire dans la guerre du Holstein ; il venait d'obtenir, ce qu'il considérait comme la plus grande de toutes les faveurs, l'autorisation de suivre les colonnes pendant la campagne des Babors, et il se trouvait, le jour de l'attaque du Takoucht, avec les zouaves du colonel Cler.

On avait sonné la retraite, et l'extrême arrière-garde se repliait sur la réserve, lorsqu'en se retournant pour examiner ce que faisaient les Kabyles, le colonel Cler aperçut un homme à cheval sur un piton, exposé d'un côté aux balles kabyles, de l'autre aux balles françaises. Il crut d'abord que c'était un de ces chefs hardis qui, par bravade, tiennent à honneur à arriver des premiers sur les positions abandonnées ; mais bientôt il fut détrompé par un zouave, qui s'écria : « Mais non, c'est le colonel à la *poêle à frire.* » Les zouaves avaient donné ce nom au brave de La Tour-du-Pin, à cause du cornet acoustique nécessité par son infirmité. En effet, le lieutenant-colonel des zouaves, en examinant avec attention l'individu toujours perché sur le piton, vit du côté qu'il regardait avec une longue-vue du côté des Kabyles et que ces derniers tiraient sur lui. Il était devenu une véritable cible pour les montagnards, placés à quelques centaines de mètres plus loin.

Aussitôt l'ordre fut donné aux zouaves de se porter de nouveau en avant, de faire un retour offensif, d'enlever de gré ou de force l'imprudent observateur, et de l'amener, lui, son cheval, sa *poêle à frire* et sa longue-vue.

De La Tour-du-Pin, troublé dans ses observations sur la portée des fusils kabyles, trouva presque mauvais qu'on vînt l'interrompre ; mais l'ordre était formel, il dut obéir à l'enlèvement opéré sur sa personne, et il eut en outre à éprouver les amicals reproches des officiers et les rires des zouaves.

Le 21 mai, le gouverneur général quitta, avec toute sa colonne, son bivouac de l'Oued-Draouats et se dirigea, en remontant les crêtes des vallées, de la chaîne des Babors sur le col de Tizi-ou-Sakka, situé au nord et à 12 kilomètres plus loin.

Après avoir suivi pendant une heure le chemin des crêtes, la colonne, arrêtée par des obstacles infranchissables, fut obligée de se jeter à gauche dans une profonde vallée habitée par la tribu soumise des Beni-Slimane. Le chemin, qui suit un petit cours d'eau, est fort difficile; mais il traverse un pays cultivé et jalonné par des villages kabyles.

A dix heures du matin, le 2e de zouaves, formant tête de colonne, arriva sur le col de Tizi-ou-Sakka, à la sortie duquel les contingents kabyles se trouvaient réunis pour en disputer le passage. A la vue de l'ennemi, le 1er bataillon, qui débouchait du col homme par homme, traverse rapidement l'espace qui le sépare des positions occupées par les Kabyles. Au fur et à mesure que les compagnies sont ralliées, elles enlèvent, sous les ordres du colonel Vinoy et du commandant Fraboulet, les hauteurs escarpées du Tararist[1], où l'ennemi a élevé quelques petits retranchements en pierres sèches. Les 1re, 2e et 3e compagnies sont princi-

____

[1] Le Tararist est un des points élevés de la chaîne, ramification des Babors qui sépare la vallée de l'Irzer ou-Sakka de celle de l'Acrioun.

palement employées à cette attaque, qui ne coûte au régiment que quelques blessés[1].

Pendant ce temps, le 2e bataillon, dirigé par le lieutenant-colonel Cler, vers la gauche du col, avait jeté en avant de lui une compagnie (capitaine Banon) chargée de soutenir la retraite d'un peloton de chasseurs à pied engagé loin du camp, dans un village de la vallée de l'Irzer-ou-Sakka.

Le 22 mai, les Beni-Tizi n'ayant encore envoyé que des gens de peu d'importance pour demander à traiter, le gouverneur général, dans le seul but d'essayer de donner le change sur ses intentions, fit attaquer plusieurs villages de la vallée de l'Irzer-ou-Sakka par cinq bataillons sans sacs. Trois de ces bataillons, sous les ordres directs du général Bosquet, pénétrèrent dans la vallée, et les deux autres, appartenant au 2e de zouaves, sous les ordres du colonel Vinoy, prirent par un contrefort du Tararist, de manière à descendre dans cette même vallée, 12 kilomètres au-dessous de sa naissance, pour couper la retraite de la mer aux populations des villages. Cette manœuvre eut un plein succès. Le colonel Vinoy arriva par des chemins affreux et par des sentiers disposés en échelles sur le versant de droite. Trois gros villages furent successivement

[1] En parcourant le terrain où avait eu lieu le combat, on observa l'effet terrible produit à une très-grande distance par les balles cylindro-coniques. Plusieurs des Kabyles, atteints à des distances de 1,000 et de 1,2000 mètres, étaient traversés de part en part par ces balles, qui avaient fait dans les corps laissés sur le terrain des blessures aussi larges que celles produites par des projectiles de mitraille.

enlevés, pillés et livrés aux flammes; les Kabyles, leurs femmes et leurs troupeaux furent jetés dans des profondeurs ravinées et boisées. Saisi de frayeur, l'ennemi se défendit mal et abandonna ses armes et un nombreux troupeau au lieutenant-colonel Cler, qui le poursuivit pendant plus de deux heures avec trois compagnies du bataillon du commandant Malafosse (3e, 7e et 8e du 2e bataillon).

Malheureusement, les difficultés de terrain que rencontra cette petite colonne en remontant le cours de l'eau, souvent très-rapide et barré par des cascades, l'obligèrent à abandonner ses prises et la plus grande partie du troupeau, dont 120 têtes seulement purent être ramenées au bivouac.

Cette action vigoureuse et brillante contre les Beni-Tizi porta ses fruits. Le 24, les principaux représentants de plusieurs tribus vinrent au bivouac de Tizi-ou-Sakka pour demander à se soumettre à la France aux conditions dictées par le gouverneur. Les préliminaires furent acceptés, un armistice fut conclu, à la condition que les otages nous seraient livrés et que nos colonnes seraient libres de parcourir le pays.

Tizi-ou Sakka, sur le Mordj-Souel (naissance de l'eau dans la prairie des échos), où la colonne du gouverneur séjourna du 22 au 29 mai, est un col à 1,900 mètres au-dessus du niveau de la Méditerranée. Ce col forme un des rares passages de la grande chaîne des Babors. Dans leur langage figuré, les Arabes appellent ces hautes montagnes *Portes de la vapeur*, et le temps affreux que la colonne subit pendant neuf jours qu'elle resta au bivouac de Tizi-ou-Sakka justifie parfaitement cette dénomination. En effet, elle vécut dans les nuages, au milieu des tempêtes. Cette position était, du reste, essentiellement militaire : dominant la naissance des grandes vallées, les troupes, en s'y maintenant, devaient obtenir la soumission des principales tribus de la confédération de cette partie de la Kabylie.

Le 29 mai, la colonne du gouverneur descendit le versant septentrional de la chaîne des Babors et se dirigea vers la mer. Après avoir traversé des salines et laissé sur la gauche le Tararist, elle bivouaqua le soir près des villages kabyles d'Aït-Tahissiout et d'Aït-Takribt.

Le 31 mai, le gouverneur porta son bivouac à Aliouen, à l'extrémité nord des derniers contreforts et en vue de la mer. Pour arriver à ce bivouac, la colonne fut obligée de tracer sa route sur le versant rocheux et escarpé du Kef-Rida, qu'elle ne put franchir sans avoir surmonté les plus grandes difficultés de terrain.

Les hautes chaînes de montagnes que la colonne dut traverser retardèrent considérablement sa marche. Il lui fallait quelquefois huit ou dix heures pour arriver à franchir une étendue de 4 kilomètres. Le temps étant toujours brumeux et pluvieux, des feux devaient être entretenus de distance en distance pour guider les arrière-gardes, qui n'arrivaient au bivouac qu'entre dix et onze heures du soir. Lorsque les troupes étaient séchées par un bon feu et réconfortées par une soupe copieuse, les conversations devenaient animées et très-gaies. Parmi les zouaves, chacun racontait ses impressions de la journée. Quelques-uns d'entre eux, ayant entendu dire que ces montagnes sauvages et difficiles avaient servi de refuge aux derniers Vandales d'Afrique, pensèrent avoir découvert l'emplacement du tombeau de leur roi Gélimer près d'une roche isolée, dans une caverne dont l'entrée était obstruée par des débris de toute nature.

Le 1er juin, la colonne aux ordres directs du gouverneur général porta son bivouac à Sidi-Rehan, sur le bord de la mer; le 2 juin, à Sidi-Etnin, sur la rive gauche de l'Oued-Agrioun. Le 4, elle opéra sa jonction avec les troupes du général de Mac-Mahon, qui, depuis le 18 mai, était parvenu à soumettre les tribus occupant la rive droite de l'Agrioun et la partie orientale des Babors.

Pendant cette première partie de l'expédition des Babors, le 2e de zouaves eut à supporter plus de fatigues qu'à braver de véritables dangers. Il dut traverser un pays de montagnes aux pics élevés et déchiquetés, aux vallées déchirées et irrégulières, profondes, boisées dans le fond, rocheuses et escarpées près des crêtes, un pays où le fantassin ne pose qu'avec précaution le pied sur l'étroit sentier bordé de précipices effrayants.

Du 1er au 6 juin, les troupes de la colonne du gouverneur général furent amplement dédommagées des fatigues et de la misère des jours précédents. Faisant de courtes marches, elles arrivaient de bonne heure au bivouac, s'établissaient non loin du rivage de la Méditerranée, dans de riches plaines arrosées par des eaux vives. De frais ombrages, la brise de la mer, l'air embaumé par les mille senteurs des bosquets en fleurs et des prairies, tout contribuait à donner à ces bivouacs un charme qui devait les graver dans le souvenir. Rien ne manquait aux soldats. Des vivres frais apportés par mer, des fruits que les Kabyles nouvellement soumis cueillaient dans leurs vergers, jusqu'à de la glace qu'ils allaient chercher au fond des crevasses de leurs hautes montagnes ; tout était en abondance au camp. Telle est la guerre.... habituellement pleine de dangers et de misères, parfois pleine d'harmonie, de poésie et de bien-être, toujours pleine d'attraits pour qui aime la gloire, pour qui a l'imagination ardente et redoute la monotonie d'une vie calme et uniforme.

Le 5 juin, le gouverneur général appela à son bivouac de Sidi-Etnin une partie des populations récemment soumises pour les faire assister à la remise des burnous d'investiture de leurs chefs. Au centre d'un grand carré de troupes étaient réunis 5 ou 600 Kabyles à la figure sauvage, aux vêtements sales et sordides, qui venaient en toute confiance. quelques jours seulement après avoir essuyé les ravages de la guerre, reconnaître la puissance de la France sous les baïonnettes qui les avaient décimés la veille. Le général Randon, après leur avoir fait comprendre les volontés de la mère-patrie, les avantages qu'ils trouveraient à suivre les conseils qui leur seraient donnés par les officiers chargés des bureaux arabes et ceux qu'ils retireraient en vivant en paix avec leurs voisins, distribua une quarantaine de burnous rouges à leurs anciens chefs, maintenus à la tête de leur administration. Chaque chef ou caïd vint recevoir des mains des spahis le burnous, qui lui était immédiatement jeté sur les épaules ; il baisait ensuite la main du gouverneur, recevait son brevet et reprenait sa place devant les représentants de sa tribu. Faite avec toute la pompe militaire, annoncée et terminée par des bans et des salves d'artillerie, cette cérémonie imposante impressionna les nouveaux chefs. Cependant leurs figures froides et impassibles ne trahirent rien de leurs émotions. L'office divin suivit immédiatement l'investiture des chefs.

Sur un point élevé placé au centre du bivouac du gouverneur, on avait construit avec des tambours, des canons et des affûts, un autel qui n'avait d'autres ornements que quelques fleurs des champs et des faisceaux d'armes. Il était surmonté d'une croix rustique faite avec deux branches noueuses de chêne-liége : telle devait être la croix sur laquelle fut attaché le Christ!... Pour encadrement, ce temple improvisé avait les beautés de la nature. Ni Saint-Pierre de Rome avec ses magnifiques peintures, ni la coquette Madeleine de Paris avec ses tapis, ses marbres et ses dorures, ni ces immenses cathédrales gothiques de la vieille France, avec leurs sculptures, leurs vitraux peints et leurs ombres pleines de mystères, ne pourraient rendre le grandiose de cette église toute primitive dont la vue effaçait plusieurs siècles de l'histoire, et rappelait Constantin dans les Gaules, Philippe-Auguste le matin de la bataille de Bouvines, et saint Louis aux ruines de Carthage...

Derrière l'autel apparaissaient les hautes montagnes de la Kabylie orientale, aux arêtes dentelées, veinées de couches de neige, ayant pour auréole des cercles de nuages. Ces montagnes semblaient autant de gigantesques statues dont les têtes sourcilleuses se perdaient dans un ciel sombre et chargé de tempêtes...

Sur la gauche et derrière l'armée disparaissait, sous une atmosphère vaporeuse et embrasée, la mer d'Afrique, dont le flot, tantôt calme et azuré comme celui d'un beau lac d'Italie, tantôt soulevé par la tempête et furieux, se promène sans cesse du rivage de notre belle France au rivage de notre nouvelle colonie.

Le père Regis officiait. Supérieur de la Trappe de Staouëlli, il y avait dans la nature et dans le caractère de ce moine guerrier et organisateur comme un reflet de l'Urbain II, du Pierre Lhermite et de l'évêque d'Antioche.

Les lignes de troupes encadraient le terrain; en avant des soldats étaient placés les officiers. Derrières les troupes, sur les versants des collines, on apercevait, au milieu des bouquets de lentisques, de myrtes et de lauriers-roses, les tentes du camp, et, plus loin, sous les hêtres et les oliviers séculaires, des groupes de Kabyles, silencieux et étonnés, garnissaient les ogives de verdure de cette immense basilique, dont les sauvages ornements avaient été fournis par la nature seule. Pendant l'office, une des musiques exécuta les partitions du *Prophète*, de *Guillaume Tell* et de la *Lucia*. Jamais les grandes compositions des maëstri n'avaient réveillé des échos plus sublimes que ne l'étaient ceux des Babors et de la vallée de l'Agrioun! officiers et soldats étaient recueillis pendant cette cérémonie grandiose; mais ce recueillement se changea en une véritable émotion au moment où le prêtre éleva l'hostie sainte, au-dessus des drapeaux et des têtes abaissées, au bruit du tambour dominé par la grande voix du canon. On eût dit l'Église française prenant possession de cette terre, qui, depuis l'épiscopat de saint Augustin, peut-être, n'avait point été foulée par le pied du chrétien.

Cette cérémonie, dont le souvenir restera éternellement gravé dans la mémoire de ceux qui en furent les témoins, termina la première partie de l'expédition que le gouverneur général avait entreprise dans la Kabylie orientale.

Qu'on nous permette de faire suivre ces récits de guerre de quelques courtes observations sur les Kabyles des Babors.

III

Les Kabyles, ou habitants des montagnes de l'Algérie, diffèrent essentiellement des hommes de la plaine, ou Arabes proprement dits. Les premiers sont réunis en populations stables, attachés au sol, résidant à poste fixe dans de petites villes, des bourgs, des villages, ayant leurs maisons, leurs jardins et leurs champs. Les seconds vivent sous des tentes qu'ils déplacent journellement : ils se meuvent le long des cours d'eau, dans une certaine étendue de terrain, un certain parcours qu'ils ensemencent en tout ou en partie, où ils récoltent, dont ils vendent les produits. L'hiver, ils se rendent dans le Sahara, dans les oasis; l'été, ils se tiennent ou plutôt ils voyagent dans le nord de l'Algérie, dans le Tell.

Les mœurs, les coutumes de ces deux peuples d'un même pays offrent la plus entière dissemblance, et, si la religion musulmane ne venait leur offrir un point de contact, leur fournir un trait d'union, nul doute qu'ils ne fussent plus étrangers l'un à l'autre que ne le sont entre elles les nations de l'Europe et celles du Nouveau-Monde.

Il n'est donc pas sans intérêt de donner ici quelques notions sur un pays dont les habitudes, les mœurs, les usages, sont aussi tranchés, et d'indiquer les considérations qui peuvent et doivent les rattacher à la France.

Les Arabes montagnards, ou habitants des Kabylies, sont presque constamment en guerre avec les Arabes des plaines et des grandes vallées. Ces derniers les considèrent comme des gens *vivant du produit de leur fusil.* Les Kabyles des Babors avaient, en 1853, un intérêt assez marqué à se rapprocher du gouvernement français. En le faisant, en se soumettant à nous, en demandant l'*aman,* ce qu'on accorde volontiers aux tribus, ces peuplades s'assuraient le pardon et l'oubli de leurs nombreux méfaits passés ; ce qui est plus précieux encore pour eux, ils s'ouvraient pour leur commerce de nombreux et sûrs débouchés [1].

En effet, tant qu'ils n'avaient pas fait leur soumission, ils étaient traqués comme des bêtes fauves, et par nos soldats et par les goums des tribus soumises, chaque fois qu'ils cherchaient à descendre dans les marchés arabes,

---

[1] C'est probablement cette grande considération qui amènera la fin de la lutte entreprise en ce moment par nous dans la grande Kabylie. (Note écrite en 1856.)

soit sur la côte, au nord, soit dans la Medjana, au sud. N'osant se fier les uns aux autres, ils étaient obligés de braver mille périls pour écouler leurs produits.

Les habitants des Babors avaient besoin d'être sous la protection, sous la domination d'une grande puissance. Ils nous savaient forts, généreux et justes ; ils ne demandaient pas mieux que de se soumettre à nous dès que la poudre aurait assez parlé pour qu'aux yeux des femmes et des vieillards le péché originel de la soumission parût racheté, en d'autres termes, dès que les apparences seraient sauvées.

Il résulta de cette situation matérielle et morale que, depuis notre arrivée en Afrique, jamais notre nation n'avait encore obtenu une adhésion plus franche et plus sincère que celle donnée par les tribus kabyles de ces montagnes. L'ascendant exercé par la France, bien plus que la force de nos armes, avait triomphé pour nous de la résistance et fait taire d'anciens préjugés.

Le jour où l'armistice fut conclu, de nombreux otages furent amenés au camp du gouverneur. Les Kabyles vinrent dans nos bivouacs sans manifester la moindre crainte. De notre côté, les cantiniers de l'armée purent traverser le territoire dévasté par nous la veille, sans être insultés. Il y a plus, ils furent souvent aidés par les débris des populations échappés à nos razzias. Le montagnard de l'Algérie, lorsqu'on sait respecter ses antiques usages, est facile à gouverner.

Son origine remonte aux anciens habitants de l'Afrique septentrionale. Ses peuplades, conquérantes et conquises,

ayant fini par se fondre, s'amalgamer, il y a dans l'organisation physique du Kabyle du sang du Berbère, du Car-
thaginois, du Numide, du Romain, du Vandale et de
l'Arabe. Son organisation physique et morale se ressent
de cette longue descendance, sur laquelle le Turc seul n'a
pas laissé son cachet.

Si l'on cherche dans l'histoire les traits primitifs des
tribus qui habitent les Babors, on trouve, en rapprochant
des traditions écrites les traditions orales, si vivaces chez
les peuplades réunies en tribus, on trouve, disons-nous,
que les dernières bandes vandales, chassées de la province
romaine par Bélisaire, vinrent chercher un refuge sur les
cimes et dans les rochers des montagnes situées entre la
mer et la grande plaine de la Medjana. Gélimer, le dernier
roi de ces sauvages inconstants et terribles destructeurs de
l'ancien monde, tint longtemps en échec les Gréco-Ro-
mains, ses ennemis.

Cette vieille tradition et le souvenir des désastres éprouvés par les Turcs, chaque fois qu'ils essayèrent de pénétrer dans ces contrées, avaient fait conclure aux Kabyles
des Babors que leur pays était inattaquable. Dans leur
langage figuré, ils disaient : *Nous ne craignons que l'oi-
seau de proie...* Mais, quand ils virent que rien n'arrêtait
nos colonnes; que nos troupes gravissaient et enlevaient
les montagnes, occupaient les cols, descendaient dans les
vallées, ils furent bien obligés de nous considérer comme
les plus forts... Une fois cette conviction passée dans l'âme
de l'Algérien, Arabe de la plaine ou Arabe de la montagne, la soumission ne se fait pas attendre.

Nous ne nous étendrons pas davantage sur ce sujet. Il
est traité *ex professo* par un homme compétent, le général Daumas, dans son intéressant livre sur la grande
Kabylie. Comme le Kabyle du Jurjura a une analogie parfaite avec celui des Babors, en tout et pour tout, nous
croyons pouvoir renvoyer nos lecteurs au curieux ouvrage
que nous venons de citer.

IV

Les périls et les combats étaient terminés pour cette expédition des Babors; mais il restait encore des marches
pénibles et de rudes travaux à exécuter pour les troupes,
et surtout pour le 2e de zouaves.

Tandis que la division Bosquet, sous les yeux du gouverneur général lui-même, opérait sur la rive gauche de
l'Agrioun, dans le massif des Babors occidentaux, la division de Mac-Mahon, sur la rive droite du même cours d'eau,
obtenait la soumission des Kabyles habitant le pied des
Babords septentrionaux.

Le général Randon avait réuni toutes ses troupes au
bivouac de Sidi-Etnin. Il résolut de sillonner encore la
partie qui se trouve entre Milah, au sud, et Djijelli, au
nord, et, après avoir soumis toutes les tribus de ces contrées, de faire activer les travaux de la route destinée à
relier ces deux points, en sorte que, de Sétif à Bougie, de
Djijelli à Milah, le quadrilatère montagneux appelé *Ka-*

bylie des Babors se trouvât entièrement sous la domination française.

Le 2e de zouaves, qui faisait partie de la division Bosquet, ainsi que nous l'avons dit, quitta Sidi-Etnin le 6 juin pour se rendre à Ziama, sur les bords de la mer, après avoir franchi l'Agrioun et des montagnes élevées.

Les montagnes qui bordent la mer entre l'Agrioun et Ziama, quoique élevées, sont séparées par de belles vallées, cultivées et habitées par des populations kabyles fort industrieuses, dont la partie valide émigre souvent sur Bougie et Alger. Comme nos Auvergnats, ces laborieux montagnards viennent offrir leurs services aux habitants des villes, qui les emploient comme domestiques et hommes de peine. Bons serviteurs, ils rentrent après quelques années d'absence, et apportent dans leurs villages le petit pécule, fruit de leurs labeurs et de leur économie. La végétation de ces montagnes est luxuriante : on y trouve des frênes et des oliviers qui ont jusqu'à deux-mètres de diamètre à leur base ; des villages assez bien bâtis sur les versants et près des crêtes, entourés de vergers et de jardins, arrosés par les eaux de nombreuses sources, produisant en abondance les fruits et les légumes de l'Europe méridionale.

En s'enfonçant dans les montagnes on rencontre à chaque pas des cours d'eau encaissés, des cascades, de vertes prairies et de riches forêts vierges. Sur les versants existent des filons de minerai, de cuivre et de fer que les Kabyles exploitent au moyen de hauts fourneaux d'une construction primitive.

Tandis que la colonne du général Bosquet opérait ce mouvement parallèle à la côte, se tenant à quelques kilomètres de la plage, la division de Mac-Mahon, avec laquelle marchait le gouverneur général lui-même, se rendait par un autre chemin au même point de Ziama.

Ziama est un ancien poste romain situé à l'embouchure d'une petite rivière et à 32 kilomètres à l'ouest de Djijelli. Une bourgade pauvre de Kabyles, quelques murailles, quelques débris de vieilles tours qui flanquaient jadis de distance en distance l'enceinte romaine, voilà tout ce qui reste de cette petite ville assez bien située comme position militaire.

Les deux divisions, réunies de nouveau à Ziama, y séjournèrent dans leurs bivouacs au fond de vallées boisées, jusqu'au 10 juin, et par un temps épouvantable. Enfin, le 10, les pluies ayant cessé, la colonne Bosquet, se séparant une troisième fois de la colonne de Mac-Mahon, gagna le bivouac de Tsarouden, chez les Beni-Marmi. Sa direction était, dans cette première journée, entièrement vers l'est. Le lendemain, elle continua de s'avancer de ce côté, et elle vint s'établir à Aïn-Bou-Kekach, après avoir franchi un petit cours d'eau, l'Oued-Dardouet. Elle se trouvait alors sur le territoire des Beni-Four'hal.

A partir de ce bivouac de Aïn-Bous-Kekach, le pays devenait d'un accès si difficile, d'un parcours tellement accidenté, que le général Bosquet crut devoir partager sa colonne en deux parties pour faire exécuter, un jour à l'avance, une double voie destinée au passage de l'infanterie et du convoi.

Le 12, en conséquence d'ordres donnés la veille, le lieutenant-colonel du 2ᵉ de zouaves dut partir, avec six compagnies de son premier bataillon et toutes les troupes du
génie, pour faire exécuter le travail, en précédant de vingt-
quatre heures la colonne principale. Il bivouaqua le soir
au col de Selma. Le général Bosquet, laissant deux jours
d'intervalle entre la marche de sa division et celle de l'espèce d'avant-garde commandée par le colonel Cler, n'atteignit lui-même ce bivouac que le 15.

Le lieutenant-colonel du 2ᵉ de zouaves, les zouaves et
les troupes du génie couchèrent le 13 à Selma, le 14 à
Azera-Tzou, le 15 à Tiburluc, où ils attendirent la division, qui arriva le lendemain 16 juin 1853.

Pendant ces quatre journées, la petite colonne d'avant-
garde, travaillant avec une ardeur des plus louables, était
parvenue à tracer dans un pays montagneux, rocailleux,
d'un accès difficile et fort peu habité, deux voies de communication par lesquelles l'infanterie et le convoi du
général Bosquet avaient pu déboucher chez les Beni-
Adjiz.

Le 16 juin, la division Bosquet, entièrement réunie, séjourna à Tibatren. Le 17, elle alla camper à Bou-Azza, après
avoir fait quelques lieues en parcourant des crêtes et en
contournant en partie une série de mamelons qui forment
les sommets d'une chaîne de montagnes séparant l'Oued-
Djindjen et l'Oued-Nil au nord, de l'Oued-Kébir au sud.
Elle fit séjour le 18, et, pendant ce temps, vit arriver dans
son camp les chefs des Beni-Afer et des Beni-Idir, qui, en
revenant de faire leur soumission au gouverneur général,

avaient cru devoir assurer de leurs bons sentiments à notre
égard la colonne du général Bosquet.

Le 19, remontant vers le nord-est, au lieu de descendre
vers le sud, ainsi qu'elle l'avait fait depuis son départ au
bivouac de Ziama, la division pénétra chez les Beni-Afer
en franchissant une chaîne très-élevée et très-difficile à
gravir. Elle campa à Fedj-el-Arba, sur le point culminant
d'un col par lequel devait passer la belle route muletière
et carrossable projetée de Djijelli à Milah. Pendant dix
grandes journées, les troupes furent occupées aux travaux
de cette route. Elles en achevèrent 14 kilomètres.

Le 29, le 2e de zouaves, qui avait pris une part active à
cette campagne des Babors, pendant laquelle les travaux
et les marches avaient souvent remplacé les combats, reçut les adieux du gouverneur général. Le lendemain, il se
sépara de son général divisionnaire et des autres troupes
pour aller s'embarquer à Djijelli, afin d'être transporté
par mer dans la province d'Oran. Il suivit la route nouvelle à la confection de laquelle il avait contribué, et vint
camper le soir sur l'Oued-Nil. Le 2 juillet, il s'établit sur
l'Oued-Djindjen, qu'il traversa le lendemain, 3 juillet,
pour continuer sa route et pénétrer le même jour, à onze
heures du matin, à Djijelli. Pendant cette dernière journée
de marche, le régiment traversa la riche plaine couverte
de plantations de beaux oliviers qui s'étend de l'embouchure de l'Oued-Nil à Djijelli.

Le 2e de zouaves attendit dans cette petite ville l'arrivée
des bateaux à vapeur qui devaient l'embarquer. Le lendemain 4, dès l'aurore, le régiment entier prit passage à

bord du *Tanger*, du *Titan* et du *Berthollet*, et, après une traversée de trente-six heures, il arriva à Mers-el-Kebir, dans la nuit du 5 au 6 juillet.

A la suite de cette expédition et en récompense des services rendus, les zouaves du colonel Vinoy reçurent quatre décorations de la Légion d'honneur pour les capitaines Blanchet et Lavirotte, le lieutenant Doux, le sergent Lalanne, et quatre médailles militaires pour les sergents Bertrand et Hervier, le caporal Berger et le zouave Squiban.

Le colonel Vinoy fut promu général de brigade, le lieutenant-colonel Cler colonel dans le régiment même, dont il prit le commandement avec un vif sentiment de satisfaction.

Ce fut vers la fin d'août que le colonel Vinoy, nommé général par un décret du 10 du même mois, quitta le beau régiment qu'il avait formé, dont il avait été le premier colonel et dans lequel il avait su s'attirer l'estime, la respectueuse affection des officiers, des sous-officiers et des soldats. Lorsqu'il dut s'embarquer à Mers-el-Kebir, il fut accompagné par tous ses officiers et par une partie de ses zouaves jusqu'au bâtiment qui le ramenait dans la mère-patrie, au milieu des adieux les plus touchants. Il devait bientôt se retrouver sur une autre terre étrangère et ennemie, sur les mêmes champs de bataille, avec ses braves soldats.

L'automne et l'hiver de 1853 à 1854 se passèrent, pour le 2ᵉ de zouaves, en travaux de route exécutés d'Oran à Tlemcen, puis, lorsque la France songea à se lancer dans

la grande lutte qu'avaient fait naître les affaires d'Orient,
le 2ᵉ de zouaves abandonna la pioche pour reprendre le
sac et le fusil du soldat, revint à Oran pour former ses
bataillons de guerre et porter dans la balance des combats
l'expérience de ses chefs, la bravoure des hommes, l'infatigable activité et l'énergique volonté de tous.

LIVRE TROISIÈME

L'ORIENT, — 1854

I

Lorsque, dans les premiers jours du mois de février 1854, l'ordre arriva en Afrique de former dans le 2e de zouaves deux bataillons de guerre, devant être embarqués pour l'Orient, l'embarras devint extrême, car les 3,700 hommes de troupe et les 98 officiers qui formaient l'effectif du régiment demandaient tous à faire partie de l'expédition, à

laquelle cependant ne devaient concourir dans le principe
que 2,206 hommes de troupe et 56 officiers[1].

Cette ardeur, qu'on retrouve en France dans tous les
corps de notre armée dès qu'il est question d'une campagne, nous dirions presque d'une opération quelque peu
aventureuse, devait naturellement être plus grande encore,
si la chose est possible, parmi les zouaves. En effet, les
régiments de cette arme sont organisés dans un but per-
manent de guerre.

L'Orient, avec son histoire palpitante d'intérêt, son
prisme de poésie mystérieuse, enflammait toutes les ima-
ginations. Chacun brûlait, non-seulement du désir de faire
la guerre sur une grande échelle, d'assister à quelques-
unes de ces grandes batailles comme celles dont le premier
Empire retraçait l'histoire, mais encore de faire un de ces
voyages pittoresques, une de ces courses grandioses, pou
vant être comparés aux croisades du temps des Godefroy
de Bouillon et des saint Louis, aux campagnes d'Égypte
et de Syrie sous le général Bonaparte, ou enfin à la guerre
de Russie en 1812 et lorsque commençait à pâlir l'étoile
de Napoléon Ier.

Pour beaucoup de jeunes officiers, à une légitime am-
bition de parvenir aux premiers grades en sacrifiant leur
vie pour la France et le drapeau, se mêlait encore la pensée de braver des dangers plus grands que ceux dont les
expéditions d'Afrique, les combats avec les Arabes et les

---

[1] Les deux bataillons de guerre demandés devaient être composés de
huit compagnies chacun.

razzias dans la Kabylie ou dans les oasis, avaient pu leur donner l'idée. Ils étaient impatients de voir si, comme ils l'entendaient murmurer parfois, le genre de lutte qu'ils soutenaient en Algérie était de nature à induire eux et leurs soldats en erreur dans les actions de la grande guerre à l'européenne. Tel brave militaire, en campagne depuis des douze et quinze ans, exposé au double danger des balles et des maladies causées par un climat terrible, n'avait pas encore vu passer près de lui le boulet ou l'obus. Quelle contenance garderaient devant les batteries russes des troupes qui jamais n'avaient entendu tonner la grande voix du canon, pour qui la bombe s'élevant dans les airs n'avait été qu'un jeu de polygone?

Ces diverses causes se confondant dans l'imagination ardente des militaires de tous les grades, c'était à qui trouverait le moyen de faire partie des premiers convois et abandonnerait cette terre d'Afrique presque dépoétisée par le prestige inconnu qui s'attachait à ce nom : *l'Orient!...*

Dans le 2e régiment de zouaves, le colonel, profitant avec adresse de cet enthousiasme, de ce désir ardent de chacun pour être compris dans les bataillons de guerre, fit connaître, par la voie de l'ordre, *que tout homme qui commettrait une faute grave serait privé de l'honneur de faire la guerre.*

Cet avertissement suffit. Pendant les trois mois de février, de mars et d'avril, qu'ils passèrent à Oran et à Alger avec les autres troupes destinées à entrer en campagne, les zouaves du 2e régiment se montrèrent, nous dirions presque d'une *sagesse* à laquelle on n'était pas accoutumé.

Le 12 avril, le 2ᵉ de zouaves s'embarqua pour Alger. Il devait y attendre l'arrivée des frégates destinées à le transporter en Orient.

La portion du corps qui restait en Afrique vit partir les bataillons de guerre en exprimant la douleur la plus vive. Beaucoup d'officiers et de soldats versaient des larmes. Il fallut une très-grande sévérité pour empêcher plusieurs zouaves qui s'étaient furtivement embarqués de suivre leurs camarades.

La plus ancienne cantinière des zouaves, la vieille Marie, qui avait fait pendant vingt années la guerre avec l'ancien 1ᵉʳ régiment, laissée au dépôt à cause de son âge et de ses infirmités, prit le costume d'un soldat pour pouvoir s'embarquer. Reconnue au moment du débarquement à Alger, le colonel, tout en la félicitant de sa bonne volonté, fut obligé d'employer son autorité pour la décider à retourner à Oran. Cette brave femme, connue de tous les anciens zouaves d'abord sous le nom de la *belle Marie*, plus tard sous celui de la *vieille Marie*, était devenue une des *chroniques* du bivouac. Souvent, le soir, pendant les veilles, au coin du feu, sous la tente ou dans la tranchée, les vieux soldats racontaient sur elle des histoires qui intéressaient vivement les auditeurs. Ils prétendaient, entre autres choses, que Marie, dont la beauté avait eu une certaine célébrité, avait joui autrefois d'une grande position dans le monde; que, devenue veuve, ayant laissé en France des enfants riches et ne voulant pas qu'ils eussent à rougir de leur mère, elle s'était *fait mourir légalement* en profitant de l'irrégularité d'une première organisation civile en Algérie, car elle était venue en Afrique à la suite des premières troupes d'occupation. Quoi qu'il en soit de ces récits de nos zouaves, récits dont nous ne garantissons pas la véracité, il n'en est pas moins plus que probable que l'existence de la *belle Marie* (car nous préférons son premier nom à l'autre) cache tout un mystérieux roman.

Le 1er mai, le 1er bataillon et l'état-major du 2e de zouaves, embarqués sur le *Montézuma*, reçurent dans le port d'Alger les adieux et les vœux du général Randon, gouverneur général. Cinq jours après, le 2e bataillon prit passage, à son tour, à bord du *Cacique*.

Dans la matinée du 8, le *Montézuma* entra dans le port de Malte, où il resta jusqu'au 9 pour faire du charbon.

Le rocher qui forme l'île sur laquelle est bâtie la ville de Malte est aride et peu élevé au-dessus du niveau de la mer; la terre végétale y est si rare que les habitants en font souvent venir de la Sicile et que chaque année, après la saison des pluies, ils remontent sur les points élevés celle qui a été entraînée dans les bas-fonds. L'aspect général de l'île est triste : les arbres y sont rares et rabougris; le sol, tacheté par une verdure sombre, présente des teintes grisâtres qui, vues de la mer, se confondent avec les nombreuses habitations. 125,000 habitants peuplent cette île, d'une longueur de 28 kilomètres sur 12 de large, en sorte qu'elle est un des pays les plus peuplés du globe.

Les constructions de la ville s'élèvent en amphithéâtre sur les versants de cinq mamelons séparés et contournés par de profondes échancrures où la mer a formé, aidée par le travail des hommes, des ports aux bassins profonds, sûrs et admirablement aménagés pour servir d'entrepôt aux marchandises de l'Orient et de l'Occident. C'est à cette heureuse disposition de ses côtes que Malte doit sa richesse.

Les rues sont percées régulièrement, à angle droit, et bordées de maisons en pierre de taille surmontées de terrasses. Sur les façades, des balcons couverts, garnis de jalousies, sont disposés avec beaucoup de soin, de façon à recevoir, à l'heure où la brise de mer rafraîchit l'atmosphère, les indolentes et coquettes habitantes de cette chaude contrée. Les maisons de Malte tiennent donc du Midi pour les détails de l'architecture, et du Nord pour leur propreté et la régularité de leur ensemble.

Dans la cité Lavalette[1], on admire encore le somptueux et vaste palais des Grands-Maîtres, habité aujourd'hui par le gouverneur de l'île; les grandes *auberges*[2]; les églises et les chapelles nombreuses, d'architecture italienne, et dédiées aux chevaliers des différentes langues dont les corps reposent sous les riches mosaïques. Les formidables fortifications qui défendent la ville sont étagées et, dans quelques parties, couronnées par des jardins et par des portiques de formes babyloniennes.

Toutes ces grandeurs, réminiscence d'un passé qui

[1] Principal quartier de la ville.

[2] On appelait *auberges* les magnifiques hôtels où descendaient les chevaliers des différentes langues quand ils venaient prendre *leurs quartiers de service* à Malte. Les plus remarquables sont celles de Castille, de Provence, d'Autriche, d'Italie et de Portugal.

n'existe plus, redisent à chaque étranger que cette ville a été fondée et habitée par un ordre de religieux mondains, opulents, nobles et guerriers. A chaque pas on y retrouve les souvenirs de la France : tableaux, meubles, tapis, monuments, noms donnés au principal quartier de la ville, tombeaux des plus illustres des grands-maîtres : l'Ile-Adam, Lavalette, Vignancourt; tout, en un mot, rappelle que, dans cette île, aujourd'hui anglaise, les chevaliers de la langue franque occupaient les premières places parmi ces preux qui arrêtèrent du côté de l'Occident les invasions maritimes des anciens Osmanlis. . .

Aujourd'hui Malte, quoique possédant une population de 45,000 âmes, est triste et silencieuse.

La mollesse sicilienne s'y est mise d'accord avec le flegme et le comfort anglais. Le prêtre sicilien, en habit aux vastes basques, au large *sombrero*, à la culotte et aux bas de soie; la *signorita*, vêtue de noir, en robe à nombreux volants, la tête couverte d'une longue mantille qu'elle ferme et ouvre à volonté, suivant les caprices de sa coquetterie, ne paraissent point étonnés de se trouver en contact avec les *policemen* et les soldats de Sa Majesté Britannique.

Les Anglais, du reste, ont eu le bon esprit de laisser aux habitants leurs mœurs, leurs coutumes et leur administration.

Deux jours après avoir quitté Malte, la frégate voguait dans les eaux de la Grèce, en vue des côtes arides et dénudées de la Morée, contournant la partie occidentale de cette presqu'île. Pendant le jour, le rocher d'Ithaque, les îles Sapiencia et d'Esparterie, les golfes de Navarin et de Coron, se dessinèrent sur la gauche. Vers le soir, le cap Matapan fut doublé, et la frégate traversa le détroit qui sépare les terres du Péloponèse de l'ancienne île de Cythère, aujourd'hui Cérigo.

Dans ce moment de la traversée, la pensée était toute à cet ancien monde poétisé par les souvenirs de la Fable : la musique du régiment jouait sur la dunette et réveillait les échos de Cythère et les ombres des prêtresses d'Amathonte par les symphonies si délicieusement expressives d'*Haydée* et de la *Favorite*.

D'un seul regard on embrassait l'hémicycle immense formé par les montagnes du golfe de Calamata, dominées par les pointes du Taygète, couvertes encore de leur manteau d'hiver et vivement détachées sur le ciel enflammé par les derniers rayons d'un beau soleil couchant.

La pensée errait fugitive comme les vapeurs qui couvraient déjà les plaines, se balançant mollement des ruines de Sparte aux monts de Cythère, dont les antiques ombrages, aujourd'hui remplacés par d'arides rochers, cachaient autrefois aux yeux des mortels les mystérieuses pratiques du culte que les anciens rendaient à la déesse des amours... Que de poétiques souvenirs traversaient l'imagination pendant que la frégate doublait le cap Saint-Ange ! En interrogeant les ombres de la nuit, on croyait y découvrir les formes gracieuses des déesses des temps antiques. Dans les bruits mystérieux des flots et des vents, on se figurait reconnaître les chants des syrènes et des nymphes des eaux... L'air était celui qu'avait respiré Thé-

mistocle, Périclès, Alcibiade et Phidias; celui qui avait
caressé le gracieux visage de Laïs et le corps voluptueux
de la belle Phryné... Ces souvenirs, qui font soupirer et
rêver la jeunesse, étaient en ce moment la personnifica-
tion de la gloire, du talent, de la beauté et de l'amour...
Ils errèrent longtemps devant les paupières appesanties,
jusqu'à ce que Morphée, en les fermant, vînt par ses son-
ges les changer un instant en douce réalité.

Le lendemain, à la pointe du jour, la frégate était en
vue de Milo (Mélos), la première des Cyclades, où elle prit
à son bord le pilote chargé de la diriger dans ce labyrinthe appelé par les anciens mer d'Égée.

En partant de Milo, le cap fut mis sur le nord. Les îles
laissées sur la droite, étant élevées et fort rapprochées,
semblaient liées au continent asiatique et former la berge
d'un immense canal. Après avoir passé par le travers
ouest de Zephantes, Sapho, Paros, Ternia, Syria, Ténos
et Andros; après avoir laissé sur la gauche le golfe de
Nauplie, jalonné par ses pointes de rocher et limité au
nord par les îles de Spetzia, au moment où le soleil étei-
gnait ses derniers feux derrière les montagnes de l'Atti-
que, le *Montézuma* pénétra dans les eaux du canal de
Paros, en longeant le rocher de Zea (Coos), qui masquait
en partie l'entrée du golfe de Salamine et les basses terres
de celui d'Athènes. En avant et sur la gauche, se dessinait
la pointe élevée de l'île de Négrepont, dont l'arête montagneuse se montrait couverte encore par les neiges.

Les îles de cette partie de l'Archipel grec étant très-
rapprochées, hautes, terminées par des pentes rocheuses

qui se perdent sans plages dans la mer, donnent à ce premier bassin la forme d'un grand lac dont les rives paraissent déboisées, dépourvues de grandes vallées et presque inhabitées.

Le 13, la frégate entra dans le moyen bassin de l'Archipel, laissant sur sa gauche la Thessalie et la Macédoine, dont les côtes trop éloignées ne pouvaient être facilement reconnues, et, sur sa droite, Scio, Ipsalah, célèbre par le massacre des Grecs pendant la dernière guerre contre les Turcs ; l'entrée du golfe de Smyrne, Mitylène, dont les terres moins élevées semblent mieux cultivées, mais toujours déboisées et manquant d'habitations. Vers le soir, le bâtiment fut en vue de Ténédos. Là, le courant établi par les eaux de la mer Noire, dont le trop-plein se déverse dans l'Archipel, en suivant le Bosphore, la mer de Marmara et les Dardanelles, commence à se faire sentir, surtout quand il est activé par le vent du nord, vent qui règne pendant une partie de l'année dans les eaux de la Grèce.

En vue de la ville et du fort de Ténédos, sur la côte d'Asie, se trouve l'emplacement de l'ancienne Troade. Sur un terrain mamelonné, couvert de bois et de broussailles, s'élèvent quelques tumulus qui sont regardés comme les tombeaux d'Achille et de Patrocle ; plus loin, la plaine est terminée par des montagnes aux arêtes dentelées, derrière lesquelles apparaît le mont Ida, au sommet neigeux. Les chaînes de montagnes élevées d'Imbro et de Lemnos suivent Ténédos ; puis vient l'entrée-des-Dardanelles, précédée à droite par la baie de Bézica, où attendaient au mouillage plus de 200 navires à voiles, arrêtés par le vent du nord.

A droite et à gauche de l'entrée des Dardanelles s'élèvent les châteaux d'Europe et d'Asie, dont les feux se croisent à l'entrée du canal. Les vents qui retenaient dans la baie de Bezika un grand nombre de navires poussaient au contraire dans les eaux de la Grèce les bâtiments qui venaient débarquer des troupes et des marchandises à Gallipoli.

A droite et à gauche du canal des Dardanelles, on aperçut d'une manière fort distincte des habitations et des cultures, devenant de moins en moins rares à mesure qu'on remonte vers le nord. Cette belle nature, rendue productive par le travail des hommes, donne au canal des Dardanelles l'aspect d'un beau fleuve profond et dont les rives sont souvent très-rapprochées. A Abydos, cette distance n'est que de 700 mètres.

Bien que l'aspect des îles qui forment l'archipel de la mer Égée fût moins triste que celui des côtes de la Morée, il faut voir ce pays à travers le prisme du passé pour reconnaître dans une nature aussi aride cette belle et riche Grèce qui a laissé de si poétiques souvenirs. Faut-il attribuer ces changements aux malheurs d'un pays déchiré depuis douze cents ans par l'invasion barbare et étrangère, par l'esprit destructeur des Turcs, par la paresse des Grecs modernes, ou enfin seulement à ce grand métamorphoseur qu'on appelle le temps, qui change la nature des montagnes, qui convertit souvent en de stériles rochers les collines primitivement ombreuses et fertiles?

La Grèce moderne a donc besoin, comme une partie des côtes qui forment les bassins de la Méditerranée, d'une révolution politique pour sortir de son état d'atonie et pour reprendre dans le monde, non pas le rang qu'elle y occupait autrefois, mais une position au moins secondaire et convenable. L'agrandissement de l'Europe, la découverte de nouveaux pays, l'essor donné au commerce et aux échanges des produits par la rapidité de la navigation, enlèveront toujours à la Grèce moderne les immenses avantages qu'avait la Grèce ancienne, située qu'elle était au centre du vieux monde civilisé. En outre, il faut bien le reconnaître, manquant de grands cours d'eau et de terres arables, elle ne pourra jamais obtenir de l'agriculture et de l'industrie ce qui lui sera éternellement refusé par le cominerce.

Le 14, dans la matinée, le *Montézuma* mouillait, par une mer très-forte, dans la baie de Gallipoli, et le 15 au matin, s'effectuait le débarquement du bataillon du 2e de zouaves, transporté, après une courte et heureuse navigation d'Alger en Turquie

II

Gallipoli est bâti en amphithéâtre sur le versant nord d'une presqu'île qui sépare les Dardanelles de la mer de Marmara, à l'entrée même de cette mer. Son étendue est grande, eu égard à sa population, qui n'est que de 11 à 12,000 âmes. Les maisons sont généralement construites en bois; quelquefois les murs du rez-de-chaussée sont en pierre, mais toujours ceux des autres étages sont formés de

cadres de bois garnis intérieurement de pisé, dans le genre
des anciennes constructions des villes du centre de la
France. L'étage s'avance en galerie sur la rue, avec des parties saillantes dans lesquelles sont percées de nombreuses
ouvertures. Les toits, légèrement inclinés, sont recouverts
de tuiles rondes, de couleur rougeâtre. Les mosquées sont
nombreuses ; elles sont entourées de cimetières et dominées
par un minaret d'une architecture invariable dans toute
la Turquie. Sa forme est celle d'une *estompe* garnie d'un
bourrelet saillant au-dessous de sa partie conique ; ce bourrelet, en maçonnerie, supporte la galerie sur laquelle se
place le muezzin chargé d'annoncer l'heure de la prière.
Gallipoli, comme toutes les villes de l'Orient, vue de loin,
a un aspect très-pittoresque ; mais les rues sont sales, mal
tenues ; les maisons présentent un aliment constant de
destruction pour le feu.

Les environs de la ville sont bien cultivés, plantés
d'arbres fruitiers jusqu'à 4 kilomètres ; puis ensuite les
terres restent incultes, faute de bras, et ne servent plus
qu'aux pâturages. La côte d'Asie, près de Lamsaki, est
mieux cultivée et plus fertile que celle d'Europe.

De Gallipoli, les bataillons du régiment qui y arrivèrent le 14 et le 18 mai furent dirigés sur le camp de la
Grande-Rivière, à environ 8 kilomètres au sud de la ville
et en vue des Dardanelles. La situation de ce camp était
fort pittoresque : devant lui, de l'autre côté de la vallée,
s'élevaient des montagnes cultivées, avec quelques villages
sur leurs flancs et de belles forêts dans la partie supérieure. La 3e division d'infanterie de l'armée d'Orient,

qui devait avoir pour chef le prince Napoléon, se forma au camp de la Grande-Rivière. Le 2e de zouaves, avec le régiment de marine et le 19e bataillon de chasseurs à pied, fut placé dans la 1re brigade commandée par le général de Monet.

Le 22 mai, la 3e division fut envoyée travailler aux retranchements destinés à couper la presqu'île de Thrace à hauteur de Boulaïr, gros village turc bâti sur l'emplacement de l'ancienne Lysimaque, dont il ne reste plus de vestige.

Le 31, la division quitta en deux colonnes le camp de Boulaïr pour se rendre par terre à Constantinople. La colonne où était le 2e de zouaves se dirigea, en quittant les parages de Gallipoli, vers le nord, de manière à traverser la presqu'île et à arriver au fond du golfe de Saros. Le pays parcouru est coupé par des collines et des ondulations de terrain; il est couvert par des broussailles; il est peu cultivé, quoique formé de bonnes terres.

Les villages y sont rares, mal bâtis et en partie ruinés. Le soir, le bivouac fut établi au pied de la chaîne qui contourne le golfe de Saros et qui se rattache, a droite, aux montagnes formant l'arête de la presqu'île de Thrace. Le golfe, dans sa partie supérieure, est très-resserré, peu profond et vaseux, ce qui explique pourquoi, malgré son admirable situation, il n'a point de port.

La colonne traversa la chaîne de montagnes boisées qui contourne au nord le golfe de Saros. Là se retrouvent les traces de ces antiques forêts de la Grèce septentrionale, dévastées, depuis l'invasion des Turcs, par le feu, que les

Orientaux emploient toujours pour changer en pâturages les terrains les mieux aménagés.

Quelques chênes verts, des oliviers sauvages, des genévriers et des arbustes rabougris, indiquent seuls, aujourd'hui, l'emplacement des forêts de la vieille Thrace. Ce pays, inhabité pour ainsi dire, avait, il n'y a pas bien longtemps encore, une existence brillante, si l'on en juge par les vestiges nombreux qui couvrent le sol, par les vastes cimetières placés près des sources et par les pierres brutes qui forment les tombes. Une voie romaine traversait jadis ces contrées, jalonnées encore par des ruines antiques, recouvertes elles-mêmes par des ruines modernes.

La colonne trouvait à chaque pas l'indice lugubre de la profonde décadence où est tombé ce pays si bien partagé par la nature.

Le 2 et le 3 juin, le 2ᵉ de zouaves s'éloigna de plus en plus des côtes de la mer de Marmara. Il s'enfonça plus avant dans la Thrace, atteignit bientôt des plaines admirables, mais dont le dixième à peine était livré à la culture.

Les rares villages qu'on y rencontre, construits en bois, ont leurs maisons recouvertes en tuiles.

Les Grecs qui les habitent ont la figure régulière et belle, mais empreinte d'astuce. Ils portent sur la tête une calotte en peau de mouton garnie entièrement de sa laine. Les Turcs ont un turban mal posé sur une calotte fort sale. Une veste, un pantalon en étoffe de laine très-large et de couleur brune, des espèces de cothurnes et des espadrilles, composent les vêtements des hommes. Les femmes ont un sarrau noir sur le corps ; sur la tête et sur les épaules, une cape blanche qui les fait ressembler aux religieuses du moyen âge.

Ces malheureux, constamment pressurés, se cachaient à l'approche des troupes françaises : mais ils revenaient bientôt quand ils reconnaissaient qu'ils pouvaient vendre aux soldats leurs denrées à un prix huit ou dix fois plus cher que le prix habituel. La poule se vend en temps ordinaire 1 piastre [1] ; l'oie, 2 piastres ; le vin, 1 piastre les deux ockes [2].

La colonne marchait dans ce pays comme en Afrique. Les hommes portaient leurs tentes-abris et leurs vivres ; sur des arabas [3] et sur des mulets étaient les fourrages et les vivres de réserve. Le 19e bataillon de chasseurs à pied, d'avant-garde, précédait la colonne pour rendre les chemins carrossables. Ce bataillon laissa, burinées sur des pierres, quelques inscriptions qui, en rappelant l'esprit français, faisaient aussi allusion à l'apathie des Turcs. Nous en citerons deux : « Route impériale n° 1. Train de plaisir de Saint-Cloud à Constantinople, en touchant à Gallipoli. »—« A la mémoire de l'activité turque, morte en couches d'une route inachevée ! Le 19e bataillon de chasseurs à pied éploré. »

---

[1] La piastre turque vaut un peu plus de 4 sous.

[2] L'ocke, mesure habituellement pondérale, équivaut à 1 litre et demi.

[3] Voitures de l'Orient qui ressemblent à celles en usage dans le pays basque et dans quelques pays de montagnes de la France. Ces charrettes étroites, traînées par des bœufs ou par des buffles, ont quelquefois des roues pleines, dans la forme de celles des chariots antiques.

Au bourg d'Eginiskian, près duquel le régiment bivouaqua, la campagne est riche et assez bien cultivée par les Turcs et par les Grecs, qui l'occupent en commun. La mosquée, surmontée d'un vaste dôme recouvert en zinc, est fort belle ; on y voit encore de grandes colonnes de granit qui ont dû appartenir à un temple grec ou romain. Une chaussée romaine bien conservée traverse ce bourg et reparaît de distance en distance jusqu'à Rodosto (ou Rodosjig), où elle se montre dans un parfait état de conservation.

Le 5, la colonne établit son bivouac à environ 4 kil. de Rodosto. Cette ville, beaucoup plus grande que Gallipoli, est industrielle, commerçante et peuplée par 25 à 30,000 Arméniens, Grecs et Turcs. Les maisons s'élèvent en amphithéâtre sur la rive occidentale de la mer de Marmara, au fond d'une anse qui lui sert de port. Les ouvriers d'un même état sont réunis dans une même rue; ces rues, quelquefois couvertes, sont très-mal percées et encombrées d'immondices de toute nature et de fumiers. Les mosquées y sont nombreuses, ainsi que les églises grecques; ces dernières sont en général richement ornées. La ville renferme dans son enceinte beaucoup de cimetières. Les Orientaux, qui ont un grand respect pour leurs morts, ornent leurs tombeaux avec luxe; dans plusieurs rues commerçantes, les murs des cimetières, percés de distance en distance d'ouvertures avec grilles dorées, font face aux boutiques. En arrière des grilles s'élèvent de riches tombeaux surmontés du turban quand ils recouvrent le corps d'un Turc, placés sous des arbres, des treilles et des bouquets d'ar bustes à fleurs odorantes. A l'entrée de quelques maisons, dans une pièce couverte, espèce de vestibule, sont placés quelquefois aussi les tombeaux des ancêtres de la famille... touchant usage que cette nécropole du foyer domestique, qui, par sa présence constante, adoucit pour le mourant comme pour le parent qu'il laisse sur la terre l'amertume de la séparation éternelle!

En quittant Rodosto, le régiment fut dirigé sur Silivri, en remontant la rive occidentale de la mer de Marmara, dont la partie orientale, couverte de hautes montagnes, était toujours visible.

Pour trouver de l'eau potable, la colonne devait faire ses haltes et prendre ses bivouacs à quelque distance de la côte, dans l'intérieur des terres. La route suivie était jalonnée par les débris de la grande voie *gréco-romaine* qui reliait la Chersonèse de Thrace à Byzance. Cette voie, très-praticable, était pavée avec des dalles de différentes formes près des rivières, sur les pentes et les abords des villages. Toute cette partie de la Thrace maritime est très-légèrement ondulée, déboisée, peu peuplée, dépourvue d'eau et presque inculte, bien que ses terres soient très-bonnes pour les céréales.

Un seul voyageur fut rencontré par la colonne : c'était un vénérable pacha, enfermé seul dans un lourd carrosse recouvert de calicot blanc et suivi de quelques cavaliers dont l'un portait la *queue*, signe du commandement de son maître. Sans cette queue, le pacha aurait été pris pour un riche propriétaire cheminant à petites journées dans ses terres.

Avant d'arriver à Silivri, le 2ᵉ de zouaves traversa le torrent de Séraï, près de son embouchure, sur un pont de trente-deux arches, peu élevé, construit du temps du Bas-Empire.

La petite ville de Silivri est sans port, mais bien placée pour abriter les navires d'un faible tonnage qui font le cabotage dans la mer de Marmara. Le commerce de détail offre quelques ressources. Les vins de son territoire, qui ressemblent pour le goût à ceux de Chypre, sont renommés et méritent leur réputation; mieux soignés, ils seraient excellents. Comme toutes les villes de cette partie de la Turquie d'Europe, Silivri compte dans sa population plus de Grecs et d'Arméniens que de Turcs. Ces derniers ont une fort belle mosquée, précédée d'un bosquet qui couvre une mystérieuse fontaine destinée aux ablutions, et d'un péristyle soutenu par de grandes colonnes de granit provenant d'un temple grec. A l'heure de la prière du soir, cette mosquée était encombrée de nombreux et pieux musulmans. Quelques enfants, sous le péristyle, jouaient aux *derviches tourneurs*. Les enfants de tous les pays et de toutes les religions ont les mêmes idées d'imitation; cependant, en France, ils n'oseraient jouer à *la messe* sous le porche même d'une église. .

Silivri est divisée en deux villes : la ville basse, abandonnée au commerce, habitée par les Turcs ; la ville haute, où résident les Chrétiens, les Arméniens et les Grecs. Cette dernière est entourée de murailles en ruines élevées successivement par les Grecs, par les Romains, et enfin par les Turcs. Au fronton de la porte septentrionale existe en-

core, sur une longue plaque de marbre, une inscription
gréco-romaine qui ne pourrait être déchiffrée que par un
savant archéologue. Le zouave, appréciant beaucoup la
vieillesse du vin et fort peu celle des monuments, le 2e régiment passa avec assez d'indifférence à côté de la porte
de Silivri et sans essayer d'en traduire l'inscription. Malheureusement, il ne se trouvait pas parmi ces braves *chacals*[1] un archéologue aussi distingué que ce zéphir du
2e bataillon d'Afrique qui, voyant à Cherchell les membres
de la commission scientifique embarrassés devant une
pierre tumulaire de l'antique *Julia Cæsarea*, portant les
initiales suivantes : C... I... POL. E. NO. DE..., chercha
à les tirer de peine en traduisant ainsi l'inscription à moitié effacée :

« *C*elarius *I*nventavit *POL*kam *E*t *NO*n *DE*corabitur. »

Si la docte commission n'adopta pas complétement la
savante conclusion du zéphir, toujours est-il qu'elle s'en
amusa beaucoup.

En approchant de Silivri, on reconnaît l'influence
qu'exerce toute capitale sur les contrées voisines. Les cultures sont plus soignées, les bourgs et les villages plus
nombreux, mieux bâtis. Le costume des habitants, par les
formes, les couleurs et les étoffes, offre plus d'analogie
avec celui des populations du nord et de l'ouest de
l'Europe.

Les hommes, les femmes, les enfants, se portaient volontiers sur le passage de la colonne. Tous examinaient

---

[1] *Chacal* est le nom de guerre du zouave.

curieusement les zouaves, dont le teint basané et le costume oriental excitaient l'attention et l'étonnement général.
Plusieurs fois même la couleur verte du turban fit prendre ces braves soldats pour des pèlerins revenant de la
Mecque[1]. Singuliers *marabouts* que ceux-là !... On conçoit si de telles méprises prêtaient aux plaisanteries et
portaient à la gaieté. Les femmes et les jeunes filles regar-
daient beaucoup les cantinières, qui, mises avec une certaine coquetterie et portant des vêtements empruntés à
l'habillement des deux sexes, chevauchaient fièrement
derrière la musique, en tête du régiment. On les désignait
généralement comme étant les femmes du harem du bey
(le colonel), ce qui ne laissait pas que de flatter les cantiniers, leurs légitimes époux.

III

En sortant de Silivri[2], le 2e de zouaves s'achemina vers
Budjuk-Tchinedje, beau village bâti au fond d'un petit
golfe traversé dans sa partie supérieure par un magnifique
pont de 28 arches et ayant environ 800 mètres de lon-

---

[1] On sait que le turban vert est, chez les musulmans, le signe au
moyen duquel on reconnaît le pèlerin qui a fait le voyage de la Mecque.

[2] La colonne rencontra près de Silivri le général espagnol Prim qui
allait avec quelques officiers de Constantinople à Schoumla en passant
par Audriople.

gueur. Ce pont, construction gréco-romaine, a été complétement restauré en 1738 sous Sélim III, ainsi que l'indique une inscription. Après Budjuk-Tchinedje, la colonne gravit une belle chaussée, la première qu'elle eût encore rencontrée dans ce pays. Elle atteignit ensuite la crête d'une montagne et put jouir alors d'un des plus splendides panoramas qu'il soit donné à l'œil de contempler et dont le souvenir reste éternellement gravé dans la mémoire.

L'heure était peu avancée; les premiers moments de la journée avaient été orageux; le temps, d'abord bas et sombre, se leva tout à coup, le ciel, en s'éclairant, devint radieux et d'un bleu d'azur. Constantinople n'était plus qu'à 24 kilomètres. Sous un horizon lointain et comme illuminé par les rayons obliques du soleil levant, apparaissaient mille dômes et les minarets en aiguille de la grande ville de l'Orient, se détachant dans les airs au milieu des tièdes vapeurs du matin. Les soldats étaient trop éloignés de la vieille Stamboul pour distinguer ses murailles, partie matérielle de cette apparition; mais la partie aérienne de l'immense cité, encore mystérieusement voilée par un rideau blanchâtre déchiré çà et là par les rayons d'un soleil de juin, s'offrait à leurs regards avec toute sa poésie vaporeuse. Sur la gauche, comme pour encadrer ce magique tableau, les chaînons mamelonnés de l'antique Hémos, au delà des minarets, les montagnes dentelées de l'Asie; sur la droite, la mer de Marmara, calme, unie, dont les flots paisibles et resplendissants de lumière baignaient les rochers des îles d'Antigona et des Princes. Plus à droite enfin, la côte d'Asie, s'élevant à pic, dominée à l'horizon par l'Olympe, couvert de ses neiges éternelles. C'était la réalisation des plus beaux rêves sur l'Orient!...

Les zouaves se laissaient aller à une sorte d'extase, remplacée bientôt par un vif mouvement de satisfaction, en pensant qu'ils allaient entrer à Constantinople, comme jadis les légions romaines, les croisés, les chevaliers chrétiens et les Osmanlis. Ils suivaient la route foulée plusieurs siècles avant eux par Constantin, par Beaudouin et par Mahomet II.

Officiers et soldats, en voyant se dérouler à leurs pieds ce tableau grandiose et sublime, restèrent un instant muets d'admiration ; puis chacun, comme saisi d'un certain sentiment de respect pour la vaste cité des empereurs d'Orient, descendit silencieux et impatient les flancs de la montagne.

Le soir, la colonne bivouaqua sur les bords d'un frais ruisseau, près d'un caravansérail nommé Kharamikhan (*Auberge des Ruines*), non loin d'un groupe de chênes, de platanes et d'ormes séculaires, dont plusieurs avaient plus de 8 mètres de circonférence.

Le lendemain, à la pointe du jour, elle franchit la distance qui la séparait de Daoud-Pacha.

Le colonel, après avoir établi sa troupe autour de Daoud-Pacha, vaste caserne orientale, se dirigea avec une partie de ses officiers, vers Constantinople, qu'on apercevait alors distinctement à quelques kilomètres. Les jeunes officiers étaient impatients de contempler de près une ville aussi célèbre et de se mêler à ses populations, populations, du reste, il faut l'avouer, beaucoup trop poétisées par la riche imagination des Occidentaux.

En voyant de près ces splendeurs de l'Orient tant chan-
tées de l'autre côté des Alpes, on est bien souvent tenté de
se demander si l'Occident n'aurait pas le droit de réclamer
pour lui, et de préférence à l'autre partie du globe, le prix
de la poésie imaginative !...

De loin, Constantinople offre un aspect des plus pittoresques ; mais, qu'il arrive dans cette vaste cité par mer ou
par terre, le voyageur, s'il veut garder ses illusions, doit...
éviter de poser le pied dans la ville. Le côté poétique de
Stamboul, mirage trompeur, disparaît au fur et à mesure
qu'on s'en approche, pour faire place au prosaïsme d'une
froide réalité. La capitale des Osmanlis ressemble à une
vieille coquette qui, le soir, aux lumières, à une certaine
distance, peut encore produire quelque illusion, mais dont
les charmes surannés n'inspirent au grand jour que du
dégoût.

Bâtie en amphithéâtre, sur les versants qui tombent
dans la mer de Marmara, sur la Corne-d'Or et sur le Bosphore, Constantinople, entourée de ses cimetières à cyprès
séculaires, renferme dans ses murs de vastes jardins.
Les arbres mêlent les nuances de leurs riants feuillages à
l'architecture hardie, aérienne, des innombrables dômes
et minarets.

Les officiers du 2ᵉ de zouaves s'enfoncèrent dans le faubourg qui s'étend au bas du château des Sept-Tours, et
qui forme le vieux Stamboul, pour gagner ensuite la partie de la ville comprise entre Sainte-Sophie, le vieux Sérail et la Corne-d'Or. Ce faubourg, formé de huttes et de
masures séparées par des monceaux de ruines et d'ordu-

res, est divisé en plusieurs quartiers par suite des vides résultant des incendies. La ville elle-même, percée de rues
tortueuses, mal bâtie, d'une saleté révoltante, ne mérite-
rait pas de fixer l'attention du voyageur si, de loin en
loin, quelques monuments grandioses ne jalonnaient ses
principales voies de communication. Ce sont, en général,
des mosquées si vastes que quelques-unes forment à elles
seules tout un quartier : ce sont les palais babyloniens du
ministre de la marine et du séraskier ; l'immense et belle
mosquée du sultan Bajazet, et, plus en avant, celle si fa-
meuse de Sainte-Sophie. Les officiers descendirent par
de petites rues, et, en laissant à droite le grand bazar, ils
gagnèrent la Corne-d'Or, qu'ils traversèrent sur un pont de
bateaux. Ayant mis leurs chevaux à Galata, dans les écu-
ries de l'hôtel de l'Europe, ils se dirigèrent à pied vers
la Corne-d'Or, et parvinrent jusqu'à l'arsenal et à Tophané. Pendant qu'ils visitaient l'arsenal, une certaine émotion produite chez les passants, la sortie des postes et l'apparition des *cavas* [1] les avertirent qu'un grand
personnage arrivait par le Bosphore. En effet, bientôt une
caïque blanche, dorée et effilée, conduite par des rameurs
couverts de tuniques de lin, ne tarda pas à paraître. Le
sultan lui-même mit pied à terre au débarcadère qui précède la cour de l'arsenal. Au fond de cette cour s'élève un
magnifique pavillon qui sert de lieu de repos à Sa Hau-
tesse lorsqu'elle vient faire ses dévotions du Ramadan
dans la mosquée de Tophané.

____

[1] Agents de police.

Abdul-Medjid, quoique jeune. marchait lentement et avec une certaine gravité. Sa figure a de la distinction : il est pâle et maigre; ses favoris sont noirs et fins, sa taille peu élevée. Il portait ce jour-là un fez rouge sans ornements, un large et long cafetan en drap de couleur noire, un pantalon de casimir vert tendre, des éperons arrondis en argent, et, pour arme, un sabre léger et recourbé. D'une grande simplicité dans sa personne, dans son costume et dans sa suite, rien ne dénotait la force physique et morale que le vulgaire est disposé à accorder au chef des croyants. Au moment où le prince sortait du pavillon pour se rendre à la mosquée, il répondit au salut des officiers de zouaves par un léger signé de tête, ce qui était un grand honneur, car non-seulement le sultan ne rend point de salut, mais son regard incertain et sans direction ne s'arrête jamais sur un de ses sujets.

En quittant l'arsenal, les officiers se dirigèrent vers la Corne-d'Or. Les fêtes du Ramadan donnaient aux rues un aspect très-animé : elles étaient encombrées de pieux musulmans qui allaient de mosquée en mosquée faire leurs dévotions. Au moment où les officiers de zouaves traversaient le pont qui joint, en passant sur la Corne-d'Or, Galata au vieux Stamboul, un Arménien (presque tous les Arméniens de Galata et de Péra parlent passablement la langue française) les avertit que les sultanes allaient passer pour rentrer au palais du Bosphore, ayant fini leurs dévotions. Quelques minutes après, des eunuques noirs, à cheval et à pied, précédant le cortége, refoulèrent les curieux, tout en respectant avec beaucoup de soin et d'égards les officiers français. Les sultanes, au nombre de trente environ, occupaient des voitures dorées, ouvertes de toutes parts, et assez semblables pour la forme aux carrosses qui servaient en France vers la fin du XVIe siècle. Le fils aîné du sultan, joli et gracieux enfant de huit à neuf ans, était dans un des carrosses, sur les genoux d'une matrone jeune encore. Les sultanes n'avaient que le bas du visage caché par un voile de gaze transparent, laissant deviner la forme de la bouche, partie, du reste, la moins belle de leur visage. Leur teint était d'une blancheur mate; leurs yeux étaient bruns, bien fendus, ombragés par de longs cils et surmontés de sourcils arqués d'un noir de jais; leurs cheveux paraissaient très-épais et luisants. Très-belles filles, jeunes, rieuses et coquettes, leur physionomie manquait cependant de cette distinction que l'on rencontre presque toujours chez les femmes de la haute classe dans l'Europe occidentale. Il était difficile de reconnaître la forme de leur corps sous l'énorme vêtement qui le dissimulait plus encore peut-être que les ridicules jupons crinolines et cages à poulets avec lesquels nos belles françaises se font aujourd'hui une loi d'embarrasser les trottoirs de nos grandes villes. Les femmes de l'Orient, vêtues sans coquetterie, paraissent généralement gracieuses. Elles ont toutes de belles têtes; mais elles traînent lentement leur corps, alourdi par l'existence indolente du harem.

Vers neuf heures du soir, les officiers du 2e de zouaves, après avoir dîné à l'hôtel de l'Europe, se rendirent dans le haut de Péra, sur la promenade des Francs, qui longe sur une large chaussée un ancien cimetière turc, appelé sans

doute par ce motif *petit champ des morts*. Tout en prenant des glaces, ils entendirent une excellente musique
italienne et virent passer devant eux des Arméniens et des
femmes de toutes les parties de l'Europe vêtues à la française et avec la dernière élégance.

A minuit, ils remontèrent à cheval et se rendirent de
Péra à Galata, accompagnés par un *cavas*, qui les laissa à
la Corne-d'Or. Seuls et sans guides dans cette partie de
la ville non éclairée, où la langue des Francs est inconnue,
ils cherchaient à s'orienter dans ce labyrinthe de rues et de
ruines. Errant de quartiers en quartiers, dépassant d'immenses palais, traversant des cimetières, n'apercevant personne, si ce n'est, devant les cafés toujours ouverts pendant les nuits du ramadan, quelques Turcs accroupis et
silencieux occupés à fumer gravement leur narguilhé, dé-
rangeant les chiens qui sont les paisibles gardiens de la
ville, ils ne laissaient pas que d'être assez embarrassés. Le
pas des chevaux seul réveillait les échos de cette immense
cité. Le ciel était enflammé par les illuminations de toutes
les mosquées, dont les nombreux minarets aux flèches
de feu étaient reliés par de gracieuses guirlandes de verres
de couleur, représentant des lions, des chars, des canons
et d'autres attributs guerriers. L'air calme et tiède était
imprégné des mille senteurs des jardins et des arbres des
cimetières.

Perdus au milieu de cette immense cité orientale, les
officiers du 2e de zouaves errèrent pendant quelque temps
à l'aventure ; ils garderont longtemps le souvenir de cette
belle nuit d'été du 14 juin 1854.

Il était trois heures du matin quand ils rentrèrent à la caserne de Daoud-Pacha.

Pendant les sept jours que le 2e de zouaves passa à Constantinople, les soldats purent visiter les monuments de la ville. Le régiment était un des premiers de l'armée française dirigé sur cette grande cité. On regardait les zouaves avec curiosité, et plus d'une fois les musulmans, les prenant pour des Arabes, *souvent même pour des pèlerins de la Mecque*, les laissèrent pénétrer dans leurs mosquées. Ils purent donc, en déposant leurs souliers à la porte ou en les tenant à la main, visiter Sainte-Sophie, cette immense et somptueuse basilique bâtie par les chrétiens et qui a servi de modèle, après la chute de leur empire, aux architectes qui ont construit une partie des mosquées de Constantinople. Cette vaste mosquée, précédée de cours, de bazars, de pavillons, de jardins et de fontaines, forme à elle seule tout un quartier. Le dôme, partie principale de l'édifice, a un diamètre double de celui du Panthéon. L'ensemble de l'édifice, vu d'en haut, ressemble, au dire des zouaves, à une moitié d'œuf d'autruche flanquée d'œufs d'oie, de poule ou de pigeon. De larges galeries fermées précèdent la base du dôme, qui repose intérieurement sur des portiques soutenus par d'énormes colonnes de granit et de porphyre vert. L'intérieur du temple est orné de fresques et de grilles dorées. Aux murs sont suspendus de grands tableaux sur lesquels sont inscrits, en lettres d'or, les versets du Coran. Vers le milieu de la journée, les musulmans encombrent les cours extérieures, les galeries, les portiques et l'intérieur de la

mosquée : les uns se livrent à des transactions de toute
nature, les autres se promènent; quelques-uns, dans des
à parte, devisent d'affaires mondaines qui ont peu de
rapport avec celles du ciel, même de celui de Mahomet. Le
plus grand nombre, assis à la turque, entend les sermons
de quelques savants derviches qui commentent et expli-
quent les versets du Coran ; enfin d'autres encore, étendus
sur les nattes qui recouvrent le parvis, se livrent au
charme de la vie contemplative, ce que les Italiens appellent le doux *far niente.*

A peu de distance de Sainte-Sophie, au centre d'un
quartier très-peuplé, s'élèvent les tombeaux de plusieurs
sultans : celui de Mahmoud, père du sultan actuel, fixe
surtout l'attention. Le cercueil qui renferme les restes du
sultan est placé sous un dôme élevé et posé sur un cata-
falque dont la base est plaquée de nacre, d'écaille et d'or,
recouvert dans sa partie supérieure par un somptueux
drap mortuaire. Le fez de Mahmoud, avec son aigrette de
plumes de héron garnie de diamants, surmonte le cercueil, qui est entouré de plusieurs autres cercueils richement ornés. Le dôme est soutenu par des arceaux garnis
de vitraux; il est séparé de plusieurs pavillons par des
jardins et des bosquets.

Près du tombeau de Mahmoud se trouve un musée historique des plus curieux, renfermant les costumes de
toutes les classes de l'ancienne population musulmane.

Le château des Sept-Tours est élevé à l'extrémité du
vieux Stamboul, sur la muraille d'enceinte, près de la
mer de Marmara. Grand pentagone irrégulier flanqué de

quatre tours rondes et de quatre tours carrées, cette sombre forteresse a servi souvent de prison aux sultans détrônés et aux membres de la famille impériale, et les voûtes ont caché la mort violente de bien des illustres prisonniers.

Non loin du château des Sept-Tours, en remontant vers le nord-ouest, on trouve la brèche qui a livré passage aux troupes de Mahomet II, en 1453... L'apathie et l'orgueil des Turcs les ont empêchés de réparer cette partie de l'enceinte, encombrée encore par les blocs de maçonnerie détachés des deux tours par l'effet de la mine.

Le vieux sérail est très-rapproché de Sainte-Sophie. Situé sur la pointe de terre qui s'avance entre les eaux de la Corne-d'Or et celles de la mer de Marmara, il renferme de nombreux bâtiments, la plupart en bois et en assez mauvais état depuis que les sultans ne les habitent plus. Les jardins et parcs plantés de grands arbres séparent ces différents corps de bâtiments, dont plusieurs pourtant ont conservé les formes de l'architecture tartare. Celui où se tenait le divan, élevé au fond de la cour d'honneur, est sombre et ressemble plus à un caravansérail qu'à un salon destiné à la réception des ambassadeurs étrangers, bien que les colonnes qui supportent le dôme du divan soient incrustées de pierres précieuses. Les pavillons du bord de l'eau sont plus élégants; ils dominent des terrasses et leurs murs intérieurs sont ornés de sculptures fines et gracieuses.

La banlieue du vieux Constantinople est couverte par de nombreux jardins potagers, plantés d'arbres à fruits et à fleurs, arrosés par l'eau tirée des puits. Trois grandes casernes et un vaste hôpital militaire, de forme quadrangulaire avec cour au milieu, tours orientales, minarets aux angles et pavillons au centre des façades, précèdent la ville de 4 kilomètres. Entre les jardins et les murailles existe une zone de cimetières musulmans, arméniens et grecs, plantés d'arbres et de cyprès séculaires.

L'impression qu'éprouve l'Européen en pénétrant pour la première fois dans Constantinople ne doit point varier lorsqu'il est appelé à y séjourner. De quelque côté que l'on porte ses pas dans cette vieille cité, on trouve toujours des ruines, des monceaux d'ordures, de la misère, à côté de monuments grandioses revêtus de marbre, de granit et d'or. C'est l'image de la mort à côté de celle de la vie. Des tombeaux près des marchés, des bazars et des promenades ; d'immenses nécropoles au centre des quartiers les plus peuplés : tout rappelle la décadence de l'empire des Turcs. Cet empire s'affaisse sur lui-même, ayant plus perdu par l'application inintelligente de la civilisation des nations chrétiennes que par sa barbarie et son fanatisme. Ce fanatisme des premiers sectateurs de Mahomet, excité encore par la pauvreté et la convoitise, a autant contribué que la faiblesse et les dissensions des chrétiens à élever les Turcs, il y a plusieurs siècles, aux dernières limites de la puissance.

Peu à peu, les abus qui découlent d'une religion fondée sur le matérialisme, sous un climat énervant, l'agglomération des richesses arrachées aux peuples de l'Occident, produit de l'impôt frappé sur le brigandage des mers, ont amené, aidés par les vices de la civilisation, la décadence de cet empire qui, pendant plusieurs siècles, fit trembler l'Europe...

En Orient, le mahométisme, basé sur l'égoïsme et les passions brutales, a enlevé toute énergie aux conquérants; en Occident, la religion chrétienne, qui impose des privations et préconise le culte moral de la femme, a civilisé les barbares tout en leur laissant l'amour de la gloire et le mépris de la mort. Voilà ce qui a porté les chevaliers sous les murs de Jérusalem, et les soldats des temps modernes sur tous les champs de bataille du monde.

IV

A son arrivée à Constantinople, le régiment avait été campé autour de Daoud-Pacha, caserne située à une demi-lieue de la partie ouest de la ville. Pendant le séjour qu'elle fit dans cette antique cité, la 3e division fut passée en revue par le sultan; elle se forma en bataille près du village d'Eyoub. Les troupes françaises et turques étaient divisées en plusieurs lignes sur le terrain qui s'élève en éventail entre le haut de la Corne-d'Or et la vallée où coulent les eaux douces d'Europe, ce bois de Boulogne de Constantinople. Ce vaste espace, disposé en amphithéâtre, s'ouvre vers l'orient. Placés dans sa partie supérieure, les régiments avaient devant eux les populations musul-

manes, et surtout les chrétiens grecs et les Francs accou-
rus pour voir les soldats de l'Occident. Derrière cette
muraille vivante, bariolée de mille couleurs, apparaissait
Constantinople avec ses dômes, ses minarets et ses cyprès
séculaires ; puis, plus sur la gauche, les eaux de la Corne-
d'Or, traversées par des ponts de bateaux et bordées par
les maisons, la tour de Galata, et les édifices plus élevés
des ambassades et de Péra. Enfin, au delà du Bosphore,
Scutari, cette Stamboul de l'Asie, puis les chaînons neigeux de l'Olympe, fermaient vers l'orient ce magnifique
panorama, qui avait pour dôme un ciel azuré éclairé dans
ce moment par un splendide soleil d'été. En parcourant le
front du régiment, le grand-seigneur, frappé d'étonnement à la vue de l'air martial des zouaves et de l'étrangeté
de leur costume, qui lui rappelait celui des vieux Osmanlis, exprima hautement son admiration. Le lendemain de
cette revue, la division partait par mer pour Varna, point
autour duquel devait se réunir l'armée française dite
d'Orient.

Varna est une ville un peu plus considérable que Gallipoli, mieux bâtie, offrant plus de ressources, et assez
bien fortifiée. En 1829, elle eut la gloire d'arrêter, pendant cinq mois entiers, l'armée russe, et peut-être n'eût-
elle pas été prise sans la trahison de son pacha. La rade
de Varna, ouverte aux vents de la mer Noire, n'offre aucun abri. Il faudrait dépenser plusieurs millions pour y
construire une darse.

Une partie de l'armée anglaise, le contingent égyptien
et quelques régiments turcs se trouvaient déjà autour de

la ville. Ces troupes appartenant à des peuples si opposés
de mœurs, de costume, de langage, réunis sur un même
point du globe, venus de l'Asie, de l'Europe et de l'Afrique pour défendre une même cause, offraient un grand
enseignement. Car l'harmonie qui régnait parmi tous ces
hommes était bien la plus grande preuve de la tendance
de toutes les nations du monde à se rapprocher les unes
des autres, à unir leurs efforts pour s'opposer à d'injustes
prétentions.

C'était, du reste, un bizarre spectacle que celui offert
par cette agglomération. Ici l'Anglais, l'Irlandais et l'Écos-
sais à la figure blanche et rose, aux yeux couleur d'azur,
au costume éclatant; là le Français au visage ouvert, ex-
pressif, narquois, ayant emprunté aux uniformes de tous
les peuples ce qu'ils peuvent avoir de commode ou de co-
quet; plus loin le Turc à la pose calme, au maintien plein
de dignité; puis l'Algérien à la face anguleuse et cuivrée;
l'Égyptien aux cheveux crépus, aux vêtements bariolés,
aux traits vieillis; enfin l'habitant de la Nubie, avec ses
grosses lèvres et sa peau d'ébène; tout cela se croisant
dans les rues étroites d'une ville bulgare, à quelques lieues
du grand fleuve de l'Europe, non loin des soldats russes...

Après avoir passé quelques jours sous les murs de
Varna, la division Napoléon fut envoyée à 2 lieues au
nord de la ville, au camp de Yeni-Keui, qu'elle occupa
jusqu'à la fin de juillet. Pour diminuer les ennuis du
séjour au camp, et surtout pour échapper aux influences
du choléra, maladie terrible qui ne tarda pas à sévir dans
toute l'armée, les soldats du 2e de zouaves organisèrent

des jeux et des divertissements. Le front de bandière de
leur camp avait comme une sorte d'analogie avec les
Champs-Élysées pendant les beaux jours du printemps.
C'était un doux souvenir de la patrie absente. Il y avait
là des jeux de bagues, de balles, de quilles, deux théâtres,
l'un dramatique, où des zouaves jouaient des vaudevilles
et des drames composés par les érudits du régiment,
l'autre construit en feuillage, éclairé le soir par des
lanternes de papier peint, appartenait à une société d'orphéonistes, qui alternait chaque jour avec la troupe du
théâtre dramatique. Les orphéonistes faisaient entendre
d'excellents chœurs d'opéra et des chansonnettes tirées
des répertoires de Levassor et de Nadaud. Un troisième
théâtre, monté à l'imitation de celui de Guignol, avait été
organisé par les clairons du régiment, sous la direction
du zouave Zampt. Là, maître Bridou, loustic fécond,
faisait jouer des pièces de sa composition. Si ses œuvres
dramatiques n'étaient pas irréprochables, du moins
avaient-elles le double mérite de l'originalité et de l'ac-
tualité.

Ces premiers acteurs formèrent plus tard le noyau de
la troupe qui donna des représentations en Crimée sur
le théâtre dit d'*Inkermann*. On jugera de la nature des
pièces représentées par l'exemple suivant ; le sujet de
l'un des *drames* du théâtre Guignol est celui-ci : L'armée
russe, après la levée du siége de Silistrie, repasse assez
précipitamment le Danube ; un des généraux placé au
milieu de ses troupes cherche à prouver à ses soldats,
décimés par le choléra, la faim et la fatigue, que la

retraité est une savante manœuvre, et que la maladie n'est qu'un léger inconvénient et n'offre aucun danger. Au moment où il déploie, dans sa harangue, toute son éloquence, le malheureux est pris par de violentes coliques. Après mille horribles contorsions, après avoir fait les plus tristes réflexions (à la cantonnade), il s'échappe, et disparaît dans les coulisses sa culotte à la main.

Dans un camp, sous la tente, où un régiment n'occupe que quelques centaines de mètres carrés, il est bien difficile de cacher les scènes d'intérieur, et c'est là que l'on peut dire, à juste titre, que les murs ont des oreilles. Un vivandier nommé T... était, sans contredit, la meilleure pratique de sa cantine, car depuis la diane jusqu'à l'extinction des feux il avait l'habitude d'y faire de copieuses libations. Après la ronde de l'adjudant, il se retrouvait seul avec sa femme, pour laquelle il avait beaucoup d'amitié, et qu'il traitait, suivant le degré de son ivresse, avec tendresse, colère ou même brutalité... Fort bavard de sa nature, le vin le rendait querelleur, défiant, et quelquefois jaloux ; des scènes *très-touchantes* terminaient souvent, au grand scandale des voisins, ses discussions matrimoniales. Le directeur du théâtre Guignol s'empara bientôt, au profit de son répertoire, des scènes conjugales de la cantine, et T..., sous le gracieux costume de Polichinelle et le pseudonyme fort significatif de *Trémoileux*, fit les frais du gai théâtre.

Fort chatouilleux sur le point d'honneur et assez *sur la hanche*, T... demanda à être appelé au rapport, afin d'obtenir du colonel de mener sur le terrain le clairon persifleur. Le colonel, en lui accordant cette permission, l'engagea à profiter des vingt-quatre heures qui doivent toujours séparer la provocation de la rencontre pour assister le soir même à la représentation du théâtre Guignol. Le cantinier suivit le conseil de son colonel; il fit même mieux, il conduisit sa femme au théâtre, et ils se désopilèrent si bien la rate l'un et l'autre que les rieurs passèrent de leur côté, et que T..., bon garçon dans le fond, scella sa paix avec Polichinelle, son sosie, par de copieuses et abondantes libations. Le cantinier T... fit toute la campagne en bon et brave soldat; il fut assez grièvement blessé le 7 juin, à l'attaque des ouvrages blancs; sa femme, courageuse et généreuse vivandière, allait toujours au feu avec les zouaves. Blessée dans maints combats, elle fut plusieurs fois portée pour obtenir la médaille militaire.

Attirés par les représentations théâtrales, qui, toutes naïves qu'elles étaient, n'en avaient pas moins une influence très-heureuse sur le moral des hommes, les officiers, les soldats, souvent même les généraux des divisions voisines, venaient au camp des zouaves pour y chercher la gaieté, l'entrain et des souvenirs de France.

Le prince Napoléon encourageait ces divertissements; il assistait quelquefois lui-même aux représentations.

Pendant les derniers jours de juillet, la 3e division, plus encore pour échapper aux ravages de la maladie que pour appuyer les deux premières, dirigées sur la Drobutscha, quitta momentanément son camp de Yéni-Keuï. Elle se porta au nord sur Bazardjick-Oglou, grande ville bulgare, détruite en partie, pendant l'hiver précédent, par les bandes indiciplinées des bachi-bouzouks. Le 2 août, lorsque le choléra força le corps expéditionnaire de la Dobrutscha à effectuer sa retraite, la 3e division quitta Bazardjick et revint à son camp de Yéni-Keuï. Bazardjick, ville près de laquelle la 3e division séjourna pendant huit jours, avait encore, au commencement de la guerre d'Orient, 25,000 habitants chrétiens ou musulmans. Après les opérations de 1853 à 1854, cette ville a été en partie détruite par l'incendie et les déprédations des irréguliers au service de la Turquie. Ses habitants ont dû prendre la fuite et trois cents malheureux à peine y furent trouvés, mourant de faim et de maladie. Il serait difficile de rencontrer, dans les pays ravagés par la guerre, une contrée plus affreusement désolée que cette grande et malheureuse ville de Bazardjick-Oglou, avec ses quartiers brûlés, ses mosquées abattues, ses tombeaux mutilés, ses bazars ouverts et sans maîtres. Quelques femmes bulgares, vêtues de noir, sortaient pendant la nuit des ruines et se glissaient comme des fantômes, de rue en rue, pour aller dans la campagne chercher de l'eau, des racines et des fruits verts. La cigogne, cette fidèle et triste habitante du foyer domestique, respectée en Orient comme en Allemagne, demeurait seule sur les hautes cheminées restées debout, pour annoncer au voyageur étonné que cette grande solitude était animée, il y a peu de temps encore, par une population active et commerçante. Dans la campagne tout annonçait le passage récent de la guerre : les récoltes avaient été abandonnées

sur pied; les fontaines et les puits, encombrés par les cadavres des animaux, étaient empoisonnés ou taris; le sol,
enfin, était partout couvert de ces tristes débris laissés
par les armées indisciplinées...

Rien n'a pu faire connaître les motifs qui ont amené la
destruction de cette grande cité, et bien que ces ravages
comptent à peine quelques mois de date, ces ruines
étaient aussi muettes que celles qui jalonnent les montagnes et les plaines de l'Algérie.

Avant de partir et pendant la marche, les régiments de
cette division payèrent aussi un dur tribut au choléra;
mais les soldats du 2e de zouaves ayant conservé une
partie des vivres supplémentaires (dits d'ordinaire), qu'ils
avaient emportés, résistèrent mieux à la maladie. Ils ne
perdirent que quelques hommes.

Rentré à Yeni-Keuï, le régiment reprit ses travaux et
ses distractions du camp. L'ennui le gagna bientôt,
comme tous les autres corps, et il exprima *chaudement*,
pendant une revue passée par le maréchal de Saint-Arnaud, l'ardent désir qu'il avait de marcher à l'ennemi. Ce
moment arriva enfin. Vers le milieu du mois d'août,
l'ordre de partir pour la Crimée ayant été connu, le régiment se prépara gaiement à entreprendre cette expédition
lointaine et aventureuse.

L'effectif du régiment devait être réduit, pour l'embarquement, à 1,250 hommes; 800 devaient donc rester en
Bulgarie pour y attendre le retour de la flotte.

Les regrets qui s'étaient déjà manifestés à Oran à la
formation des bataillons de guerre se reproduisirent de

nouveau, et avec tant de force, que le colonel dut employer toute son autorité pour obliger une partie de ses zouaves à rester au camp. Les officiers et les sous-officiers furent désignés à leur tour de détachement. Le capitaine Lavirotte, ce même officier qui avait été décoré à la suite de l'expédition des Babors, atteint depuis longtemps d'une dyssenterie chronique qui l'avait considérablement affaibli et mis hors d'état d'entreprendre une campagne fatigante, avait été désigné d'office pour rester en Bulgarie. Brave et brillant soldat, homme de cœur, il demanda à suivre sa compagnie, jurant qu'il se sentait assez de courage pour ne pas entrer à l'ambulance. Le colonel, qui avait de l'estime et de l'affection pour lui, après avoir pris l'avis du chirurgien-major, ne put lui accorder cette autorisation. A cette nouvelle, Lavirotte vient à la tente de son colonel, rappelle à son chef toutes les marques d'attachement qu'il en a reçues, lui exprime sa reconnaissance, et le prie de mettre le comble à sa bienveillance en lui accordant la faveur de s'embarquer. Le colonel maintient d'abord sa première décision. Alors le brave capitaine, des larmes dans les yeux, lui avoue que, se sentant atteint d'une maladie mortelle, il demande à partir, espérant vivre encore assez de temps pour se faire tuer sur le premier champ de bataille, et mourir en soldat. Le colonel, touché de cette triste et cependant glorieuse pensée du capitaine, ne put résister plus longtemps à son désir. Malheureusement le destin fut plus cruel pour le pauvre officier. Deux jours après le départ de la flotte, l'énergique capitaine recevait les derniers honneurs à bord de l'*Alger*. Sa dépouille mortelle eut pour tombeau la mer Noire. Lavirotte fut le premier de ces héroïques soldats qui, malades et ne voulant point entrer à l'ambulance ou être évacués sur Constantinople, attendirent courageusement la mort à leur poste, afin de donner à tous l'exemple de l'obéissance au devoir et de la résignation.

Le 2 septembre, la 3ᵉ division quitta son camp pour aller s'embarquer dans la rade de Baltchick : l'état-major et 800 hommes du 2ᵉ de zouaves prirent passage à bord du vaisseau le *Bayard;* 400 hommes furent placés sur le vaisseau l'*Alger;* les chevaux et mulets furent embarqués sur le transport le *Duë-Fratelli*. Chaque zouave emporta dans son sac vingt-cinq jours *de vivres d'ordinaire achetés à Varna*. Quoique très-chargés, les hommes avaient obéi avec plaisir à cet ordre de leur colonel, car ils savaient que le pays où ils allaient faire la guerre était dénué de ressources, et que, pendant les jours qui suivraient le débarquement, les ravitaillements seraient peut-être impossibles.

Du 2 au 6 septembre, les vaisseaux français attendirent, dans la baie de Baltchick, l'arrivée de la flotte anglaise. Le 6, l'appareillage fut commandé, et la flotte prit la direction du nord.

L'équipage du vaisseau le *Bayard*, sur lequel était la plus grande partie du 2ᵉ de zouaves, était atteint du choléra. Les soldats du 19ᵉ bataillon de chasseurs à pied, embarqués sur le même bâtiment, y avaient apporté le germe de cette cruelle maladie.

Le 8 septembre, le nombre des malades s'étant considérablement accru, une partie de la première batterie fut convertie en ambulance ; les jours suivants, presque tous les infirmiers furent atteints par le choléra, le colonel des zouaves fut obligé de faire un appel au dévouement de ses hommes pour arriver à former un **nouveau corps d'infirmiers.**

Les zouaves soignèrent les malades avec abnégation, charité et courage ; vingt d'entre eux, commandés par le sergent Gounneau, furent chargés de ce périlleux devoir. Le sergent Gounneau fut nommé chevalier de la Légion d'honneur quelque temps après, et tous ses hommes reçurent des récompenses.

Pour diminuer les ennuis d'une longue traversée, autant que pour détourner l'esprit des soldats et des matelots du triste spectacle qu'offrait la première batterie, où étaient les cholériques, le colonel s'entendit avec le capitaine de vaisseau Borius, commandant du *Bayard*, pour organiser à bord plusieurs divertissements. Chaque jour, après le repas du soir, la musique des zouaves jouait des quadrilles, des valses et des polkas. Matelots, mousses et soldats se livraient aux exercices chorégraphiques les plus excentriques.

Les officiers garnissaient la dunette, les zouaves et les chasseurs grimpaient sur les bastingages et les basses échelles, les matelots occupaient les hunes et les basses vergues du grand mât et de l'artimon.

Après le bal, les chanteurs, sous la direction du zouave R..., grimés et burlesquement costumés, ayant pour théâtre la galerie de la dunette, achevaient de dérider les visages les plus sérieux en faisant entendre des chansons comiques et grivoises. Le zouave R... avait été cassé du grade de caporal quelques jours avant la formation à Oran des bataillons destinés à l'armée d'Orient. Remis au 3ᵉ bataillon, devant rester en Algérie, il se souvint que le colonel lui avait manifesté autrefois de l'intérêt, et il lui demanda pendant une revue d'être placé aux bataillons de guerre. — Je t'accorde ta demande, lui répondit le colonel, bien que je réserve ces faveurs pour les bons soldats; mais tu vas me promettre que tu te feras tuer à la première bataille, afin de débarrasser ta famille d'un mauvais sujet. R... accepte avec résolution la condition qui lui est imposée, et il dit à son colonel que mort ou vivant il saurait de nouveau mériter son affection. Gai, très-spirituel et plein d'entrain, R... rendit des services au régiment en organisant toutes les sociétés de chanteurs, dont il était certes l'acteur le plus fécond et le plus comique; avant le débarquement, le colonel voulut le nommer zouave de 1ʳᵉ classe, R... demanda à voir ajourner cet avancement jusqu'à la première bataille. Non-seulement il mérita d'être élevé à la 1ʳᵉ classe à l'Alma, mais plus tard il obtint les grades de caporal et de sergent, et la médaille militaire, en allant pendant la nuit, au péril de ses jours, reconnaître les ouvrages avancés des Russes et les faubourgs extérieurs de Sébastopol.

Les officiers et les matelots du *Bayard* firent, pendant la traversée, l'accueil le plus sympathique aux officiers et aux soldats qui avaient pris passage à leur bord. Non contents de leur prodiguer la meilleure partie de leur approvisionnement particulier, ils glissèrent, au moment du débarquement, dans les cantines des officiers et les sacs des soldats, bon nombre de provisions fraîches, qui furent d'un très-grand secours pendant les premiers jours passés à terre.

Les zouaves conservèrent une vive reconnaissance pour l'équipage du *Bayard*. Pendant la traversée, ayant remarqué que la cloche du vaisseau était fêlée, ils s'en souvinrent après le débarquement; ils enlevèrent la cloche d'un village russe placé à une lieue de la côte, et l'apportèrent jusqu'à la plage. Ils la confièrent au patron d'une chaloupe, qui promit de la remettre au commandant du *Bayard*. Malheureusement ce patron fut un dépositaire peu fidèle, et la cloche reçut une autre destination.

LIVRE QUATRIÈME

LA CRIMÉE

I

Le 13 septembre, la flotte était en vue des côtes de la Crimée; dans la soirée, et pendant la nuit, elle rallia une

"

partie de ses vaisseaux de transport, et le 14 au matin l'armée opéra son débarquement sur le sol de la Russie. Quatre compagnies du 2ᵉ bataillon de zouaves abordèrent des premiers à Old-Fort, très-étonnés de ne point rencontrer d'ennemis Cette plage était basse, privée d'arbres et de végétation, coupée par quelques flaques d'au saumâtre et sans profondeur. Bientôt le régiment tout entier fut réuni. Il se mit en marche avec les autres troupes de la 3ᵉ division pour aller prendre position à une petite demi-lieue du point de débarquement. Cette 3ᵉ division (Napoléon) fut placée à la gauche de la ligne française, non loin de la droite de l'armée anglaise. Les zouaves furent en un clin d'œil établis au bivouac, et les grand'gardes placées.

Pendant leur court séjour à Old-Fort, les troupes se remirent promptement des fatigues de la traversée, et dès le lendemain du débarquement il n'y avait plus un seul cholérique au 2ᵉ de zouaves. Ce même jour, 15 septembre, les hommes, en cherchant avec ceux des autres régiments de l'armée du bois et de l'eau potable, trouvèrent un gros village russe situé à une lieue en avant des avant-postes. Les habitants avaient pris la fuite, et le château seul était sous la garde de quelques compagnies de riffles anglais. Les maraudeurs y prirent des vivres frais. Le prince Napoléon ayant eu connaissance de ce fait, partit immédiatement du camp avec le colonel du 2ᵉ de zouaves et un détachement pour établir des sauvegardes et placer des postes de manière à protéger les abords du village. Le château, non encore entièrement terminé, appartenait à

un colonel de la garde impériale russe. Ce colonel avait
quitté sa résidence pendant la nuit, en y laissant son intendant et une partie de ses domestiques. A l'arrivée du
prince, l'intendant vint mettre l'habitation et tout ce qu'elle
contenait à la disposition des Français. Les appartements
en désordre laissaient deviner combien le départ du maitre
avait dû être prompt. Un beau piano d'Érard, chargé de
partitions françaises et allemandes, était resté ouvert devant
une porte vitrée communiquant avec une terrasse ; sur un
guéridon placé au milieu du salon étaient jetés, sans ordre,
ces mille petits meubles qui n'appartiennent qu'aux femmes
élégantes. Un volume des poésies de Lamartine était resté
ouvert sur une table de travail. Ces indices laissaient à penser que la veille encore la châtelaine, dont le portrait, ainsi
que celui du colonel son mari, étaient suspendus aux
murs du salon, s'occupait de la France au moment même
où une armée française débarquait à quelques pas de sa demeure seigneuriale.

Le prince, avant de quitter le château, assura l'intendant
que tout serait respecté. Il lui remit, pour être distribué
aux domestiques qui lui avaient offert du thé, du vin
aigrelet et du pain noir, quelques pièces d'or, et il le laissa
bien surpris d'avoir reçu dans la maison de son seigneur
et maitre un prince français du nom de Napoléon, nom
connu dans ces régions lointaines aussi bien que dans le
reste du monde.

Les maraudeurs qui avaient visité le village russe donnèrent à leurs camarades un spectacle grotesque. Ils ima-
ginèrent de se mettre en bivouac en escortant une de ces

calèches particulières à la Crimée dans laquelle se trouvait un des leurs, burlesquement accoutré, ayant à côté de lui, en guise de dame tartare, un magnifique veau affublé de quelques effets de femmes trouvés dans la maison d'un paysan russe. La voiture fut renvoyée au village et le veau donné aux malades de l'ambulance, qui manquaient complétement de viande fraîche.

Les zouaves se livrent souvent à ces mascarades, qu'ils aiment beaucoup, ou à des plaisanteries analogues, surtout lorsque la maraude a été productive. Quelques jours après la bataille de l'Alma, pendant que l'armée marchait sur Sébastopol, au passage du Belbeck, ils traversèrent un riche village abandonné par les habitants, et dont les jardins étaient abondamment pourvus de légumes et de fruits. Le soir, on fit bonne chaire au bivouac, car les choux, les navets et les raisins étaient en abondance. Quelques zouaves eurent la fantaisie d'aller pendant la nuit visiter un château assez éloigné. Ils en rapportèrent une belle glace surmontée d'un trumeau représentant des bergers et des bergères de l'école de Boucher. Ils eurent la plaisante idée de placer cette glace à l'entrée de la tente de leur colonel, sous un berceau de verdure, afin, comme ils le lui avouèrent plus tard, qu'il pût, une fois au moins pendant la campagne, faire sa toilette du matin dans un boudoir.

Habitué aux razzias d'Afrique, le zouave avait de la peine à respecter les propriétés abandonnées par les paysans russes, surtout dans un pays où il fallait faire la guerre sans vivres frais. Le théâtre des opérations ayant été très-restreint par la suite, les Tartares, bien disposés, du reste, pour l'armée alliée, purent, à l'époque de l'armistice, gagner de l'argent en vendant leurs denrées ou en achetant les effets et les bêtes de somme que les troupes furent obligées, lors de l'embarquement, d'abandonner à vil prix. Ils ont dû conserver bon souvenir de cette dernière période de l'occupation étrangère.

Le 19 septembre au matin, l'armée quitta le camp qu'elle occupait à Old-Fort depuis le 14, pour se mettre en marche dans la direction de Sébastopol, en restant toujours en communication avec la mer. Dans l'après-midi, les troupes s'établirent dans un lieu nommé Kermani-Kava-Savia, en avant d'un petit cours d'eau desséché, sur des mamelons peu élevés, faisant face, à une distance d'une lieue et demie, aux hauteurs de l'Alma, occupées par l'armée du prince Mentschikoff.

Pendant la journée, l'ennemi envoya quelques escadrons de cavalerie et de l'artillerie à cheval pour reconnaître les alliés. Des coups de canon furent échangés entre les Anglais et les Russes. Ces derniers se bornèrent à examiner de loin les troupes françaises, sans chercher à avoir un engagement avec elles ; les grand'gardes étaient si rapprochées des corps russes que pendant quelque temps les zouaves crurent avoir devant eux des Anglais.

II

Le soir, le prince Napoléon, en revenant du grand quartier général, où il avait été recevoir les instructions du général en chef, réunit sous sa tente les généraux et les chefs de corps de sa division. Il leur développa le plan arrêté par les généraux en chef pour la bataille du lendemain, plan qui avait pour but de faire exécuter par l'armée anglaise un mouvement tournant sur la droite de l'armée russe, tandis que la 2e division française et les Turcs, sous les ordres du général Bosquet, attaqueraient la gauche de l'ennemi, appuyée à des hauteurs escarpées qui dominent l'embouchure de l'Alma. Le centre, formé des 1re et 3e divisions sur deux lignes, et de la 4e en réserve, sous les ordres directs du maréchal de Saint-Arnaud, ne devait aborder le centre de l'armée russe qu'après l'engagement des deux ailes. Les troupes des ailes durent, en conséquence, se mettre en marche avant celles du centre. Elles eurent l'ordre de partir le matin entre cinq et six heures, et le centre entre sept et huit. Le prince Napoléon donna ensuite les ordres de détail ; puis, en sortant de sa tente, il prit à part le colonel du 2e de zouaves, et il lui dit : « Connaissant la bravoure de votre régiment, je le placerai au poste le plus périlleux, qui sera aussi celui où il y aura le plus de gloire à acquérir. »

Le colonel remercia le prince avec effusion, et l'assura, tant en son nom qu'en celui de son régiment, que les zouaves se rendraient dignes de sa haute estime et de sa confiance.

Le centre de l'armée ne devant se mettre en marche que deux heures après le départ des ailes, la diane fut retardée; mais, quand elle se fit entendre, déjà depuis long-temps les zouaves étaient levés, et s'occupaient les uns à préparer le café, les autres à nettoyer et à recharger leurs fusils.

Le colonel rassembla autour de lui les officiers et les sous-officiers, tandis qu'à peu de distance se tenaient les soldats, qui (comme dans les circonstances de ce genre) étaient *tout oreilles*, et leur donna des instructions pour le combat; puis il dit à son régiment : « Vous serez placés, pendant la bataille, entre le 1ᵉʳ de zouaves, votre digne émule de gloire, et les Anglais, les anciens ennemis de la France, aujourd'hui nos alliés. Chacun de vous doit tenir à honneur de ne point se laisser dépasser. Souvenez-vous tous, qu'enfants de cette race héroïque qui a illustré par ses conquêtes les premières années du siècle, vous êtes appelés, dans une guerre européenne, à illustrer le second Empire par de nouvelles victoires. »

Leur montrant l'armée russe, rangée sur les hauteurs de l'Alma, il termina ainsi : « Vous serez placés en première ligne; avant d'arriver à l'ennemi, vous aurez à franchir une rivière, des fourrés et des pentes rapides, une fois la bataille engagée, elle doit être conduite à *l'africaine*. Après un premier succès, abordez les Russes avec la vi-

gueur qui vous a si souvent réussi pour déloger les Kabyles de leurs formidables positions. »

Vers sept heures, le régiment était prêt à partir, comme
l'ordre en avait été donné. N'étant pas dans la confidence
de ce qui se passait sur la ligne, les hommes ne pouvaient comprendre les retards successifs qui firent remettre
à onze heures la marche du centre de l'armée. Leur mau-
vaise humeur se traduisait par des réflexions qui devaient
ressembler à celles que l'on prête aux grognards du premier Empire, quand ils assistaient l'arme au bras à une
bataille.

Le colonel, pour leur faire prendre patience, ordonna de
préparer un second café. Le prince Napoléon, qui causait
volontiers avec eux, cherchait aussi à les calmer par des
paroles bienveillantes. Le maréchal de Saint-Arnaud vint
les voir à son tour, et, comme il les engageait à prendre un
café : « Le colonel nous en a déjà fait donner deux, » lui
dirent les zouaves.— « Eh bien, puisque votre colonel vous
a fait prendre deux cafés, je veux vous payer le *pousse-café*,
mais ce sera là-haut, dans le camp ennemi, » leur dit le
maréchal en leur montrant les hauteurs de l'Alma.

« Vive le maréchal ! » crièrent les zouaves. — « Vivent
ceux qui seront debout ce soir ! » répondit le maréchal [1].

Parti entre onze heures et midi de son bivouac de Kermani-Kava-Savia, le régiment, placé en première ligne, et
à la droite de la 3e division, était précédé, à deux cents pas,

---

[1] L'expression employée par le maréchal était bien autrement signi-
ficative : on pourrait la trouver en feuilletant le vocabulaire du troupier,
mais elle ne se trouve pas dans le *Dictionnaire de l'Académie.*

par deux compagnies déployées en tirailleurs (5e du 1er bataillon, capitaine Sage, et 1re du deuxième bataillon, capitaine du Lude).

A midi et demi, les tirailleurs du régiment entrent dans la partie droite du village de Bourliouk et dans les jardins qui bordent la rive droite de l'Alma. A ce moment l'ennemi, qui a fait engager le feu par ses troupes légères armées de carabines de précision, entame la canonnade. Quelques boulets tombent sur la première ligne ; le colonel fait déployer ses deux bataillons, et renforce les tirailleurs par la 2e compagnie du 2e bataillon (capitaine Fernier).

Les soldats des deux bataillons en arrivant près des jardins, sur l'ordre qui leur en est donné, posent leurs sacs à terre [1], afin d'être plus légers et plus libres dans leurs mouvements.

Le 1er bataillon (commandant Malafosse) prend position dans le lit même de l'Alma, rivière vaseuse et fortement encaissée, près d'un gué traversé par la route conduisant sur les hauteurs ; le 2e (commandant Adam) reste à gauche et un peu en arrière, près des jardins.

Le champ de bataille de l'Alma a été décrit trop souvent déjà pour que nous croyions utile de donner ici un aperçu topographique du terrain.

Le 2e de zouaves ne pouvait rester longtemps dans sa première position ; les compagnies de tirailleurs, vivement

---

[1] Chaque sac renfermait plusieurs jours de vivres de campagne et dix-huit jours de vivres d'ordinaire.

engagées dans les fourrés des berges, allaient se trouver compromises, il fallait prendre une détermination décisive.

Sur un mamelon détaché des plateaux qui dominaient la vallée de l'Alma, mamelon s'avançant obliquement en éperon sur la rivière, trois bataillons russes étaient placés en avant de toute la ligne ennemie. L'arête descendante du mamelon, beaucoup trop roide, ne pouvait être efficacement défendue par leur feu; les pentes de droite et de gauche, s'ouvrant du côté de l'armée française, devaient, au contraire, être facilement labourées par l'artillerie ennemie, la 1ʳᵉ division allait aborder la gauche de cette position et les pentes abruptes placées dans son prolongement du côté de la mer.

Le colonel du 2ᵉ de zouaves, comprenant la nécessité d'une brusque attaque, demande et obtient de son général de brigade l'autorisation d'enlever avec son 1ᵉʳ bataillon la tête même du contrefort.

Dans ce moment, un des aides-de-camp du prince Napoléon, le capitaine Ferri-Pisani, qui avait reconnu le lit de la rivière, apporte au général de Monet l'ordre de faire passer sa brigade par le gué que traversait la grande route, et d'essayer de franchir l'Alma par la gauche.

Le colonel du 2ᵉ de zouaves s'est porté aussitôt à son 1ᵉʳ bataillon, placé, comme il a été dit plus haut, dans le lit de l'Alma. L'artillerie ennemie couvre de ses feux la partie basse de la vallée et la sortie du gué; les branches des grands arbres qui bordent le cours d'eau, brisées par les boulets, tombent de toute part; les obus éclatent sur la berge, les rampes sont couvertes de mitraille.

Les zouaves se préparent à gravir la berge pour sortir de la rivière; le colonel fait sonner la charge, lance son cheval; il est suivi par son 1er bataillon. L'élan est donné : les soldats ne pouvant suivre la chaussée, enfilée par l'artillerie ennemie, se jettent à droite, traversent de nouveau, sous une grêle de fer et de plomb, la rivière, dont le cours sinueux forme une S dans cette partie, puis ils escaladent le bord, et se rallient au pied du mamelon occupé par les bataillons russes. Les zouaves sont abrités par la roideur même de l'arête de ce mamelon.

Sans perdre de temps, le bataillon grimpe le contrefort, et arrive sur les Russes au moment où ces derniers étaient pris en flanc par le 1er régiment de zouaves. Après un court combat, l'ennemi abandonne sa formidable position en y laissant ses blessés, ses sacs et des armes.

Le 2e bataillon du 2e de zouaves avait appuyé sur la gauche le mouvement offensif du 1er bataillon, le régiment de marine avait suivi le mouvement, en sorte que bientôt toute la brigade de Monet fut engagée avec les Russes.

Maître des premières pentes du plateau, le 1er bataillon du régiment, malgré un feu meurtrier, se forme en colonne, à demi-distance, en face d'une longue ligne de bataillons russes en colonne. Près de lui, à sa droite, sont le 1er de zouaves et les 1er et 9e bataillons de chasseurs à pied. Le 2e bataillon du 2e de zouaves, qui a eu, pour opérer son mouvement, à parcourir plus de chemin, et à vaincre de grandes difficultés de terrain sous la mitraille, se rallie péniblement à gauche du 1er, placé en potence. Près des bataillons de la 1re division, qui achèvent leur déploiement.

Le 2e bataillon du 2e de zouaves en colonne par division, à distance de peloton, se tient prêt à se former en bataille sur quatre rangs de profondeur pour résister à une charge de la cavalerie russe qui devient imminente et qui menace le flanc gauche de la ligne.

Cette position n'est pas sans danger ; sous le feu de plusieurs batteries et de nombreux bataillons, le régiment voit tomber un grand nombre d'hommes frappés par les balles, les boulets et la mitraille.

D'un autre côté, tenter un déploiement à portée d'un ennemi qui occupe en force de bonnes positions, semblait une manœuvre des moins certaines.

La situation déjà difficile pouvait devenir critique, le colonel du 2e de zouaves craint d'assister à la destruction de son beau et bon régiment ; il se décide à une de ces attaques hardies qui souvent ont réussi aux troupes françaises.

Les zouaves étaient pleins d'ardeur ; le maréchal, en voyant le premier élan des troupes, s'était écrié : *Laissez-les faire, c'est une bataille de soldats ;* le colonel donne la direction vers la tour octogonale destinée à recevoir un télégraphe et placée sur le point culminant de la ligne ennemie.

— A moi, mes zouaves, dit-il à ses vieux chacals, en lançant son cheval au galop ; à la tour ! et tous le suivent au pas de course.

Le 1er de zouaves opère le même mouvement ; les deux

régiments arrivent au pied de la tour, dont ils s'emparent, malgré la défense de deux compagnies de tirailleurs armés de grosses carabines.

En arrière, et sur la position, sont placées les réserves de l'ennemi, échelonnées à droite et à gauche, de façon à pouvoir croiser leurs feux sur le terrain en avant de la tour.

Le 2e de zouaves et les bataillons de la première ligne, sous les ordres du général Canrobert et du colonel Bourbaki, engagent sur ce point un combat d'autant plus acharné, que tous, officiers et soldats, comprennent que là est la clef de la position, le nœud de la bataille.

Le colonel Cler, qui est arrivé le premier au pied de la tour, saisit l'aigle de son régiment, l'arbore sur l'échafaudage au cri de *vive l'Empereur!*

Le sergent-major Fleury du 1er de zouaves, qui a pu atteindre les échafaudages supérieurs, soutient un instant le drapeau. Il tombe frappé à la tête par une balle de mitraille [1].

Le drapeau du 1er de zouaves a suivi de près celui du 2e de zouaves; sa hampe est bientôt brisée par un éclat d'obus.

A l'arrivée des troupes de la réserve, commandées par le général d'Aurelles, le lieutenant Poitevin, porte-drapeau du 39e de ligne, voyant la place glorieuse où flottent les aigles des 1er et 2e de zouaves, court, en quittant son ba-

---

[1] C'est le moment choisi par un de nos peintres d'histoire pour le sujet d'un des meilleurs tableaux inspirés par cette bataille si glorieuse.

taillon, place celui de son régiment sur la tour, et serre la hampe sur son cœur. Un boulet l'atteint en pleine poitrine, et il paie de sa vie cet acte de généreuse audace.

Le combat livré près de la tour est très-meurtrier, mais il dure peu de temps.

Le prince Mentschikoff, voyant la clef de ses positions entre les mains de l'armée française, fait commencer la retraite, et l'énorme masse d'infanterie et de cavalerie placée sur ce point du champ de bataille, exécute, en ordre, ce mouvement, pendant que l'artillerie couvre de ses feux le terrain à droite et à gauche de la tour.

Le général Canrobert, qui s'est tenu depuis le commencement de l'action au milieu de ses troupes, est frappé ; il tombe dans les bras des zouaves, mais bientôt il remonte à cheval pour retourner prendre sa place de combat.

Pendant que le 2e de zouaves se forme en bataille à gauche du télégraphe, le colonel, qui peut disposer de nombreuses vacances, distribue des récompenses à ceux de ses soldats qu'il a remarqués pendant l'action ou qui lui sont signalés par les officiers des compagnies ; il élève à la première classe tous les zouaves blessés qui ont continué à combattre. Le prince Napoléon exprime toute sa satisfaction au régiment, puis prenant les mains du colonel qu'il serre avec effusion : « Je suis bien heureux, lui dit-il, mon » cher colonel, de vous féliciter... Comme vous devez être » fier de commander de pareils soldats !... »

Le maréchal de Saint-Arnaud vient féliciter la division Napoléon. Il passe devant le front du 2e de zouaves, s'arrête devant l'aigle, et dit au colonel : « Cette fois, Cler,

» c'est le nom de l'Alma qui sera brodé sur votre dra-
» peau [1]. »

Sur toute la ligne française l'affaire était décidée en notre faveur, mais du côté des Anglais le combat était toujours engagé. Informé de ce fait, le maréchal donne aussitôt l'ordre à la division Napoléon d'exécuter un change-
ment de front sur sa gauche, et de se porter ensuite en
avant vers la droite de l'armée russe. Après avoir parcouru
quelques centaines de mètres, la victoire des Anglais et la
retraite des Russes étant annoncées, la division reçoit l'ordre d'arrêter son mouvement.

Peu de temps après, le 2e de zouaves vint établir ses
bivouacs près du télégraphe, sur la partie du champ de
bataille où il avait contribué à enfoncer le centre de l'armée russe.

III

Le prompt succès de cette première bataille excita au
plus haut point l'enthousiasme de l'armée; les blessés qui
conservèrent assez de force pour se tenir debout, restèrent
à leurs compagnies jusqu'à la fin de la journée; ceux qui
étaient couchés sur le champ de bataille, loin de demander des secours ou à être relevés, encourageaient leurs

---

[1] En disant *cette fois,* le maréchal faisait allusion à l'assaut de Laghouat.

camarades à poursuivre leurs succès, et saluaient leurs chefs de leurs acclamations.

Le sergent-clairon Gesland avait eu le poignet brisé par un boulet qui lui avait jeté du même coup son clairon sur la figure et sur la poitrine; il se fit amputer et revint se placer à la tête de ses clairons. A l'appel du soir, le colonel lui manifestant tout son étonnement de le voir au cercle des sous-officiers qui rendaient l'appel : « Je puis continuer mon service, lui dit l'intrépide Gesland, et j'ai voulu, mon colonel, me réjouir avec mes camarades du beau succès de la journée [1]. »

Le soir, quand le colonel visita l'ambulance, il trouva ses blessés dans le meilleur état moral; tous ceux qui n'étaient pas grièvement atteints demandaient à rentrer à leur compagnie; ceux qui étaient blessés mortellement, supportaient leur sort avec résignation.

Le sergent Sombert avait reçu une balle dans le ventre; le colonel lui dit qu'il allait le porter pour chevalier de la Légion d'honneur. « Donnez cette récompense à un de » mes camarades, répondit Sombert; pour moi, je sens » que je suis mortellement blessé et que je n'ai que quel- » ques heures à vivre... Mon dernier vœu, mon colonel, » sera pour que Dieu continue toujours à vous protéger...»

Sur 165 blessés, 20 à peine, dont le lieutenant Esmieu,

---

[1] Gesland fut soigné par le chirurgien-major du régiment; évacué plus tard sur Constantinople, il était complétement guéri avant la fin du mois qui suivit son amputation. Ce brave militaire, nommé chevalier de la Légion d'honneur et membre de l'ordre du Midjidié de Turquie, a été placé par le prince Napoléon comme gardien au Palais-Royal.

très-brave officier, succombèrent. Malheureusement, il n'en fut pas de même des officiers et des soldats atteints par le choléra.

Le capitaine Fernier, affaibli par une dyssenterie chronique, s'était traîné jusque sur le champ de bataille ; il avait encore trouvé assez de forces pour donner à ses soldats l'exemple du plus héroïque courage, il ne tarda pas à mourir ainsi que les lieutenants Oizan et Delfosse [1].

Les journées des 21 et 22 furent employées à enterrer les morts et à donner les premiers soins aux blessés qui furent en très-grande partie embarqués sur la flotte.

Le 23, l'armée se remit en marche ; la 3ᵉ division était en première ligne avec la 4ᵉ. Arrivé à la Katcha, le 2ᵉ de zouaves fut laissé à l'arrière-garde pour couvrir le passage de la colonne qui devait traverser le gué de la rivière.

Le maréchal de Saint-Arnaud, malgré ses souffrances, surveillait ce passage. A cheval, près de la sortie du gué, il y resta jusqu'à ce que le dernier homme l'eût traversé. Le colonel connaissant l'affection du maréchal pour les zouaves, essaya de faire éclore sur son visage, portant déjà l'empreinte de la mort, un sourire de satisfaction. Il ordonna à ses soldats de traverser le gué, assez rapide en cet endroit. En défilant devant le maréchal, musique en tête, comme sur un terrain de manœuvre, les clairons sonnaient l'air si pittoresque, et maintenant si connu et si populaire de la *Casquette du père Bugeaud*, hommage bien simple,

---

[1] Ces deux officiers avaient donné l'exemple de l'énergie et du courage. La croix d'honneur obtenue par le lieutenant Oizan à la bataille de l'Alma fut envoyée à sa famille après sa mort.

et pourtant plein de poésie, rendu à l'un de nos meilleurs généraux, à un homme qui a brillé dans nos armées modernes par sa sollicitude touchante pour les soldats, par son bon sens et par ses talents militaires. Hélas! la maladie avait fait de tels ravages dans toute l'organisation du maréchal de Saint-Arnaud, que sa figure, creusée par la douleur, resta impassible pendant tout le temps du défilé. Les zouaves n'entendirent pas, comme de coutume, quand ils approchaient de lui, quelques paroles sympathiques, quelques-uns de ces mots de troupiers qui vont droit au cœur du soldat français, et que le spirituel et héroïque de Saint-Arnaud savait leur dire de son air si bienveillant et si finement spirituel.

Le malheureux maréchal, cloué par une volonté de fer sur son cheval de bataille, semblait un cadavre soutenu par le galvanisme. Ce spectacle affligea cruellement les zouaves. On pouvait dire que le guerrier mourait enseveli dans son triomphe.

Avant de franchir la Katcha, le régiment offrit un bel exemple d'obéissance aux ordres donnés.

Les bataillons avaient été placés pour couvrir le passage près d'une belle vigne, dont les ceps étaient couverts de raisins arrivés à complète maturité. Le colonel, craignant d'être inquiété par les coureurs russes, avait donné l'ordre à ses soldats de rester à leur rang et de ne point entrer dans la vigne.

Cet ordre fut religieusement exécuté; aussi toute crainte de danger étant passée, le colonel, pour récompenser l'obéissance de ses zouaves, accorda cinq minutes à chaque bataillon pour cueillir le raisin. Jamais vendange ne fut plus lestement faite.

Le 24, l'armée se dirigea vers le Belbeck, espérant qu'après avoir traversé cette rivière, elle bivouaquerait le soir au nord et en vue de Sébastopol.

Au passage seulement, les colonnes reçurent l'ordre d'appuyer à gauche, ce qui fit penser aux soldats que le premier plan était modifié et que la place devait être tournée.

Le soir, l'armée campa au milieu d'un bois, sans savoir au juste de quel côté se trouvait l'ennemi.

Le 25, l'ordre de marche fut complétement changé. Les Anglais, qui avaient toujours été placés à gauche, prirent l'avant-garde. Les divisions françaises essayèrent de marcher à droite de la route, mais elles furent arrêtées à chaque instant par les fourrés du bois et par la queue de l'armée anglaise, qui n'avançait que très-difficilement. Ces divisions passèrent la journée sous les armes, et, après avoir vaincu de grandes difficultés, elles n'arrivèrent au bivouac de la ferme de Mackensie qu'au milieu de la nuit. Les soldats avaient souffert pendant la marche de la chaleur et de la soif; en s'établissant au bivouac, ils cherchèrent vainement de l'eau. Ils durent passer le reste de la nuit sans boire et sans pouvoir faire le café. Vers le matin, un zouave, qui était descendu au fond d'un puits presque desséché en se faisant attacher par plusieurs turbans liés les uns aux autres, trouva un peu d'eau qu'il s'empressa d'apporter à ses officiers.

Les soldats baptisèrent cet affreux bivouac du nom de

Camp de la soif. Les Anglais, en arrivant dans la soirée sur le plateau de Mackensie, l'avaient trouvé occupé par la division russe qui formait l'arrière-garde de l'armée du prince Mentschikoff. Telle fut la précipitation que les troupes russes mirent dans leur retraite, qu'elles abandonnèrent sur le terrain beaucoup de voitures chargées de vivres et qu'une batterie d'artillerie culbuta ses chariots, chargés de munitions, sur la gauche de la rampe qui descend du plateau de Mackensie dans la vallée de la Tchernaïa.

Un zouave nommé Rousseau trouva, au fond d'un ravin, les deux étendards d'une batterie d'artillerie; il les apporta à son colonel, qui le nomma caporal et le conduisit avec sa prise au prince Napoléon. Le prince félicita le nouveau caporal et lui dit : « Prenez ces quelques pièces d'or *qui portent l'effigie de mon père*, et conservez-les comme un souvenir du jour où vous avez reçu votre premier grade [1]. »

Le 26, l'armée descendit du plateau de Mackensie pour se diriger, par la route de Balaclava, sur la vallée de la Tchernaïa.

La 3ᵉ division avait été désignée pour former l'extrême arrière-garde. Au moment où elle allait commencer son mouvement, le colonel vit une tente isolée restée seule, debout sur le plateau; près de cette tente était une voiture couverte prise aux Russes : la tente était celle du maré-

---

[1] On a retrouvé à la Monnaie les matrices ayant servi pour les pièces d'or à l'effigie de l'ex-roi de Westphalie; le prince Jérôme en a fait frapper un certain nombre qu'il a données à plusieurs personnes.

chal de Saint-Arnaud, qui avait remis, quelques heures auparavant, le commandement de l'armée au général Canrobert, la voiture celle du prince Mentschikoff.

Les soldats ne savaient pas encore qu'ils avaient un nouveau chef.

Le maréchal avait donné aux zouaves tant de preuves de son attachement, que le colonel demanda au prince Napoléon l'autorisation d'aller faire ses adieux à son ancien général et offrir de l'escorter avec un de ses bataillons si, comme on l'affirmait, il était possible de gagner Balaclava en deux petites heures de marche et en suivant un chemin de traverse tracé à travers le bois et à peu de distance des positions occupées par l'armée russe.

En arrivant près de la tente du maréchal, le colonel entendit quelques plaintes arrachées par la douleur; il reconnut, non sans éprouver une vive émotion, la voix du chef qu'il avait connu autrefois en Afrique si spirituel et si gai. Il entra dans la tente où le moribond, entouré de ses aides de camp et étendu sur un tapis, était en proie aux plus vives souffrances.

Le maréchal remercia le colonel par un regard sympathique, il essaya de lui tendre la main, mais il tomba affaibli par la douleur. Le général Jusuf entraîna le colonel hors de la tente, et se jetant dans ses bras, il s'écria d'une voix étouffée par les sanglots : « Mon pauvre Cler, nous ne le reverrons plus ! »

Un moment après, la voiture s'approcha de l'entrée de la tente. Le maréchal fit un grand effort pour se lever; soutenu par son médecin et un de ses aides de camp, il voulut arriver *debout* à sa voiture, pensant qu'il serait vu par l'armée. A peine avait-il touché le marche-pied qu'il fut pris par une syncope et tomba sur le matelas placé au fond. Pendant un instant on crut que cet effort l'avait tué...

Ce fut la dernière fois que le colonel Cler vit le maréchal. Il ignorait à ce moment le glorieux héritage laissé aux zouaves des trois régiments dans le rapport écrit sur le champ de bataille de l'Alma, héritage que ces braves cherchèrent à conserver intact en le scellant du plus généreux et du plus pur de leur sang.

IV

Arrivée à la Tchernaïa vers le milieu de la journée, la division passa cette rivière et établit son bivouac sur le versant des monts Fédioukines, en arrière du canal qui conduit les eaux de la Tchernaïa à Sébastopol.

Le lendemain, l'armée française se rendit dans la plaine de Balaclava. Lorsque les officiers du 2e de zouaves passèrent devant la maison où étaient lord Raglan et son état-major, un aide de camp vint prier le colonel d'entrer pour recevoir une communication de son général.

Lord Raglan désirait faire parvenir le plus tôt possible un avis très-important au général Canrobert. Il était en effet de la plus haute importance pour ce dernier d'apprendre que, d'après le rapport des espions, l'armée du prince Mentschikoff, en marche sur Baktchi-Saraï, revenait par la haute Tchernaïa et pouvait déboucher d'un instant à l'autre sur les lignes de l'armée des alliés. Le colonel du 2e de zouaves se rendit immédiatement au bivouac du nouveau général en chef, établi dans les jardins de Balaclava. A peine de retour au milieu de ses zouaves, il reçut l'ordre de faire prendre les armes à son régiment pour accompagner le général en chef et le prince Napoléon, qui allaient pousser une reconnaissance jusqu'à un mamelon très-élevé dominant les collines qui partagent en deux la plaine de Balaclava et courent parallèlement aux monts Fédioukines. Ce mamelon formait la clef des débouchés de la basse plaine de Balaclava, où bivouaquait en ce moment toute l'armée des alliés.

Le 2e de zouaves s'y établit ainsi que deux bataillons turcs et deux bouches à feu. En cas de retour de l'armée russe, ces troupes avaient ordre de se maintenir, coûte que coûte, dans cette position et de ne pas l'abandonner. Le lendemain matin, les rapports des espions ayant annoncé que le prince Mentschikoff avait repris son mouvement de retraite vers le nord, le mamelon fut abandonné. Il prit par la suite le nom de *Mamelon Canrobert*.

Le 29, la 3e division quitta son bivouac de la plaine de Balaclava pour aller occuper le plateau de Chersonèse, le lendemain, 30 octobre, dans la soirée, elle se porta sur l'emplacement qui devait être le sien pendant le siége, à droite de la 4e division, dans une dépression du sol couverte de broussailles et de vignes, en arrière d'une maison appelée plus tard *Maison des zouaves.*

Pendant l'opération qui devait compléter l'investissement de la partie sud de Sébastopol, cette maison, d'une belle apparence, placée sur une élévation, à portée de canon de la place, fut occupée par deux compagnies du régiment. L'intendant parlait assez bien le français : il vint au-devant du colonel pour lui annoncer que son maître, ingénieur d'origine anglaise, qui avait dirigé la construction des bassins du port de Sébastopol, ne serait pas fâché d'apprendre que sa demeure était occupée par les troupes françaises. Il ajouta que les Russes, pleins de reconnaissance pour les services qui leur avaient été rendus par l'ingénieur, respecteraient sa maison, et qu'aucun projectile ne serait dirigé sur elle. Puis, prenant à part le colonel, il l'avertit que, les caves étant pleines de vin, ses zouaves pourraient réparer l'abstinence à laquelle ils étaient sans doute condamnés depuis leur débarquement en Crimée.

Cette trouvaille, tout heureuse qu'elle était, ne laissait pas que de donner quelques inquiétudes au colonel. Quelque assuré qu'il pût être de la soumission de ses zouaves, il ne les croyait pas assez vertueux, lui absent, pour passer toute une nuit sans succomber à la tentation, à côté de tonneaux remplis de ce jus de la treille pour lequel les soldats de toutes les nations du monde professent un si véritable culte. Il réunit le poste qui devait garder la maison pendant la nuit, il le plaça sous le commandement du capitaine Blanchet, vigoureux officier, et il avertit les zouaves que « la maison et ses caves lui avaient été livrées avec trop de confiance pour qu'il n'eût pas à craindre un piége ; que sans doute les Russes, qui connaissaient leur goût prononcé pour le vin, profiteraient de leur ivresse pour venir les enlever pendant la nuit. » Les troupiers, peu convaincus, répondirent à leur chef d'une voix lamentable : « Permettez-nous d'en boire chacun un quart ; il y a si longtemps que nous en sommes privés ! — Ni un quart, ni un demi-quart, répondit le colonel ; officiers et soldats attendront à demain pour trinquer à la santé de ce bon Russe qui nous fait livrer avec tant de courtoisie le produit de ses vignes. »

Les zouaves obéirent bien à contre-cœur à cet ordre cruel, car le capitaine Blanchet ne plaisantait pas quand il était chargé de faire exécuter une consigne. Beaucoup, comme ils l'avouèrent plus tard, en se sentant couchés au-dessus de caves pleines, eurent le *cauchemar des ivrognes.*

Le lendemain, le colonel tint sa parole : chaque zouave du régiment reçut, en deux distributions, un litre de vin blanc ou rouge, qui, malgré un parfum de rose assez prononcé, fut trouvé d'autant meilleur qu'on le tenait de l'ennemi.

Pendant le siége, la Maison des zouaves, qui servait souvent d'observatoire, fut constamment respectée par l'artillerie de la place, ainsi que l'avait affirmé l'intendant de l'ingénieur.

Dans les premiers jours du mois d'octobre, le matériel de siége et les approvisionnements de l'armée furent débarqués dans une baie profonde et sûre, reconnue par la marine française, près d'un petit village appelé Kamiesch,

bâti à deux petites lieues au sud de Sébastopol. Plus au
sud encore en existait une autre portant le nom de Kasatch.
Ces deux baies furent très-utiles à la marine et à l'armée
françaises ; elles reçurent des soldats le nom de *ports de la
Providence.*

Après le débarquement de l'armée sur la plage d'Old-
Fort, le colonel du 2ᵉ de zouaves avait profité du bon vouloir de l'une de ses cantinières pour la renvoyer avec la
flotte à Varna, afin d'y acheter un ravitaillement de vivres
d'ordinaire qu'elle devait payer avec quelques économies et
quelques avances de fonds qui lui furent faites par les officiers. Le commandant du *Bayard* avait bien voulu prendre à bord de son vaisseau la cantinière et son ravitaillement, et les ramener en Crimée avec les premières troupes
débarquées à Kamiesch.

Les zouaves reçurent avec acclamation ces provisions
qui arrivèrent juste à temps pour remplacer les vivres d'ordinaire emportés dans les sacs en partant de la Bulgarie.

Le service rendu au régiment par la brave cantinière,
nommée Dumont, mérite d'autant mieux d'être signalé que
la pauvre femme eut, pendant son absence, son mari blessé
à la bataille de l'Alma, et que les fatigues de trois traversées consécutives, jointes aux germes du choléra qu'elle
rapporta de Varna, causèrent sa mort quelques jours après
son débarquement.

Du 1ᵉʳ au 9 octobre plusieurs reconnaissances furent
faites du côté de Sébastopol.

Les bataillons du régiment furent employés à ce service
et commandés aussi pour garder les abords du camp du

côté de la place. Les Russes, sans doute, pour donner le change sur les distances, qui pouvaient difficilement être appréciées dans un terrain ondulé, lancèrent à toute volée, pendant les premiers jours, d'énormes projectiles dont quelques-uns arrivèrent jusque dans le camp des alliés.

Les 3e et 4e divisions, et plus tard la 5e, formèrent le corps de siége, qui fut placé sous les ordres du général Forey.

Le 9 au soir, tout était prêt pour l'ouverture de la tranchée : 1,600 travailleurs, soutenus par plusieurs bataillons, furent désignés pour accomplir cette importante opération. La presque totalité des compagnies du 2e de zouaves fut commandée pour ce service.

Contrairement à l'attente générale, les Russes n'inquiétèrent ni par leurs feux ni par leurs sorties cette opération, réputée l'une des plus épineuses d'un siége.

A partir du 10 octobre, les deux bataillons du régiment fournirent avec les autres troupes les différents services de tranchée.

Cette guerre ressemblait peu à celle que les zouaves avaient faite en Afrique. Au lieu d'attaquer un ennemi visible, sur un vaste champ de bataille, où l'intelligence pouvait venir en aide au courage, il fallait cheminer pied à pied dans un terrain difficile et rocheux, se blottir dans un trou pendant vingt-quatre heures pour garder les travailleurs ou les travaux commencés, et combattre bien plus avec la pioche qu'avec le fusil. Cette nouvelle lutte, dans laquelle un ennemi invisible les écrasait de ses feux, puis profitait d'une nuit sombre pour attaquer les travailleurs et les gardes de tranchée, souvent engourdis par le froid, n'abattit jamais le moral des zouaves. Ils égayaient toujours leurs rudes labeurs par quelques histoires grivoises ou par quelques plaisanteries assaisonnées de cet esprit gaulois qui, à toutes les époques, est venu en aide au soldat français et lui fait traverser avec courage les moments les plus difficiles. Que de fois, lorsque les compagnies rentraient de la tranchée avec un appétit aiguisé par douze heures de travail ou par vingt-quatre heures de garde, au moment où le soldat allait commencer son joyeux repas autour du feu du bivouac, savourant à l'avance le fumet de la turlutine[1], que de fois l'ordre arrivait de retourner pour renforcer les travailleurs menacés ou pour repousser une attaque! Alors, sans doute, le zouave grognait un moment, à peu près comme le chien de chasse à qui le maître enlève un os. C'était chose assez triste, en effet, que d'abandonner les délices du camp pour se livrer encore, et le ventre vide, à la *guerre des taupes*[2]; mais quelques mots encourageants et quelques bonnes plaisanteries des chefs ramenaient la gaieté sur son visage et dans son esprit. Il obéissait presque avec joie.

Le 16 octobre, toutes les batteries ayant été terminées et armées, les généraux en chef décidèrent que le feu serait ouvert le lendemain matin. Les batteries de terre devaient écraser le fort de la Quarantaine et les bastions

---

[1] La turlutine, qui joue le principal rôle dans l'alimentation du soldat en campagne, se prépare en faisant cuire du biscuit pilé avec du riz et du lard.

[2] La guerre de siège est appelée par les soldats *guerre des taupes*.

Central et du Mât, pendant que les vaisseaux embossés à portée de la place, couvriraient de leurs projectiles toute la partie sud de Sébastopol.

Le 17, à six heures et demie du matin, au signal de trois bombes, toutes les batteries françaises et anglaises jouèrent à la fois.

L'artillerie de la place répondit aussitôt, et pendant quatre heures la canonnade se maintint avec des succès variés des deux côtés ; mais les batteries françaises ayant été fortement endommagées par les projectiles ennemis et par l'explosion d'un magasin à poudre et d'une caisse à gargousses, à dix heures un quart l'ordre fut donné de cesser le feu.

Malheureusement la flotte ne put s'embosser assez à temps pour bombarder la place en même temps que les batteries de terre.

Le 17 au matin, les troupes du corps de siége avaient reçu l'ordre de prendre les armes, de se placer sur le front de bandière des camps et de se tenir prêtes à marcher.

Le commandement de toutes les troupes destinées à livrer l'assaut avait été donné, sur sa demande, au prince Napoléon. Une colonne de 700 hommes, formée de 400 zouaves et de 300 soldats pris dans toutes les compagnies d'élite des corps de la 3e division, devait être commandée par le colonel du 2e de zouaves, et former la première colonne d'assaut.

Tous les zouaves demandant à faire partie de cette première colonne, on dut les choisir dans les soldats de première classe, en suivant le contrôle d'ancienneté.

Le prince Napoléon, qui connaissait les immenses dangers que cette colonne aurait à surmonter en parcourant
à découvert, de jour, sous le feu de toute l'artillerie de la
place, une longue étendue de terrain, autorisa le colonel
Cler à promettre en son nom, aux hommes, qu'il em-
ploierait toute son influence pour faire donner la croix ou
au moins la médaille militaire à tous ceux qui entreraient
dans la place.

L'enthousiasme fut grand, et la petite colonne d'assaut,
placée près de la *Maison des zouaves*, attendit avec une
impatience fébrile l'ordre de marcher à l'ennemi.

Le peu de résultats obtenus par le feu des batteries fit
différer l'assaut. Entre midi et une heure, les troupes
rentrèrent au camp. Les travaux du siége furent continués,
et chaque jour le régiment prit sa part du service des
travailleurs et de celui des gardes de tranchée.

Dans la nuit du 22 au 23 octobre, le tracé de la deuxième
parallèle fut commencé. Cette opération importante fut
protégée en avant par 250 zouaves et 400 chasseurs à
pied placés sous les ordres du capitaine Banon. Au jour,
ces troupes rentrèrent dans la tranchée en laissant seulement quelques tirailleurs dans des trous de loup creusés
en avant; le relief de la parallèle était déjà assez élevé
pour pouvoir couvrir les travailleurs.

Le 26 octobre, le colonel eut le commandement des
détachements destinés à garder la tranchée, et le 2e bataillon du régiment fit partie de ces troupes.

Pendant la journée une forte démonstration des Russes
avait eu lieu sur les lignes de Balaclava, tandis qu'une

sortie était dirigée de la place sur les tranchées anglaises.
Le soir, le colonel fut averti par le général commandant
le corps de siége, et par le général de tranchée, qu'il aurait très-probablement à repousser, pendant la nuit, une
vigoureuse attaque de la garnison; quatre bataillons de
renfort furent mis sous son commandement pour garder
les travaux. Ces bataillons furent disposés de manière à
envelopper les Russes dès qu'ils seraient arrivés sur les
parallèles. Le 2e bataillon de zouaves, directement sous les
ordres de son colonel, fut placé de façon à inquiéter et à
couper, si l'occasion était bonne, la retraite aux assiégés.
Les Russes, prévenus peut-être des dispositions faites dans
les tranchées, ne tentèrent aucune sortie.

Pendant les vingt-quatre heures que le 2e bataillon
passa à la tranchée, il eut à déplorer la mort de plusieurs
braves soldats.

Les Russes avaient démasqué le matin quelques batteries placées dans les lignes de *contre-approche*, qui inon-
dèrent de projectiles les tranchées extrêmes.

Des boulets, des obus enfilèrent les boyaux de communication, et des bombes éclatèrent au milieu des compagnies.

Le caporal Mouchet eut la cuisse brisée par un éclat
de bombe; le colonel, qui savait qu'il était bon et brave
soldat, lui serra la main en le nommant immédiatement
sergent; il l'engagea à avoir bon courage quand il serait
entre les mains des chirurgiens, lui promettant de le
renvoyer dans son village avec la croix d'honneur.

Mouchet supporta bien l'amputation; il fut décoré, et il

avoua que l'espoir d'obtenir cette distinction avait été pour beaucoup dans sa guérison.

Cette journée de tranchée coûta encore au régiment le capitaine du Lude. Le capitaine du Lude, blessé au poignet au commencement de la bataille de l'Alma, était resté à la tête de sa compagnie. Ne voulant pas entrer à l'ambulance, il avait continué à faire son service, et pendant les premiers jours du siége sa blessure avait été compliquée par la jaunisse et la dyssenterie. Le 26, il voulut, quoique très-faible et ayant le bras en écharpe, accompagner son colonel à la tranchée ; il fut atteint, peu de temps après son arrivée, par une balle de mitraille qui lui brisa la tempe.

Le capitaine Coupel du Lude était un des meilleurs officiers du régiment; il fut regretté par tout le monde, et plus particulièrement par son colonel, son ancien camarade d'école militaire, qui avait su apprécier son mérite et son courage.

Dans les derniers jours d'octobre et les premiers du mois de novembre, les compagnies du régiment furent souvent commandées de service. Quelques hommes furent tués, surtout parmi les zouaves volontaires employés au service des batteries comme artilleurs auxiliaires. Beaucoup furent blessés. Parmi ces derniers était le médecin-major Gaullet, qui reçut dans les reins un sac à terre déplacé par le choc d'un boulet.

La grande quantité de projectiles que les Russes lançaient constamment sur la tête des attaques, retardait considérablement la marche des travaux, fort difficiles, du reste, à pratiquer dans un terrain dur, mêlé de roches qu'il fallait quelquefois enlever au moyen de la mine. Le général en chef voulut tenter un effort suprême; il chargea le général Forey de préparer une attaque pour la nuit du 5 au 6 novembre.

Le général Forey choisit pour conduire cette attaque le colonel du 2ᵉ de zouaves. Il devait, le 5 au matin, aller avec cet officier supérieur reconnaître la partie de la place comprise entre le bastion du Mât, le haut du port militaire et le bas du ravin qui séparait les tranchées françaises des tranchées des Anglais. Pour cette attaque par escalade, le colonel devait avoir sous ses ordres une colonne formée de zouaves, de soldats d'élite, de sapeurs du génie et de marins de la flotte, ces derniers portant des échelles et des grappins pour franchir tous les obstacles; les sapeurs du génie avaient ordre de se munir de sacs pleins de poudre, de pétards et de haches pour renverser les palissades et la porte placée dans la partie supérieure du port militaire.

Il avait été décidé que la colonne profiterait de la nuit pour s'avancer silencieusement sur le corps de la place, afin d'ouvrir le passage à d'autres troupes. Dès que le colonel se serait rendu maître d'un point du corps de place, il devait détacher une partie de ses forces en avant, dans la direction du théâtre, garder le passage avec l'autre partie, et faire immédiatement prévenir les réserves échelonnées en arrière... Le canon d'Inkermann fit abandonner ce nouveau projet d'attaque.

LIVRE CINQUIÈME

LA CRIMÉE

I

Le 5 novembre 1854, jour mémorable dans les fastes des armées française et anglaise, le 2ᵉ régiment de zouaves ne devait jouer qu'un rôle passif dans la sanglante bataille qui se livrait d'une part à Inkermann, de l'autre en face des tranchées, où venait s'éteindre une jeune et chevaleresque existence, celle de l'intrépide de Lourmel. Le matin même du 5, le 2ᵉ bataillon du 2ᵉ de zouaves était de garde sous les ordres du commandant Adam; le 1ᵉʳ, avec le commandant Malafosse, s'apprêtait à prendre place dans la colonne du général de Monet pour aller relever les gardes de tranchées. Le colonel était au camp avec deux compagnies.

Vers sept heures, une forte canonnade se fait entendre sur la droite. Elle est trop éloignée pour venir des attaques anglaises contre la place. Tout porte à croire que les Russes renouvellent sur un point de la ligne d'observation la tentative de Balaclava.

Bientôt, en effet, on apprend qu'un engagement terrible a lieu au camp anglais. Des forces considérables sorties de Sébastopol attaquent nos alliés. Tandis que tout se prépare pour voler à leur secours, le colonel du 2ᵉ de zouaves, qui a obtenu du prince Napoléon l'ordre de marcher avec tout ce qui lui reste de son régiment, forme un détachement de 350 hommes, et se dirige vers les positions occupées par les troupes anglaises. Il ne tarde pas à rejoindre la brigade de Monet et le bataillon du commandant Malafosse. Ces troupes avaient quitté la direction des tranchées pour s'avancer au canon.

Sur les neuf heures, la brigade de Monet débouche sur le mont Sapoune, à hauteur du moulin d'Inkermann. Le général Canrobert lui donne immédiatement l'ordre de s'établir sur le haut des pentes qui dominent la vallée de la Tchernaïa, afin de se montrer au corps russe qui, occupant le versant des monts Fédioukines, ainsi que la plaine entre le canal et la rivière, semble vouloir faire une démonstration sur cette partie de nos lignes.

Le général de Monet prend avec lui le 19e bataillon de chasseurs à pied, les deux bataillons des 20e et 22e léger, et prescrit au colonel Cler de se mettre à la tête des zouaves et de trois compagnies d'infanterie de marine.

« Élargissez vos culottes, afin de paraître nombreux, » avait dit le colonel à ses zouaves. En effet, la mission de cette petite troupe (1,000 hommes environ) était d'en imposer par son attitude au corps de Liprandi, chargé de faire une diversion sur l'extrême gauche de l'attaque russe et d'empêcher les Français de porter secours à leurs alliés. La brigade de Monet remplit parfaitement sa mission. On n'en saurait dire autant du corps de Liprandi, qui se borna à la plus insignifiante canonnade pendant toute cette sanglante matinée, après avoir fait prendre position à la cavalerie dans la petite plaine de Balaclava, et sur la rive droite de la Tchernaïa.

Les troupes françaises de la 2e division commençaient cependant à prendre part à la bataille. La brigade d'Autemarre appuyait la brigade Bourbaki, déjà fortement engagée. Les bataillons anglais, qui depuis le matin soutenaient avec une héroïque fermeté tout l'effort d'un ennemi quatre fois supérieur, décimés par la mitraille, se ralliaient sur leurs lignes et contre la batterie nommée le soir même batterie de l'*Abattoir*. Le général en chef vient d'être blessé; il ordonne à la brigade de Monet de quitter la crête du mont Sapoune pour se porter en seconde ligne en arrière des Anglais et des troupes de la 2ᵉ division, de manière à former une première réserve tout en veillant sur notre artillerie en batterie dans le haut du champ de bataille. Se tournant ensuite vers le colonel du 2ᵉ de zouaves : « *Allez doubler les bonnets à poils*, lui dit-il; mais comme vous formez, en ce moment, ma seule réserve, et que je puis être attaqué sur ma droite, modérez l'ardeur de vos zouaves, attendez mes ordres pour vous engager. »

Les zouaves franchissent alors rapidement le terrain couvert de broussailles qui les sépare des gardes anglaises. Arrêtés à peu de distance de nos alliés, ils s'établissent sur une seule ligne déployée de façon à observer les pentes de la Tchernaïa, tout en se maintenant à la droite des bataillons du général de Monet, qui ont le 50ᵉ régiment à leur gauche.

Les zouaves restent ainsi l'arme au bras, calmes en apparence, sous le feu des batteries ennemies, mais, par le fait, impatients de prendre une part plus active à la bataille [1].

Heureusement pour ces braves soldats, dont le sang est si précieux, les ondulations du terrain permettent de les

[1] Un instant ils purent espérer que leur ardent désir allait être exaucé : l'ordre venait d'être donné à leur colonel de porter en avant son échelon, de traverser rapidement le champ de bataille et de poursuivre l'ennemi jusqu'à la Tchernaïa. Après avoir franchi un espace de douze cents mètres environ, un contre-ordre vint les arrêter et ils prirent position à peu de distance en arrière de la batterie de l'*Abattoir*.

défiler en partie des boulets lancés par la grande batterie russe établie à gauche et dans le haut du ravin des Carrières. Malgré cette disposition, 80 hommes de la brigade de Monet sont encore mis hors de combat. Le prince Napoléon, qui s'est d'abord porté vers l'attaque tentée sur les tranchées françaises, ne tarde pas à rejoindre la première brigade de sa division.

Vers la fin de l'après-midi, lorsque les Russes ayant acquis la certitude qu'ils feraient des efforts inutiles pour rompre nos lignes, battirent en retraite en repassant en désordre le pont d'Inkermann, les troupes du général Bosquet regagnèrent leurs camps, et la brigade de Monet resta sur le terrain, afin de pouvoir s'opposer à toute tentative de l'ennemi en cas de retour offensif de sa part, soit dans la soirée, soit pendant la nuit.

Les derniers coups de canon étaient à peine tirés que le duc de Cambridge venait féliciter les troupes françaises et mettre à la disposition de la brigade de Monet tout ce qui était dans son camp, priant le général d'envoyer immédiatement chercher des barils de rhum pour distribuer à ses soldats forcés de bivouaquer sans leurs tentes-abris. C'était à qui de nos braves alliés encore debout presserait la main de ceux qu'ils appelaient leurs libérateurs.

Lord Frédéric Paulet, colonel des coldstream-guards, dont la tente était près du bivouac des zouaves du colonel Cler, dit à ce dernier, en lui serrant tristement la main : « Venez dans ma tente; la nuit dernière elle était encore occupée par trois bons camarades, tombés aujourd'hui au champ d'honneur. Je suis seul, maintenant, acceptez dans mon cœur la place qu'y tenaient mes amis. »

Tel fut le début de cette camaraderie qu'on remarqua depuis entre les gardes anglaises et les zouaves, camaraderie de bon aloi, car elle commença sur le champ de bataille d'Inkermann, continua pendant un hiver long et rigoureux, et se trouve cimentée aujourd'hui par le souvenir des dangers bravés et des privations souffertes en commun.

La nuit qui suivit cette sanglante bataille fut triste. Les soldats des deux nations parcouraient lentement le terrain jonché de morts et de mourants pour porter secours aux blessés encore étendus sur le sol, et qu'on n'avait pas eu le temps de relever. C'était un spectacle lugubre que celui qu'offrait alors le champ de bataille, sillonné par des groupes interrogeant à la lueur incertaine des fallots les cadavres étendus sur tous les points. Le ciel était sombre, la température froide, une brise glacée soufflait de la mer, agitant les broussailles et apportant les bruits vagues de la cité russe mêlés au son des cloches sonnant les glas funèbres. A chaque pas on se heurtait à des morts, à des blessés. Bien rarement on avait la chance de trouver un brave dont on pouvait espérer encore sauver les jours. Le plus souvent ceux qui avaient conservé un souffle d'existence, tournaient vers leurs camarades un regard qui renfermait une dernière pensée, un dernier vœu, pensée qu'il était impossible de comprendre, vœu qu'il n'était au pouvoir de personne d'accomplir !

A la pointe du jour, le colonel du 2ᵉ de zouaves poussa une reconnaissance jusque sur le haut des pentes qui font face aux ruines d'Inkermann et à la partie supérieure du port. En revenant, il explora le champ de bataille avec le colonel Herbert, chef d'état-major de la 2e division anglaise. Bientôt on put s'occuper de faire relever les nombreux blessés russes qui encombraient encore le terrain. Ces malheureux venaient de passer une nuit non moins terrible que la matinée de la veille. Ils supportaient avec résignation leurs affreuses souffrances. Plusieurs, en reconnaissant les uniformes français, faisaient le signe de la croix, et s'écriaient d'une voix douce et suppliante : « *Pardonne, Français christiane...* »

Touchant éloge d'une religion de pardon et de charité que cette marque de reconnaissance échangée sur un champ de bataille par des peuples ennemis, qui diffèrent de secte, mais dont la croyance a une origine commune.

Presque tous les soldats russes frappés mortellement portaient sur le visage l'empreinte de la douceur. Ceux qui étaient tombés en arrière avaient, au momeut de mourir, placé leurs mains en avant, soit pour demander grâce, soit pour se préserver du danger. Tous ils avaient au cou des médailles ou des petites chapelles en cuivre renfermant des images de saints. Il y avait des portions de terrain littéralement couvertes de morts, de mourants ou de blessés. Des morceaux d'affûts et de roues, les débris noircis des caissons qui avaient sauté, des amas de projectiles, marquaient l'emplacement de la grande batterie russe de *position*, établie pendant la bataille sur la déclivité du contre-fort en arrière de la route qui descend à la Tchernaïa, et celui de la batterie de *campagne* anglo-française qui lui faisait face sur le haut du champ de bataille entre le *redan de l'Abattoir* et la route. De nombreux cadavres de chevaux, horriblement déchirés et éventrés par les boulets et les obus, gisaient en arrière de l'emplacement de ces deux batteries.

Le champ de bataille, coupé par des bouquets de broussailles, était, dans toutes ses autres parties, couvert de fusils dont les baïonnettes en rendaient le parcours très-difficile, surtout pour les cavaliers.

Au moment où le colonel du 2e de zouaves remontait la route parallèle au ravin des Carrières, son attention fut tout à coup attirée par une sorte de murmure, de clameur funèbre s'élevant sur la gauche des profondeurs du ravin. Là gisaient entassés pêle-mêle plusieurs milliers de morts et de mourants. Des bras s'agitaient sur cette couche jaunâtre comme pour implorer la pitié. Des voix lamentables cherchaient à articuler des paroles qui arrivaient confuses comme la dernière expression de douleur et de regrets s'échappant d'un vaste sépulcre.

Dès qu'on eut relevé les blessés anglais et français, les infirmiers des deux nations se dirigèrent vers le ravin, lieu sinistre et terrible à voir, pour porter secours aux malheureux Russes encore vivants; mais, par une étrange fatalité, une erreur cruelle, les batteries ennemies couronnant les ruines d'Inkermann se mirent à tonner, et les projectiles forcèrent les infirmiers de cesser leur pieuse et charitable mission. Espérons, dans l'intérêt de l'humanité, que les Russes ont pris ces détachements soit pour des

troupes en reconnaissance, soit pour des corps se prépa-
rant à une attaque.

Un grand nombre de cadavres gisaient encore sur la
ligne des retranchements anglais, à droite et à gauche de
'a route. Des rangs entiers, couchés sur le sol, marquaient
la place des pelotons qui, la veille, avaient succombé en
défendant le camp de la 2e division anglaise contre l'attaque furieuse du corps de Soïmonof. En avant de la
batterie de l'Abattoir, les glacis disparaissaient sous une
couche de cadavres.

De larges fosses ou plutôt de véritables tranchées furent
creusées dans les parties basses du champ de bataille où
l'on put rencontrer un peu de terre végétale; puis les corps
des soldats anglais et français furent descendus et déposés
par couches dans ce lieu de repos, tandis qu'on ensevelit
ceux des Russes dans des fosses à part; en outre, on jeta
plus de 500 cadavres ennemis dans un grand four à chaux
situé au fond du ravin des Carrières.

On compta dans la matinée, sur ces parties du champ de
bataille, environ 3,000 Russes morts. Le lendemain, à la
suite des recherches faites sur tous les points, et après
interrogation des prisonniers et déserteurs, on put évaluer
approximativement la perte de l'ennemi, dans la journée
du 5 novembre, à environ 12,000 hommes mis hors de
combat ou tombés au pouvoir des troupes alliées [1].

Selon toute apparence, de malheureux blessés russes
échappèrent aux recherches pieuses de nos infirmiers, car,

---

[1] Les rapports russes portent les pertes de leur armée à 8,760 hommes.

douze jours après cette sanglante bataille, le colonel du
2e de zouaves, en allant placer un poste près de l'aqueduc
qui bordait le bas du ravin des Carrières, trouva quatre
soldats ennemis blessés le 5, et respirant encore. Ils étaient
étendus sous une roche. Aux questions qu'il leur fit pour
savoir comment ils avaient pu vivre, ces infortunés répondirent en montrant le ciel qui leur donnait du courage,
qui leur envoyait de l'eau, et en indiquant quelques restes
de pain noir moisi trouvés dans les musettes des nombreux
morts tombés autour d'eux. On s'empressa de les faire
porter aux ambulances françaises ; mais, malgré les soins
qu'on leur prodigua, trois d'entre eux ne tardèrent pas à
succomber ; un seul survécut, et fut évacué sur Constantinople.

Les explorations qui furent faites de cet affreux champ
de carnage permirent de constater, dès cette époque, une
différence notable entre les soldats russes tués à l'Alma et
ceux qui périrent dans les affaires suivantes. A l'Alma, les
cadavres ennemis présentaient l'apparence de la santé ;
leurs effets d'habillement, de linge et chaussure étaient
propres, en bon état. A Inkermann, les corps portaient
déjà des marques de fatigue, de souffrance. Ils se conservèrent cependant plusieurs jours sans entrer en putréfaction, à cause du froid, à tel point même que trois mois
plus tard on découvrit près du canal de dérivation, au bas
du ravin dit de la Source, plusieurs cadavres arrivés a
l'état de momies parcheminées. Pendant le siége, et après
Inkermann, les corps laissés entre les tranchées et la place
se décomposaient très-promptement. A Tractir et à Ma-

lakoff, le 16 août et le 8 septembre, ils devinrent noirs, et entrèrent de suite en putréfaction. Ces observations prouvent avec quelle rapidité les rudes labeurs du siége, les privations de toute nature éprouvées par les troupes russes modifièrent les facultés physiques des défenseurs de Sébastopol, et détériorèrent les organisations les plus vigoureuses.

II

Le 6 novembre, un grand conseil de guerre eut lieu au quartier général anglais. Il y fut décidé, entre autres choses, que le 2ᵉ de zouaves et le régiment d'infanterie de marine de la division Napoléon seraient mis sous les ordres du colonel Cler, ainsi qu'une batterie, et qu'on détacherait ce petit corps de troupes de l'armée française pour le faire camper au centre de l'ordre de bataille de nos braves alliés, près du moulin d'Inkermann.

Le colonel Cler dut s'entendre avec les généraux anglais pour garder le terrain compris entre le ravin du Carénage et les hauteurs du mont Sapoune jusqu'à la redoute Canrobert. En cas d'attaque de l'armée russe, cet officier supérieur avait pour instruction d'agir comme il l'entendrait, et de faire pour le mieux en suivant ses propres inspirations jusqu'à l'arrivée sur le terrain des généraux Canrobert ou Bosquet, desquels il relevait directement, et qui seuls devaient lui donner des ordres.

Les troupes alliées occupèrent alors les positions suivantes sur la ligne d'observation :

La division légère de l'armée anglaise face à Malakoff, étendant sa droite au delà du haut du ravin du Carénage. La 2e division sur le point culminant du champ de bataille, en arrière de la ligne des retranchements, appuyant sa droite aux crêtes de la vallée de la Tchernaïa. Entre la 1re et la 2e division, deux bataillons des gardes anglaises. A hauteur de la redoute Canrobert, en arrière des crêtes, le bataillon des coldstream-guards.

Les quatre bataillons et la batterie d'artillerie du colonel Cler étaient placés en arrière des gardes anglaises, un peu en avant et sur la droite du moulin d'Inkermann. Ces bataillons, afin d'être toujours prêts à se porter sur les points menacés, étaient restés en colonne par division, à distance de peloton, leurs bivouacs installés dans cet ordre, les zouaves à droite et l'infanterie de marine à gauche. La petite ambulance attachée à cette brigade était placée dans le haut du ravin du Carénage, près du moulin; l'artillerie était en arrière des bataillons, et le génie sur la même ligne, plus à droite. A quelques centaines de mètres en arrière étaient campés quelques bataillons turcs et les états-majors de l'artillerie et des ambulances de l'armée anglaise. Ces dispositions furent presque toujours maintenues pendant l'hiver. Dans le courant de décembre, les fusiliers-guards et les grenadiers-guards vinrent bivouaquer entre les coldstream-guards et les zouaves. Au mois de février seulement, quelques corps de la ligne changèrent de bivouac. Le colonel Cler, en prenant le commandement du petit corps français laissé si près d'Inkermann, au milieu de l'armée anglaise, s'empressa de s'entendre avec le général-major Pennefather, officier d'un jugement droit et d'une grande expérience, commandant la 2e division, et chargé de défendre toute la ligne au delà du champ de bataille et sur les versants de la rivière, jusqu'à la redoute Canrobert. Les avant-postes des zouaves furent placés de manière à observer les débouchés des ravins et la basse Tchernaïa.

Les meilleurs rapports de bonne camaraderie ne tardèrent pas à s'établir entre les soldats des deux nations. Ils partageaient en frères d'armes le service difficile et si important des avant-postes. Les premières nuits furent souvent troublées par des alertes qu'occasionnaient des mouvements de l'armée ennemie. Le souvenir des tentatives faites par l'armée russe dans la matinée sanglante du 5 novembre, les dires exagérés des déserteurs tenaient continuellement sur le qui-vive.

Dans la crainte d'une nouvelle attaque sur le terrain même où avait été livrée la bataille, les troupes anglaises et françaises élevèrent plusieurs ouvrages pour défendre la partie du mont Sapoune qui descend vers la basse Tchernaïa. La redoute de gauche, construite par les Anglais, prit leur nom. Sur le contre-fort parallèle à la route, vers la droite, un ouvrage construit par les Français, vis-à-vis la batterie russe du Phare, prit le nom de *redoute du Phare*. Les ouvrages des ravins des Carrières et de la Source reçurent des épaulements destinés à couvrir des batteries de campagne.

La batterie de l'*Abattoir* ne fut point armée. Sur le haut du champ de bataille, en avant du front de bandière de la 2e division anglaise, les Français élevèrent également une grande redoute qui fut appelée *Redoute du 5 novembre*. Enfin, pour compléter ce système de défense, ce dernier ouvrage fut relié à la redoute Canrobert, occupé par les Français, par des lignes à intervalles et à front continus qui suivirent les crêtes et le haut du versant de la vallée de la Tchernaïa.

Ces travaux occupèrent pendant plusieurs jours les troupes de la 2e division française et celles de la brigade du Moulin. Ce fut pendant la construction de la Redoute du 5 novembre que les Russes établirent une batterie au-dessus des rochers qui couronnent la droite de la vallée de la Tchernaïa; cette batterie, dont les boulets lancés à toute volée venaient mourir auprès des travailleurs, fut baptisée par les soldats, sans doute à cause du peu d'effet qu'elle produisit, du nom significatif de *Gringalet*. Les ouvrages de campagne français et anglais terminés et armés, quelques-uns avec des pièces de marine, le chef de bataillon de Saint-Laurent, commandant le génie de la brigade, s'entendit avec son collègue de l'armée anglaise pour construire une *longue place d'armes* dans la partie du mont Sapoune comprise entre le ravin du Carénage et le haut du port. Le but était de mettre les travailleurs à l'abri du feu des batteries de la droite de la Tchernaïa et de celles des bâtiments à vapeur qui venaient s'embosser continuellement dans le haut du port.

Cette parallèle prit le nom de *place d'armes anglo-*

française, et servit plus tard de base d'opérations aux travaux destinés à attaquer la place du côté du bassin du Carénage.

Jusqu'alors le temps avait été supportable ; il changea tout à coup dans la nuit du 13 au 14 novembre. A la pointe du jour, une pluie mêlée de grêle inonda les camps, et un vent d'ouest furieux renversa tout ce qui se trouvait à la surface du sol ; l'ouragan devint si violent que la grêle rasait le terrain en suivant une direction presque horizontale.

A neuf heures du matin il n'y avait plus une seule tente debout, et le vent emportait au loin les débris de toile et les effets d'habillement.

Les hommes, pour n'être pas enlevés par les tourbillons, étaient forcés de se tenir accroupis.

Les anciens zouaves, qui avaient souvent éprouvé dans le sud de l'Afrique l'effet produit par le sirocco et par les affreuses tempêtes de pluie et de neige, avouaient n'avoir jamais ressenti un vent plus impétueux. Au milieu de ce cataclysme du ciel, les soldats conservèrent toute leur gaieté. Dans l'après-midi, ils résolurent d'allumer des feux et de préparer des *turlutines*. Groupés par compagnies, ils opposèrent au vent une muraille vivante, à l'abri de laquelle ils purent préparer un repas chaud.

Le jour qui suivit cet ouragan, la partie du cap de Chersonèse voisine du moulin d'Inkermann ressemblait, avec ses teintes ardoisées et humides, au fond d'un vaste étang dont on aurait fait écouler les eaux.

Au mois de décembre, les bataillons actifs du 2e de

zouaves reçurent en deux détachements 360 hommes, qui leur étaient envoyés par la fraction du régiment laissée en Algérie. Plus jeunes, et surtout moins aguerris que leurs camarades de Crimée, ces nouveaux venus supportèrent plus difficilement aussi les fatigues et les privations de l'hiver; beaucoup entrèrent aux ambulances, et quelques-uns ne reparurent plus au corps.

Les anciens zouaves continuèrent à supporter avec courage toutes les épreuves. Assez légèrement vêtus, n'ayant pas tous des *criméennes*[1] et des paletots en peau de mouton, qu'ils ne reçurent que quand le froid était déjà très-intense, condamnés à bivouaquer sous leurs petites tentes-abris une grande partie de l'hiver, ils demandèrent à leur intelligence les ressources que l'administration, malgré tout son zèle et toute sa bonne volonté, ne pouvait pas toujours leur donner immédiatement. Utilisant les capotes des Russes laissées sur le champ de bataille d'Inkermann, ramassant les effets des hommes morts jetés par les Anglais, ils doublèrent en partie, avec ces lambeaux de drap, leurs petites tentes, et rendirent moins dur et moins humide la terre sur laquelle ils couchaient. Profitant aussi de la nature du sol, qui, à quelques centimètres de sa surface, était formé d'une couche de pierres friables, ils creusèrent tous leurs petites tentes.

L'alimentation fut généralement assez abondante. Éco-

---

[1] Large et longue capote à collet et à capuchon, envoyée de France pour le soldat de Crimée.

nomes par expérience, les zouaves se servaient avec par-
cimonie des vivres d'ordinaire que le lieutenant Réau,
officier zélé et intelligent, envoyait de Constantinople par
tous les petits détachements dirigés sur la Crimée. Gagnant
de l'argent en travaillant aux tranchées, les hommes
pouvaient acheter, à des prix raisonnables, près des cantinières, toujours assez bien approvisionnées, des denrées
et des liquides.

La brigade du colonel Cler, laissée au milieu des camps
anglais après la bataille d'Inkermann, n'ayant que de
très-mauvaises lignes de communication avec les maga-
sins centraux de Kamiesch et de Balaclava, ne pouvait pas
être approvisionnée aussi promptement que les autres
corps de l'armée; néanmoins, pendant les temps les plus
durs de l'hiver, elle reçut plusieurs fois, comme les autres
corps, du vin, de l'eau-de-vie, des cigares, du tabac et des
vêtements directement envoyés à l'armée d'Orient par
l'Empereur. Les jours où ces distributions extraordinaires
étaient faites il y avait grand gala au bivouac, et ces denrées étaient d'autant mieux appréciées que chacun connaissait la sollicitude du souverain pour l'armée qui sou-
tenait en ce moment, loin de la patrie, les intérêts et
l'honneur de la France.

Le général en chef se préoccupa constamment du bien-
être des troupes de cette brigade; il venait souvent la
visiter, il adressait à chaque soldat des paroles d'encoura-
gement, il entrait sous leurs petites tentes, écoutait avec
une extrême bienveillance les explications que chaque
zouave se croyait en droit de lui donner sur sa manière

de vivre. Au moment le plus rigoureux de l'hiver, quand la neige couvrait le terrain sur lequel étaient les avant-postes, les hommes de la brigade qui n'avaient point encore de grandes tentes ne pouvaient chaque jour déplacer leurs tentes-abris, rendues roides par le givre et la glace. Ils ne cherchaient donc pas à les porter aux postes qu'ils avaient à occuper pendant vingt-quatre heures, car il eût fallu les replacer, en descendant la garde, sur le terrain du bivouac, rendu humide par la neige et par la pluie. Le général Canrobert, comprenant cette position, donna l'ordre de transporter cinq cents tentes-abris de Kamiesch au camp du Moulin. Malheureusement tous les moyens de transport de l'administration étaient alors employés au service des vivres. L'ordre bienveillant du général ne pouvait être exécuté. Averti de ce retard, l'excellent général s'empressa d'envoyer à Kamiesch son officier d'ordonnance, le capitaine de Chard, et les mulets achetés de ses deniers et sa propriété, pour porter au camp du Moulin les cinq cents tentes-abris destinées aux avant-postes.

Il annonça cette disposition au colonel Cler en le prévenant que, comme le trajet était long et difficile du grand quartier général à Kamiesch et de ce point au camp du Moulin, il eût à envoyer à la rencontre du détachement ses mulets *particuliers* et des corvées pour aider le convoi à gagner le camp.

Malgré la sollicitude constante de leurs chefs, les soldats traversèrent de durs moments, surtout à partir du jour où, prenant tout le service de la ligne d'observation, ils com-

mencèrent les travaux de tranchée des attaques du Carénage. En janvier, ils passaient quelquefois vingt-quatre
heures dans la neige, sans feu et sans abris. En février,
la température devint moins froide ; mais souvent ce temps
doux amenait à la chute du jour une pluie fine et chaude ;
puis le froid, devenu plus intense pendant les dernières
heures de la nuit, changeait en glaçons l'humidité dont
leurs vêtements étaient imprégnés.

Pendant ces rudes épreuves, les officiers et les sous-
officiers donnaient aux soldats l'exemple de l'obéissance
au devoir et de la résignation aux souffrances. Affaiblis
par un service continuel et pénible, ayant une alimentation échauffante, ils combattaient la maladie sous la
tente, afin d'être prêts à reprendre leur place à la tête de
leurs compagnies quand il faudrait marchait à l'ennemi
ou faire un service de tranchée et de grand'gardes. Plusieurs payèrent de leur vie ce dévouement sublime au
devoir. Le lieutenant Plazolles, officier zélé et d'une grande
énergie, continua, quoique très-malade, à faire son service. Ayant refusé d'entrer dans un convoi de malades dirigé sur Constantinople, il mourut pendant les premiers
jours de l'hiver, emportant dans la tombe l'estime de ses
chefs et les regrets de ses camarades.

Les soldats eux-mêmes, se roidissant contre la maladie,
opposaient à la souffrance un courage héroïque. Beaucoup
attendirent la mort au camp plutôt que de demander à
entrer à l'ambulance ou à être évacués sur la Turquie.

Le zouave B..., vieux soldat d'Afrique, sentant que les
forces l'abandonnaient, dit un jour à ses camarades, au

moment où il revenait au camp après un service de tranchée : « Allons, allons, c'est f....., les jambes refusent le
service, je sens que je me fais vieux, et que bientôt je serai
cuit. Plutôt que de passer pour un *clampin*, j'aime mieux
en finir avec la vie. » Ses camarades n'attachèrent aucune importance à ces paroles ; mais, à peine rentrés au
bivouac, ils entendirent une détonation. Se précipitant
sous la petite tente de B..., ils le trouvèrent étendu mort,
ayant encore le gros doigt du pied sur la gachette de son
fusil. Bien peu se laissèrent aller au découragement. Un
autre zouave, A... D..., qui avait eu une existence de Gil-
Blas, et qui était entré déjà âgé au service, y trouvait des
distractions en remplissant très-bien, dans la troupe comique, les rôles de *père noble*. Ne pouvant se soumettre
aux ennuis d'un hiver passé sans les plaisirs de la coulisse, il disparut une belle nuit. Ses camarades prétendirent qu'il avait appris par un déserteur russe qu'on
jouait la comédie à Sébastopol, et qu'il était allé trouver
le directeur du théâtre de cette place pour obtenir un engagement dans sa troupe... Après une absence de huit
jours, A... D... se rendit volontairement à la gendarmerie
de Kamiesch, et rentra au régiment dans une tenue qui
n'avait plus rien de commun avec l'uniforme. Son cerveau
était complétement détraqué, en sorte qu'il ne put ou ne
voulut donner aucune explication sur l'emploi de son
temps pendant les jours passés en désertion. Tous ses camarades restèrent persuadés qu'il avait fait un voyage
chez les Russes. « Bah ! disait un loustic, il n'aura pu
trouver à entrer au service de *Thalie*, alors il est revenu,

en attendant de meilleurs jours, reprendre la pioche et le fusil au service de *Mars*. »

Les emplacements occupés par l'armée russe sur les hauteurs d'Inkermann et de Mackensie, à Tchorgoun et aux monts Fédioukines, contraignaient les troupes d'observation à une très-grande surveillance, pour éviter les surprises. Les avant-postes des deux armées étaient très-rapprochés; des conversations s'engageaient quelquefois par gestes et par quelques mots français ou russes entre les sentinelles avancées. Pendant les gelées, un armistice tacite, consenti de part et d'autre, permettait aux factionnaires de sortir de leurs embuscades pour se réchauffer en battant la semelle. Mais cet échange de bons procédés avait lieu surtout entre Français et Russes.

Le général Bosquet, commandant toute la ligne française, était d'une activité infatigable; chaque jour il visitait différents points, subordonnant l'emplacement des avant-postes aux mouvements de l'armée ennemie. Veillant lui-même à ce que le service fût fait avec une rigoureuse exactitude, les officiers de son état-major étaient constamment à cheval pour porter ses ordres, et à chaque heure du jour et de la nuit il recevait les rapports qui lui étaient envoyés par ses lieutenants.

III

C'est à cette surveillance de tous les instants que l'armée d'observation dut, sans doute, de n'être pas attaquée.

Le campement de la brigade Cler au milieu des troupes anglaises produisit aussi un effet moral des plus heureux, car ce *mélange* journalier des soldats des deux nations détermina entre les troupes une intimité qu'un contact perpétuel pouvait seul amener.

Jusqu'à Inkermann, Anglais et Français s'étaient tenus dans les limites d'une politesse froide, et pour ainsi dire officielle. Il ne pouvait guère en être autrement, en raison du caractère si tranché des deux peuples et du souvenir des vieilles haines nationales. L'éducation particulière et militaire de nos officiers, toujours avec leurs soldats, et celle des officiers anglais, gentlemens vivant en dehors de la vie de régiment, devaient contribuer à maintenir longtemps cette manière d'être, même dans les grades élevés.

Aussi lorsque, dans le port de Malte, aux Dardanelles, sur le Bosphore, les bâtiments français saluaient les forts ou remontaient bord à bord avec les vapeurs anglais, les équipages échangeaient, par ordre, leurs hurrahs, et les musiques répondaient au *Partant pour la Syrie* par le *God save the Queen*, mais c'était tout. Dans la Chersonèse de Thrace au camp de Boulaïr, en Bulgarie à celui de

Varna, les officiers anglais et français avaient bien essayé de s'adresser quelques invitations polies, les soldats, principalement les zouaves et les highlanders, avaient même plusieurs fois fraternisé le verre en main; c'était encore là des démonstrations compassées. Au débarquement en Crimée, les deux armées ne bivouaquaient pas ensemble, les Anglais nous firent attendre pour l'attaque du 20 septembre, les relations étaient rares, et les régiments se bornèrent à un échange de procédés plutôt polis qu'affectueux. Cependant le lendemain de l'Alma, et quoique pendant l'action les troupes des deux nations n'eussent pas été mêlées, la glace commença à se fondre. Les dangers partagés sur un même champ de bataille, la gloire acquise, le baptême du feu reçu en commun, tout cela était de nature à opérer un rapprochement. Les vainqueurs en parcourant le théâtre de leurs succès de la veille, en apprenant les épisodes de cette belle journée, purent s'apprécier réciproquement. Les Français admirèrent ce courage froid, résolu, qui portait leurs anciens adversaires à affronter la mitraille de formidables batteries sans sourciller, sans accélérer ou ralentir leur marche, se bornant à serrer les files pour réparer les brèches humaines faites par le canon ennemi. Les Anglais avaient encore devant les yeux l'élan de nos braves fantassins, qui avaient trouvé moyen de convertir une grande bataille en une véritable course au clocher, élan tel que les Russes, en parlant des zouaves, prétendaient *que ce jour-là les Africains étaient fous ou ivres.*

A l'Alma, les deux infanteries avaient donc commencé

à s'apprécier mutuellement et à comprendre que toutes les
fois qu'elles seraient appelées à combattre côte à côte la
victoire ne pouvait leur échapper.

Les charges brillantes de Balaclava établirent aussi,
peu de temps après, des relations d'estime entre les deux
cavaleries. La cavalerie française avait été témoin de la
froide, héroïque intrépidité des cavaliers anglais courant à
la mort, esclaves du devoir et de la discipline, pour obéir
à un ordre malheureux ; la cavalerie anglaise avait vu nos
chasseurs d'Afrique à l'œuvre, le sabre à la main, se lançant contre les escadrons et les batteries russes sur leurs
rapides chevaux du désert.

Toutefois, devant Sébastopol, comme à l'Alma, il y avait
deux champs de bataille, deux centres d'action : les Anglais d'un côté, les Français d'un autre. Mais bientôt
retentit le canon d'Inkermann, bientôt le hasard des
combats donna un même champ de bataille et de
gloire aux troupes des deux nations. Les soldats français
luttèrent avec les Russes, pour ainsi dire, enchevêtrés dans
les soldats anglais. Lorsque les bataillons de l'intrépide
Bourbaki, le 3e de zouaves, les tirailleurs indigènes du-
brave colonel de Wimpffen arrivant au pas de course, répondirent par leur cri de guerre d'Afrique au *hurrah for
the French* des Anglais, les troupes des deux nations ne
firent plus qu'une seule armée. Alors réellement la camaraderie commença entre nous et nos alliés. C'était justice,
car nous avions pu admirer nos dignes émules de gloire
se maintenant depuis le matin sur leur ligne de défense,
rompus par la mitraille, mais toujours reformés, malgré

les efforts désespérés des Russes, bien supérieurs en
nombre. Nous avions pu voir ces remparts vivants oppo-
sant une résistance invincible, remparts dont les brèches
sanglantes, ouvertes par le canon, se fermaient aussitôt par
les tronçons mutilés des régiments... De son côté, ce qui
restait encore debout dans l'armée anglaise avait vu nos
bataillons arrivant sur le champ de carnage avec la rapidité de la foudre, se jetant sans hésiter au-devant des profondes colonnes ennemies, attaquant les Russes de flanc
et de front avec cette *furia* française si redoutée de tout
temps, et forçant les masses russes à abandonner leurs
projets et à rentrer dans les murs de Sébastopol, après
avoir repassé en désordre le pont de la Tchernaïa.

A l'estime réciproque s'était donc jointe ce jour-là la
reconnaissance du service rendu ; à cette reconnaissance
vinrent s'ajouter encore la vie en commun, la vie du camp,
la vie du bivouac, la vie de fatigues du travail de la tranchée, le partage des vivres, du feu, la mise en commun des
moyens d'existence, d'amélioration, de bien-être, de pri-
vation, de soins, de prévenance.

Le 2ᵉ de zouaves, l'infanterie de marine, les bataillons
des gardes, et la 2ᵉ division anglaise ayant le même bivouac au camp du Moulin, les souffrances d'un rude hiver, les durs labeurs et les privations, tout fut partagé. A
partir de ce moment, la cordialité la plus franche, une intimité sans réserve, sans arrière-pensée, s'établit complète-
ment de part et d'autre.

Les soldats anglais, mieux partagés que les nôtres sous
le rapport de l'argent de poche et manquant de cantiniers,

fréquentaient les cantines des zouaves. Là se faisaient de copieuses libations. De véritables et longues conversations s'établissaient moitié par gestes, moitié par paroles, entre les troupiers des deux armées, bien que souvent les zouaves fussent aussi ignorants de la langue anglaise que les gardes de la langue française. Mais nos braves africains ne sont jamais embarrassés pour si peu de chose, grâce aux ressources de cette langue *sabir,* employée par eux dans leurs relations avec les Arabes.

Au camp du Moulin, cette langue était en général circonscrite dans les phrases suivantes : *Englisch bono, Francis bono, Englisch et Francis semis amis, bibir soua soua, Crimea mackach bono, Arbia bono, chapard beseff,* ce qui veut dire à peu près ceci: Anglais bon, Français bon, Anglais et Français sont bons amis, ils boivent ensemble; la Crimée est un mauvais pays, l'Afrique vaut mieux, on y peut faire beaucoup de butin.

On conçoit que ces affreux *barbarismes,* capables de faire danser la ronde du sabbat aux quarante fauteuils de l'Académie et de renverser les *immortels,* étaient habituellement arrosés d'un nombre indéfini de petits verres. Le zouave, très-loquace de sa nature, oubliant que son nouvel ami d'outre-Manche ne pouvait le comprendre, se mettait à lui narrer les épisodes les plus émouvants de ses razzias d'Afrique. John Bull, impassible, écoutait consciencieusement, buvait continuellement, et poussait imperturbab'ement, toutes les cinq minutes, un formidable god-damn. D'histoire en histoire, de god-damn en god-damn, d'admiration en admiration, les petits verres se

changeaient en grands verres, les verres en bouteilles, et
l'Anglais tombait ivre aux pieds du zouave, qui interrom-
pait son histoire pour boire à son tour à la santé de l'An-
gleterre, et pour rapporter dans sa tente son aimable am-
phitryon, heureux encore quand le brave *chacal* n'avait
pas suivi le coldstream ou l'highlander sur le terrain glissant de *Bacchus*, car alors ils se rapportaient l'un l'autre
en roulant à chaque pas. Ainsi se terminaient d'habitude
les grandes fraternisations de la cantine.

Quelquefois il se trouvait par hasard, dans la même cantine, des zouaves ayant appris quelques mots de la langue
anglaise, ou, chose moins rare, quelques Anglais connaissant un peu la langue française ; alors s'entamaient de longues et curieuses dissertations sur la guerre de Crimée, sur
la valeur des armées belligérantes. On finissait toujours par
s'accorder, dans ce partage de travaux, de dangers et de
gloire. « Ah çà ! dit un beau jour un des buveurs, que fait
donc le *Turre* [1] ? Tandis qu'il embête Mahomet avec ses
patenôtres, plus longues que de Constantinople à Paris,
nous nous faisons *esquinter* pour lui ! Voilà-t-il pas de
jolis merles !... — Les Turres, répondit un autre buveur,
laisse donc, ils ont plus de courage que nous, on ne les
occupe qu'à *crever* comme des chiens, et ils crèvent sans
se plaindre... Tu ne serais pas f..... d'en faire autant, toi
qui parles. »

Le dernier zouave avait raison, les malheureux bataillons de rédifs (gardes nationaux mobilisés), envoyés en

---

[1] Les soldats affectaient de prononcer *Turre* au lieu de Turc.

Crimée pour rappeler sans doute aux alliés qu'il existait encore quelques Turcs sur la surface du globe, mouraient sans proférer une plainte. Mal nourris, mal installés, ils *fondaient,* pour ainsi dire, et leurs cimetières s'agrandissaient chaque jour au détriment de leurs camps [1].

Les officiers anglais et français se réunissaient très-souvent. Chaque fois que d'un côté ou de l'autre on recevait des provisions de cigares, de café, de thé, on s'invitait, on se recevait avec la cordialité la plus franche.

Les généraux anglais aimaient beaucoup les zouaves;

[1] Le caractère particulier aux deux peuples se montrait à nu au camp du Moulin. On voyait les Anglais si froidement braves au jour de la lutte, embarrassés au bivouac. Les zouaves, au contraire, semblables aux castors intelligents et actifs, avaient à peine pendu le mousquet et la giberne, qu'ils se faisaient, à force de génie inventif, des demeures quasi-confortables. Ils doublaient leurs tentes avec tous les haillons qu'ils pouvaient se procurer, se creusaient des cabines dans la pierre. s'arrangeaient des cheminées. Les Anglais, en admiration devant leurs talents, en profitaient avec joie, car les zouaves étaient toujours disposés à aider les insulaires, leurs nouveaux amis. Parmi les zouaves se trouvait un brave garçon, caporal sapeur, qui avait fini par acquérir une véritable réputation comme *architecte.* On le connaissait au camp du Moulin sous le pseudonyme de l'*Enrhumé,* surnom que lui avait valu sa voix sans cesse altérée par de nombreuses et copieuses libations. Admis aux zouaves de la garde, il monta des premiers à l'attaque de Malakoff, eut la jambe brisée, resta vingt-quatre heures enseveli sous les morts et les mourants dans le fossé de l'ouvrage russe, fut porté décédé et rayé des contrôles. Lorsqu'on voulut l'enterrer, il se redressa, mit opposition formelle, s'en fut clopin clopant à l'ambulance, se fit évacuer sur Constantinople, ne voulut jamais se laisser amputer, et revint au bout de six mois, la jambe en écharpe, se présenter au colonel des zouaves de la garde, en réclamant sa place à la tête des sapeurs. Il jouit d'une bonne pension de retraite près de Paris, grâce à la munificence impériale, munificence qui s'étend sur tous les estropiés ou amputés de Crimée.

ils ne laissaient échapper aucune occasion de leur témoigner une sorte d'affection gracieuse. Ainsi, les généraux Pennefather et Buller, qui commandaient la 2e division anglaise, lord Rokeby, commandant la brigade des gardes, poussèrent la courtoisie et la bienveillance jusqu'à envoyer aux zouaves des effets de laine, lorsqu'ils en reçurent pour leurs troupes. Lord Rokeby offrit aux officiers une partie des effets travaillés par les princesses, par lady Rokeby, et envoyés aux officiers des gardes par S. M. la reine Victoria. Lord Raglan, accompagné d'une partie de son état-major, vint, quelques jours après le 1er janvier 1855, rendre visite au colonel Cler. Le général en chef de l'armée anglaise témoigna, dans les termes les plus chaleureux, le plaisir qu'il éprouvait à voir la bonne intelligence, l'harmonie qui régnaient entre les troupes des deux nations, et les relations cordiales qui s'étaient établies entre les officiers des zouaves et ceux des gardes anglaises.

IV

Dans les premiers jours de février, la brigade française du camp du Moulin fut renforcée par la 2e brigade de la 3e division. Le général de Monet prit le commandement de la 1re brigade et le général Mayran celui de la division, après le départ du prince Napoléon.

Vers la même époque, l'attaque de la place par la position de Malakoff fut adoptée en principe : il fut décidé que cette attaque aurait lieu par les deux côtés du ravin du Carénage et que l'opération serait confiée au 2e corps, placé sous les ordres du général Bosquet.

Ce mois de février 1855 devait coûter bien cher au 2e de zouaves.

Le 12, pendant la nuit, 300 hommes du régiment furent chargés de reconnaître les postes russes placés sur la partie basse du mont Sapoune, entre le ravin du Carénage et le haut du port. Cette reconnaissance devait chercher à faire quelques prisonniers. L'opération s'effectua jusqu'à la baie du Carénage; mais les Russes se replièrent avec une telle précipitation qu'il fut impossible de s'emparer d'un seul d'entre eux. A la suite de cette reconnaissance, on résolut de pousser les travaux d'approche entre la place d'armes anglo-française et la parallèle ébauchée par nos alliés, puis de construire sur cette même parallèle une batterie de 15 bouches à feu, tout en achevant celle dite Saint-Laurent.

Du 12 au 22 février, le 2e de zouaves prit la part la plus active à ces nouveaux travaux d'attaque, parallèles et batteries.

Les Russes, qui avaient, pour diriger leur défense, un officier du génie du plus grand mérite, comprirent l'importance des nouvelles attaques sur le point culminant de Malakoff. Voyant que nous faisions des progrès vers l'extrémité du plateau, ils accomplirent l'espèce de tour de force d'élever, pendant la nuit du 21 au 22, à 1,000 mètres de la parallèle française, un ouvrage de contre-approche d'un très-vaste développement.

Grande fut la stupéfaction lorsque, le 23, on vit le travail fait par les défenseurs, et lorsqu'on reconnut que déjà leur gabionnade commençait à se couvrir de terre. Plusieurs officiers généraux se réunirent dans la parallèle pour examiner cette partie de la défense et pour aviser à contre-balancer ce nouvel obstacle. L'ouvrage russe parut trop éloigné des tranchées pour pouvoir être occupé d'une manière permanente ; mais on ne crut pas impossible de l'enlever momentanément, ne fût-ce que pour faire comprendre à l'ennemi que nous étions décidés à ruiner immédiatement toutes les constructions extérieures qu'il tenterait d'exécuter.

C'était là une opération des plus délicates et qui ne pouvait être tentée que la nuit. Il fallait pour l'accomplir des troupes bien sûres, des soldats braves, solides, que nul péril n'étonnait, intelligents, afin que les ordres fussent bien compris et suivis ponctuellement. On jeta les yeux sur le 2ᵉ de zouaves. Le général Bosquet dut immédiatement prendre des dispositions pour cette attaque, dont le général Mayran avait la direction. Le commandement des troupes fut confié au général de Monet : 900 zouaves, 450 soldats d'infanterie de marine, furent mis à la disposition de ce dernier. On donna pour réserve à ces trois petits bataillons deux bataillons des 6ᵉ et 10ᵉ de ligne, commandés par le lieutenant-colonel Dubos, qu'on plaça dans la parallèle.

Ainsi donc, 1,400 hommes déterminés allaient faire acte d'apparition, *porter leurs cartes de visite* dans un ouvrage ennemi, où beaucoup devaient périr, sans autre but que celui d'inquiéter un instant l'adversaire et de lui prouver qu'on ne le laisserait pas en repos. La guerre a parfois de terribles exigences!...

Dans la soirée du 23 février, le général de Monet et le colonel Cler furent prévenus d'avoir à se rendre à la tente du général Mayran pour y recevoir leurs instructions.

Le 2e de zouaves avait ce jour-là cinq compagnies, soit à la tranchée, soit aux grand'gardes, en sorte qu'il ne put fournir au delà de 900 hommes et de 25 officiers. On en forma deux bataillons à six pelotons.

Le général de Monet et le colonel Cler reçurent l'ordre d'attaquer l'ouvrage russe connu plus tard sous le nom de redoutes *Selinginsk* et *Wolhynie*, et mieux encore sous celui d'*Ouvrages blancs;* de s'y maintenir, si la chose était possible, le temps nécessaire à la destruction des travaux commencés; d'effectuer la retraite avant l'arrivée des renforts ennemis; de se replier sur les tranchées françaises au signal dont l'initiative était laissée au commandant des troupes engagées.

On voit donc que, de toute façon, il y avait mille chances pour qu'on éprouvât des pertes considérables, sans autre but qu'un résultat moral à obtenir et un faible résultat matériel à tenter.

De retour au camp, le colonel Cler rassembla autour de lui les officiers et les sous-officiers de son beau régiment, et leur donna à son tour ses instructions pour le combat.

« Observez le silence le plus absolu, leur dit-il; il faut dérober notre marche. On laissera les fourreaux de sabres et tout ce qui peut causer du bruit; le cri de guerre des

zouaves ne doit se faire entendre qu'une fois l'affaire engagée dans le retranchement même, ou bien si, la retraite
sonnée, vous vous trouviez complétement égarés. Pas de
coups de fusil; la nuit, le tir est incertain, et les balles
peuvent atteindre les vôtres aussi bien que l'ennemi; la
baïonnette, la crosse, voilà nos armes. » Cette instruction
générale étant bien comprise, le colonel ajouta : « Des
lettres de France annoncent ma nomination au grade de
général; cette nomination paraîtra avec le décret d'organisation d'une division nouvelle... Je vois dans ce retard
une nouvelle preuve de mon bonheur et de ma bonne
étoile. Vous y avez toujours eu confiance; aujourd'hui
encore, la Providence me permet de rester à votre tête et
d'inscrire un combat glorieux de plus sur votre drapeau... »

Le régiment montrait un enthousiasme véritable, une
ardeur sans pareille. C'était à qui ferait partie de l'expédition : comptables, ordonnances, les malades eux-mêmes,
se glissèrent dans les rangs lorsque, vers dix heures du
soir, les bataillons se formèrent pour se rendre dans la
place d'armes anglo-française, désignée comme lieu de
réunion des troupes.

A minuit, le petit corps expéditionnaire se dirigea de la
place d'armes anglo-française sur la deuxième parallèle.
Les deux bataillons de zouaves restèrent en arrière de
larges coupures pratiquées à droite et à gauche dans le
parapet.

Au centre se tenaient les 450 hommes d'infanterie de
marine avec le général de Monet. Ce petit bataillon devait

appuyer et renforcer au besoin celui des deux de zouaves qui en aurait besoin.

A une heure du matin, la lune disparaît. Aussitôt le ciel, couvert de nuages d'un gris sombre, devient tellement obscur qu'un objet s'élevant au-dessus du sol n'est plus appréciable à deux pas de distance. Une demi-heure plus tard, les deux bataillons de zouaves sortent sans bruit de la parallèle, en colonne par section. La colonne de droite est sous les ordres du colonel Cler et du chef de bataillon Lacretelle, celle de gauche est dirigée par le commandant Darbois. En tête de chaque colonne d'attaque marche, à soixante pas, une compagnie formant avant-garde, reliée au gros du bataillon par une autre compagnie.

A un signal convenu, les deux colonnes se mettent en marche; celle de droite arrive sur la ligne extrême des embuscades sans avoir essuyé un seul coup de fusil. A peine y est-elle engagée qu'elle est accueillie par une fusillade des plus vives dirigée sur son front et sur ses flancs, et tirée à très-courte portée. Les Russes, pour bien reconnaître leurs adversaires et donner une direction assurée à leurs coups, éclairent les abords des embuscades au moyen de pots à feu et de bombes qui répandent tout à coup une lueur tantôt vive, tantôt blafarde, éclairant la scène émouvante d'un terrible combat de nuit. Cependant, comme le feu le plus vif part de la gauche, quatre des compagnies de soutien de la première colonne changent de direction et enlèvent vivement à la baïonnette les embuscades russes. En quelques instants, tout le centre du terrain est balayé. La colonne de gauche, que guide un officier de génie, traverse un profond ravin et ne peut arriver sur le lieu du combat que quand tout le premier bataillon est engagé fortement. Quatre compagnies, commandées par le chef de bataillon Darbois, arrivent au pas de charge; l'obscurité est telle que les troupes sont prêtes à s'aborder à la baïonnette, se croyant ennemies. Grâce au ciel, l'ordre de ne point tirer a été rigoureusement observé dans les rangs des zouaves.

Les Russes, cependant, ont laissé passer l'avant-garde des deux colonnes au travers de leurs embuscades. Elles donnent bientôt en plein sur les compagnies ennemies disposées en petits carrés placés en avant et sur les flancs de l'ouvrage. Dès que ces avant-gardes sont sûres qu'elles ont des Russes devant elles, un combat furieux s'engage à coups de crosse et de baïonnette. Là sont blessés au milieu de leurs soldats les lieutenants Baratchard et Bartel.

Le général de Monet, retardé dans sa marche par les difficultés du terrain, se présente bientôt néanmoins aux premières embuscades avec le bataillon d'infanterie de marine. Blessé de plusieurs coups de feu, il est obligé de remettre le commandement au colonel Cler, qu'il a fait revenir près de lui, puis, faisant un dernier effort et montrant aux soldats qui le suivent les retranchements russes : « Suivez-moi, leur dit-il, c'est là que nous devons entrer. »

Débarrassé d'une partie des troupes qui défendent les abords de l'ouvrage, le colonel Cler donne la direction de l'attaque de droite au commandant Lacretelle, celle de gauche au commandant Darbois, et, prenant avec lui des fractions des compagnies de ses deux bataillons, quelques soldats d'infanterie de marine, que commandent le chef de bataillon Mermier et le capitaine Merle de Beaufonds, il fait sonner la charge et retourne droit au retranchement.

Le premier feu des Russes placés sur la berme, derrière le parapet, étant essuyé, le masque de gabions élevé sur le haut de la contrescarpe est renversé ; le fossé, assez large, mais peu profond, est franchi ; le 1er bataillon du régiment de Selinginsk est culbuté et les zouaves arrivent sur le parapet. Mais ce succès n'est pas obtenu sans les pertes les plus sensibles : les énergiques officiers, les braves soldats qui forment la tête de la colonne d'attaque du colonel tombent autour de lui. Il n'est sauvé lui-même des baïonnettes russes qui déchirent son uniforme que par une chute providentielle qui le rejette sur le revers du parapet. Ralliant les débris de sa petite troupe, sans que Russes et Français mêlés songent à se battre (car les Russes restent immobiles au fond des fossés, couchés sans doute par ordre, et les zouaves croient marcher sur des cadavres), réunissant tout ce qui existe encore de ses intrépides compagnons, le colonel leur ordonne de se serrer les uns contre les autres en se couvrant de la gabionnade pour attendre ainsi l'arrivée des réserves.

Les Russes ne tardent pas à s'apercevoir de la faiblesse numérique de leurs adversaires ; ils s'approchent alors, car ils sont prévenus et sur leurs gardes [1]. Ils entourent silencieusement les zouaves, les enveloppant dans un cercle qui se rétrécit de plus en plus et leur ôte tout moyen de retraite. Ils sont si près que les zouaves

[1] Le *Journal de Saint-Pétersbourg* du 13 mars, en donnant les nouvelles suivantes de la Crimée, fait voir que les Russes étaient disposés à recevoir cette attaque.

« Afin de compléter, dit cette feuille, le bulletin de Crimée, relatif à l'attaque de la redoute de Selinginsk par l'ennemi, dans la nuit du 23 au 24 février, voici les détails de cette affaire, extraits d'un rapport de l'aide de camp général baron d'Osten-Sacken, en date du 27 février, et adressé au ci-devant commandant en chef des forces de terre et de mer en Crimée :

« Vers le soir du 23, les troupes destinées à terminer la construction de la redoute commencée dans la nuit précédente, furent disposées ainsi qu'il suit:

» Le régiment d'infanterie de Selinginsk dans la redoute, le 4e bataillon aux travaux, les 2e et 3e dans l'intérieur du retranchement, et le 1er dans le fossé.

» Les bataillons du régiment d'infanterie de Volhynie furent avancés pour protéger les travaux, savoir: le 4e en colonne, ses compagnies au delà des logements pratiqués en avant de la redoute, les 1er et 2e sur la droite de la redoute, et le 3e sur la gauche en colonne d'attaque.

» Les cosaques démontés du bataillon n° 8 de la mer Noire, occupaient les postes secrets en avant de nos logements. »

Ces neuf bataillons, *bien préparés et bien placés*, renforcés très-probablement pendant l'action par les réserves du Carénage, attendaient donc une attaque sur une position *fortifiée*, soutenue sur son flanc droit par les canons de la place, entre Malakoff et la pointe du Carénage, en arrière par ceux des vaisseaux et des batteries de la droite du port, et sur son flanc gauche par les feux courbes des vapeurs *Wladimir, Chersonèse* et *Gromonossets*, embossés dans le haut du port.

900 zouaves du 2e régiment partant de tranchées non encore armées de canons, ayant à franchir 800 à 900 mètres d'un terrain raviné couvert de broussailles, de débris de pierre et de neige, coupé par de nombreuses embuscades, allaient tenter l'attaque de cette formidable position.

les prennent pour une troupe de renfort et crient de ne
point tirer; mais un commandement en langue russe ré-
pond à leur appel, et à l'instant ils se trouvent dans
un cercle de feu, d'où s'échappent une grêle de projectiles. Heureusement les balles passent par-dessus leurs
têtes et vont atteindre les bataillons ennemis placés sur
les banquettes du retranchement [1]. Quelques soldats
russes, plus hardis que leurs camarades, viennent périr
sur les baïonnettes françaises.

L'aspect de cette lutte, éclairée par le feu de la place,
est horrible, fantastique. En arrière du retranchement,
Sébastopol et les rades, que les signaux, les coups de canon
des vapeurs et de la place laissent distinguer à l'horizon;
dans l'ouvrage, une poignée de soldats, entourés et décidés à vendre chèrement leur vie plutôt que de se rendre;
en avant, un terrain couvert de neige, que sillonnent les
ombres de quelques détachements cherchant à rallier les
colonnes d'attaque; le tocsin mêlant sa voix lugubre aux
cris des blessés, au bruit de la fusillade; enfin, les longues
capotes des fantassins russes, mêlés avec les zouaves aux
checias rouges, et les cosaques volontaires, dont les bonnets
noirs et fourrés, à flamme couleur de feu, s'agitent aux
abords du fossé, tout se réunit pour donner à cette scène
terrible un aspect diabolique.

Ce combat inégal dure depuis quelque temps, lorsqu'en-

____

[1] Les Russes qui défendaient l'intérieur de la redoute, craignant sans
doute d'atteindre les hommes du 1er bataillon de Selinginsk mêlés aux
zouaves, dans le fossé, ne tirèrent pas sur cette partie de retranchement.

fin le clairon français sonne la retraite. A ce signal, les troupes qui sont engagées, et non encore cernées, se replient,
mais la petite colonne qui se trouve dans la redoute, au
centre, ne peut se décider à abandonner la conquête éphé-
mère qui vient de coûter l'élite du 2ᵉ de zouaves. Le colonel espère toujours qu'un retour offensif viendra lui
donner la victoire. Cependant une seconde sonnerie se fait
entendre dans les tranchées françaises, il faut battre en
retraite. Cler rallie les quelques hommes encore debout
autour de lui, et d'une voix forte il leur crie : « Ne donnons
pas à ces b.....-là la satisfaction de promener dans la Russie un colonel de zouaves, mieux vaut la mort ! » Puis, prê-
chant d'exemple, il se jette avec cette poignée de braves,
tête baissée, sur les masses russes. Alors s'engage à coups
de crosse, de baïonette, à coups de poing même, une lutte
où de vaillants soldats vont succomber, en ouvrant un
chemin sanglant à leurs frères d'armes.

Là périssent le brave capitaine Sage, le jeune sous-
lieutenant Sevestre, arrivé depuis quinze jours au régiment, et qui meurt percé de coups au moment où il appelle les zouaves de son peloton, qu'il croit distinguer sur
la gauche.

Le capitaine Banon tombe sous les coups des Russes,
mais il se relève pour suivre son colonel ; nommé chef de
bataillon au 3ᵉ de zouaves en récompense de sa belle conduite, cet officier fut tué en repoussant bravement une
sortie russe dans la nuit du 23 mars.

Enfin, cette poignée d'héroïques soldats parvient à faire
une trouée dans la ligne ennemie, et regagne les tran-

chées françaises en traversant un terrain couvert par la mitraille.

Au moment où il atteint la parallèle, le colonel Clei se heurte contre un groupe de zouaves qui court vers les Russes : « Où allez-vous, leur crie-t-il ; n'avez-vous pas entendu sonner la retraite?... — Ah! mon colonel, lui disent ces braves gens, c'est vous, on nous avait assuré que vous étiez pris, nous allions vous chercher, fût-ce au milieu de Sébastopol... »

Quel plus bel éloge à faire de ces admirables soldats, que de relater ces simples et nobles paroles, preuves d'un dévouement sans bornes...

Le 2e de zouaves eut, dans cette malencontreuse attaque de nuit, 18 officiers tués ou blessés, sur 25 présents au combat, et 200 sous-officiers ou zouaves tués et blessés. 63 morts et 13 blessés restèrent dans le retranchement de l'ennemi. De tous les officiers proposés pour être admis dans les zouaves de la garde, un seul put y entrer, les autres étaient morts ou hors de service.

Citons quelques exemples de courage pris au hasard.

Le capitaine Sage a la cuisse brisée et tombe près de son colonel, au moment où l'on cherche à s'ouvrir un passage de vive force ; il est relevé par les Russes et transporté à Sébastopol, et meurt le surlendemain, malgré les soins dont on l'entoure. C'était un officier plein de valeur, d'entrain, de gaieté, dont la fin précoce fut déplorée par tout le régiment. La nuit de l'attaque, sa compagnie était de grand'garde ; il ne l'avait pas suivie parce qu'il remplissait les fonctions de capitaine-major au bataillon de guerre. Il insista pour marcher avec son colonel et pour combattre en volontaire. Cet excès de zèle lui coûta la vie.

Le capitaine Dequirot est emporté par un boulet au moment où il franchit le parapet de la redoute ennemie. Comme les marques distinctives de son grade se détachaient fortement sur sa tunique, les Russes le prirent pour le colonel [1].

Le capitaine Borel, homme modeste autant que brave, a la cuisse brisée et meurt des suites de l'amputation. Dangereusement malade, couché depuis plusieurs jours dans sa tente, il avait voulu guider sa compagnie au combat. Il la conduisit résolûment à l'attaque de gauche, et fut atteint à l'instant où il entrait dans la redoute.

Le capitaine Doux, frappé mortellement sur le parapet,

---

[1] Lors de l'armistice qui suivit le combat du 24 mars 1855, le colonel Cler, alors général, prit des renseignements auprès d'un jeune lieutenant du régiment de Volhynie, sur le sort des officiers et des soldats du 2e de zouaves, qui avaient disparu pendant l'affaire du 24 février. L'officier russe ayant dit au général que le corps du colonel avait été relevé dans la redoute, que toute la garnison avait voulu le voir, et qu'il avait été enterré avec de grands honneurs, le général, qui avait quelque ressemblance avec le capitaine Dequirot, se fit donner par le jeune Russe un portrait du prétendu colonel de zouaves. Le lieutenant de Volhynie affirma entre autres choses que cet officier supérieur était chauve : « Le colonel du 2e de zouaves n'est pas encore chauve, répliqua le général en levant son képi, regardez, monsieur... — Mais vous êtes général, répondit l'officier. — Je suis général aujourd'hui, dans la nuit du 23 au 24 février, j'étais colonel du 2e régiment de zouaves. — Recevez alors mon compliment, mon général, j'apprends avec bonheur votre avancement. — Où donc ai-je eu l'honneur de vous rencontrer, pour que vous vous intéressiez si vivement à ce qui peut m'arriver d'heureux ? — C'est la troisième fois que je me trouve devant vous, mon général, et j'en suis très-fier ; les deux premières fois, c'était à l'Alma et à la redoute de Selinginsk.

dit à ses soldats, qui veulent l'emporter : « Non, non, laissez-moi mourir ici, je n'ai plus que quelques instants à vivre. Retournez au combat, votre présence y est nécessaire. » La croix du capitaine Doux, renvoyée au général Canrobert par le gouverneur de Sébastopol, fut adressée au vieux père du capitaine par le colonel du 2e de zouaves... Précieuse relique, que la famille peut montrer avec orgueil !...

Blessé une première fois en traversant les embuscades, le lieutenant Bartel continue à s'avancer, précédant sa compagnie. Un coup de feu lui brise la jambe : « Marchez toujours, dit-il aux zouaves qui veulent l'emporter, c'est le meilleur moyen de me prouver votre dévouement.» Un instant après, le brave lieutenant tombe sous les baïonnettes russes pour ne plus se relever. C'était un brillant officier de guerre.

Comme nous l'avons dit plus haut, le sous-lieutenant Sevestre est frappé mortellement de plusieurs coups de baïonnette au moment où il cherche à rallier ses zouaves, qui venaient de s'ouvrir un passage dans les bataillons russes. Élève de l'École militaire, arrivé depuis quelques jours seulement au régiment, ce jeune officier avait déjà su gagner, grâce à ses belles qualités, l'affection de tous; il meurt en recevant son baptême militaire.

Les sergents Richard et Breysse donnent aussi l'exemple de l'intrépidité. Le premier, doué d'une grande force physique, est tué sur le parapet du retranchement, après avoir assommé plusieurs Russes avec la crosse de son fusil. Le second, vieux soldat blanchi sous le harnais, est atteint mortellement dans le fossé de la redoute. Il crie aux zouaves qui voulaient l'emporter au moment de la retraite : « Mon affaire est faite, merci, mes amis ; laissez-moi et tâchez de faire la vôtre. »

L'adjudant-sous-officier Lacaze, blessé grièvement à l'attaque de la redoute, reste dans le fossé, où il est fait prisonnier par les Russes.

Le sapeur Pradelle et le zouave Thébaut, ordonnances du colonel, désignés pour garder sa tente, demandent à suivre leur chef. Le premier est dangereusement blessé ; le second, pendant l'attaque, ne perd pas de vue son chef un seul instant. Beaucoup de zouaves moururent encore en donnant l'exemple du courage et de la résignation ; moins connus que les officiers et les sous-officiers, leurs noms n'ont malheureusement pas pu être recueillis d'une manière précise par ceux de leurs camarades qui entendirent leurs dernières paroles.

Le général Osten-Saken, gouverneur de Sébastopol, rendit hommage au courage déployé par les zouaves dans l'attaque de la nuit du 23 au 24 février, dans une lettre qu'il adressa le surlendemain du combat aux généraux en chef des armées alliées. Il écrivit : « Je m'empresse de vous annoncer que ceux de vos braves soldats morts qui sont restés dans nos retranchements, dans la nuit du 23, ont été inhumés, en présence d'une partie de la garnison, avec tous les honneurs dus à leur *intrépidité exemplaire.* »

Les quelques zouaves blessés recueillis par les Russes sur le champ de bataille reçurent à Sébastopol des soins bienveillants, qui adoucirent pour eux la douleur de la captivité.

Après le combat, les Anglais donnèrent aux zouaves de grandes marques de leur sympathie. En rentrant dans les tranchées, le colonel Cler rencontra le chef d'état-major de la 2e division anglaise, auquel on venait d'annoncer sa mort. Sa joie de le retrouver sain et sauf fut des plus vives et des plus sincères.

Revenu dans sa tente vers cinq heures du matin, le colonel Cler, douloureusement affecté par les pertes de son régiment, défendit les abords de son bivouac; mais au point du jour il entendit les voix de plusieurs personnes insistant pour le voir. C'étaient le général lord Rokeby et ses officiers, qui venaient, au nom des gardes anglaises, le complimenter sur le glorieux combat de la nuit, et lui exprimer aussi le chagrin qu'ils avaient éprouvé en apprenant la mort de beaucoup de leurs camarades des zouaves. « Prenez cette arme, dit lord Rokeby au colonel, en lui offrant un révolver, gardez-la comme souvenir de notre amitié, et surtout n'oubliez pas de la porter sur vous quand vous serez appelé à de nouveaux combats. Un jour peut-être elle servira à défendre votre vie, qui nous est précieuse, et à nous conserver un ami que nous aimons tous. »

Une bien vive émotion s'empara du colonel lorsqu'il remercia le général et les officiers anglais.

Le général Canrobert s'empressa, par l'ordre du jour ci-dessous, de faire connaître à l'armée la brillante conduite des zouaves du 2e régiment:

Devant Sébastopol, le 27 février 1855.

« Soldats ! dans le combat livré aux Russes pendant la nuit du 23 au 24 de ce mois par les troupes du 2ᵉ corps, le but que nous nous proposions a été atteint, et nos armes ont reçu un nouvel éclat, qu'elles doivent, pour la plus grande part, aux officiers, sous-officiers et soldats du 2ᵉ régiment de zouaves, si vaillamment conduits par leur digne chef, le colonel Cler, et les commandants de bataillon Lacretelle et Darbois.

» Le général de Monet, qui conduisait en personne, sous l'énergique direction du général de division Mayran, l'attaque contre les Russes, a pénétré le premier dans leurs retranchements, où, malgré quatre blessures reçues, il n'a cessé de donner à tous l'exemple d'un brillant courage. Le commandant Mermier, du 4ᵉ régiment de marine, le lieutenant d'artillerie Delafosse, le capitaine du génie Valesque, suivaient de près le général.

» Le général de division Bosquet, commandant le 2ᵉ corps, avait préparé l'opération et en avait la haute direction.

» Le général en chef remercie, au nom de l'Empereur et de la France, les braves qui viennent de soutenir l'honneur de notre drapeau avec une si haute valeur que nos ennemis eux-mêmes lui rendent hommage.

» Nous avons fait des pertes sensibles ; quatre-vingt-quatorze des nôtres, presque tous appartenant au 2ᵉ de zouaves, dont je ne saurais trop louer le courageux élan, ont glorieusement succombé. Donnons-leur des regrets; mais ils sont tombés pour la patrie, pour l'Empereur, et leur mort a été vengée par celle d'un nombre bien plus considérable de nos ennemis.

» Je fais connaître à l'Empereur et au ministre de la guerre les noms de tous ceux qui m'ont été signalés.

» Ils n'ont pas mis de bornes à leur dévouement, je voudrais n'en pas mettre aux récompeuses que j'ai à leur conférer; mais des limites sont imposées à mes pouvoirs, et il ne m'est permis de rémunérer ici, au nom de l'Empereur, que ceux qui m'ont été désignés comme braves entre les plus braves [1]. »

Le combat de la nuit du 23 au 24 février fut l'adieu du

---

[1] Voici la liste des nominations faites dans le 2e de zouaves, par le général en chef:

Officiers de la Légion d'honneur: M. Blanchet, capitaine, et Lacretelle, chef de bataillon.

Chevaliers: MM. Baratchard, lieutenant; Rambaud, sous-lieutenant; Du Mazel, capitaine; Lacretelle, capitaine; Fombon, sergent; Vignau, sergent-major; Aigrot, sergent; Thyriat, sergent.

Médaille militaire: Pradelle, sapeur; Esmieu, sergent; Demont, sergent-major; Doridat, sergent; Faillot, sergent; Prou, soldat; Derlicque, soldat; Embrée, caporal-clairon; Tailland, caporal; Chazal, soldat; Moreau, soldat; Brand, clairon; Labrut, sergent-major; Mouffard, soldat; Paget, sergent; Dubois, soldat; Boudet, sergent; Avrand, caporal; Martinel, soldat.

AVANCEMENT.

Au grade de chef de bataillon: Banon, capitaine.

Au grade de capitaine: Guillerault et Frasseto, lieutenants.

Au grade de lieutenant: Dousseau et Villain, sous-lieutenants.

Au grade de sous-lieutenant: Sillan et Vincendon, sergents-majors; Pradier, adjudant-sous-officier; Pépin, Labrune, Bosc, sergent-majors; de Cetto, sergent.

colonel Cler à son beau et bon régiment. Quelques jours après, il était nommé général de brigade, et il annonçait cette nomination au 2e de zouaves par l'ordre du jour suivant :

« Nommé général de brigade par décret impérial du 5 mars courant, j'éprouve une profonde émotion en voyant arriver le jour où je dois me séparer de mon bon régiment et des compagnons d'armes dont j'ai partagé, pendant trois ans, les travaux, les périls et la gloire.

» En vous quittant, officiers, sous-officiers et zouaves du 2e régiment, je vous remercie du concours que vous m'avez constamment donné, et je vous demande de me conserver un souvenir de bonne affection, le soir, dans vos causeries du bivouac et, plus tard, à votre retour dans la patrie, dans les récits de guerre que vous ferez au foyer de la famille.

» Il ne m'est pas donné de pouvoir lire dans le livre du destin, mais d'avance je prévois qu'il me sera difficile d'inscrire sur l'état de mes services des noms plus glorieux que ceux de Laghouat, des Babords, d'Alma, d'Inkermann, de l'attaque de la nuit du 23 au 24 février et de Sébastopol, combats et opérations de guerre où j'ai été fier et bien heureux de marcher à votre tête.

» En terminant ces adieux par la voie de l'ordre, je ne vous encouragerai pas à continuer à êtres braves : depuis longtemps j'ai appris à connaître les zouaves; je sais qu'ils méprisent la mort et qu'ils sont patients dans la souffrance.

» Je vous demanderai de conserver votre excellent esprit de corps, et d'accorder votre confiance et votre dévouement au chef de bataillon Lacretelle, qui doit prendre le commandement du régiment à partir d'aujourd'hui, et, plus tard, au successeur qui me sera donné par l'Empereur. »

LIVRE SIXIÈME

LA CRIMÉE

I

Le général Cler fut remplacé dans le commandement du 2e de zouaves par le colonel Saurin, officier supérieur qui, longtemps en Algérie, soit dans la légion étrangère, soit à la tête du 2ᵉ bataillon d'Afrique, avait une grande expérience de la guerre.

La 3ᵉ division du 2ᵉ corps, désignée pour le service de tranchée et les travaux du côté du bassin du Carénage, fut maintenue dans son camp du Moulin d'Inkermann. Le 2ᵉ de zouaves continua à en faire partie.

L'hiver avait été trop rude, et les hommes avaient eu des occupations trop sérieuses, pour qu'il fût possible aux zouaves de songer aux distractions du bivouac ; mais les premiers beaux jours venus, ils essayèrent de reprendre leurs amusements favoris. Des jardins furent établis autour des tentes, un théâtre fut construit en avant du front de bandière, sur l'emplacement laissé libre par les bataillons des gardes anglaises envoyés à Balaclava. La troupe dramatique et comique, sous la direction du lieutenant Petibeau, fut bientôt réorganisée, et le théâtre dit *d'Inkermann* donna des représentations au bénéfice des blessés et des prisonniers. Des affiches lithographiées entourées de caricatures représentant, soit les faits principaux de la guerre, traités au point de vue comique, soit des scènes intimes de la coulisse, étaient répandues dans tous les corps de l'armée. Elles donnaient en outre la composition des représentations théâtrales, qui avaient lieu le soir deux fois par semaine. Ces représentations ne tardèrent pas à avoir un immense succès, malgré le feu de la batterie *Gringallet*, qui, lançant des boulets et des obus à toute volée sur les camps du plateau d'Inkermann, parvenait de loin en loin à troubler la mise en scène, mais sans jamais interrompre le spectacle. Quelquefois, au moment de la

levée du rideau (car il y avait un vrai théâtre et un vérita
ble rideau), le régisseur annonçait que, *par ordre*, le régiment devant marcher pour une opération de guerre, la
représentation était renvoyée au lendemain. Le cas
échéant, plus d'un acteur, le jour suivant, ne pouvait paraître en scène, et pour cause : les boulets, la mitraille et
les baïonnettes russes n'épargnaient pas plus les artistes
que les spectateurs.

A la fin de l'hiver, et pendant les premiers jours du printemps, le scorbut et quelques cas de fièvre firent éprouver
des pertes au 2e de zouaves. Le lieutenant Guillon, très-
malade, avait été évacué sur Constantinople. Au bout de
quelques jours passés dans cette ville, un excès de zèle le
fit revenir en Crimée avant son entier rétablissement. Il ne
tarda pas à avoir une rechute, et fut enlevé par la fièvre.
Officier plein de zèle et de bravoure, le lieutenant Guillon avait eu l'honneur de porter l'aigle du régiment à l'assaut de Laghouat et à la bataille de l'Alma.

Les ouvrages élevés par les Russes sur le mamelon Vert,
en avant de la baie du Carénage, et appelés par eux redoutes *Kamtchatka*, *Selinginsk* et *Volhynie*, et par nous
redoute du *mamelon Vert* et *ouvrages blancs*, avaient pris
un développement formidable. Armés d'artillerie de gros
calibre, couverts sur leur front par des embuscades reliées
par des courtines, des caponières et des tranchées, ils ar-
rêtaient la marche des cheminements, et par leur feu *a* petite portée nous faisaient éprouver chaque jour des pertes
sensibles.

Le 6 juin, le général Pélissier décida, de concert avec le

général en chef de l'armée anglaise, à la suite d'un conseil
de guerre, que ces ouvrages seraient attaqués et enlevés.
L'opération, fixée à la soirée du 7 juin, fut confiée au général Bosquet. La 3ᵉ division du 2ᵉ corps, où se trouvait le
2ᵉ de zouaves, fut spécialement chargée d'attaquer les ouvrages blancs (redoutes Selinginsk et Volhynie).

Dans l'après-midi du 7, le général Bosquet vit les troupes commandées pour l'attaque du soir, et donna ses instructions. Il termina en disant « qu'il ne doutait pas du
» succès de l'attaque, qu'il fallait, coûte que coûte, con-
» server les ouvrages après les avoir conquis, que cela était
» de la plus haute importance pour les opérations ulté-
» rieures. »

Les paroles du général furent accueillies avec enthousiasme, mais nulle part l'ardeur ne fut plus grande qu'au
2ᵉ de zouaves. On allait combattre le jour, on verrait en
face l'ennemi, sur un terrain déjà illustré par le courage
du régiment, sur un terrain arrosé du sang de braves camarades, dont chaque jour encore on déplorait la perte.
Les soldats déclarèrent qu'ils étaient sûrs de s'emparer et
de conserver les redoutes qui leur avaient échappé dans
la nuit du 23 au 24 février, plus encore par suite de l'obscurité et de leur ignorance des lieux que par la supériorité
numérique des Russes appelés à les défendre.

Les troupes de la 3ᵉ division destinées à attaquer les ouvrages blancs furent disposées de la manière suivante : la
brigade du général de Lavarande, dont le régiment faisait
partie, à droite, face à la redoute Selinginsk ; elle avait
l'ordre d'attaquer l'ouvrage et les courtines qui le reliaient

à droite à celui de Volhynie, à gauche à un petit ouvrage
dominant la rade; la brigade du général de Failly, placée
à gauche, dans la parallèle française, avait pour mission
d'enlever la redoute Volhynie et les tranchées par lesquelles cette redoute communiquait avec le ravin du Carénage.

Le 2e de zouaves fut établi : le 1er bataillon (colonel
Saurin et commandant Lacretelle) vis-à-vis le saillant de
gauche de la redoute; le 2e bataillon (commandant Darbois) vis-à-vis le saillant de droite. Le 1er bataillon devait,
dans son attaque, être précédé de la compagnie du capitaine Lescop, déployée en tirailleurs.

Le 4e régiment d'infanterie de marine, à côté du 2e bataillon, eut pour mission d'attaquer la grande courtine et
la petite redoute près de la rade.

Vers six heures du soir, des fusées donnèrent le signal
de l'action. La brigade du général de Wimpffen aborde
aussitôt la redoute du mamelon Vert, la division Mayran
se porte sur les ouvrages blancs. Le 2e de zouaves franchit
le parapet de la tranchée, les tirailleurs du capitaine Lescop courent sur le fossé, et les deux bataillons se dirigent
rapidement sur les deux saillants de la redoute Selinginsk.
En un instant le fossé est traversé, les zouaves arrivés sur
la berme se fusillent avec les défenseurs, qui les couvrent
de projectiles, de pierres et de terre.

Le colonel Saurin, debout sur le haut de la contrescarpe,
rallie ses compagnies. Écrasé par le feu des batteries russes, qui le prennent d'écharpe et d'enfilade, il se jette dans
le fossé, enfilé également par les caronades de la flotte,
grimpe sur la berme, où se succèdent sans interruption

les braves qui pénètrent dans l'ouvrage en escaladant le
parapet. Le bataillon du commandant Darbois attaque la
droite de la redoute, comme celui du commandant Lacretelle a attaqué la gauche. Bientôt le retranchement russe
est emporté à la baïonnette, et ses défenseurs sont passés
par les armes ou faits prisonniers.

La marche sur la redoute, l'attaque et la prise de cet ouvrage s'étaient succédé avec une telle impétuosité qu'il fut
impossible de remarquer tous les traits de courage qui mé-
riteraient d'être signalés. Le capitaine adjudant-major
Pruvost, arrivé des premiers sur le parapet, y est frappé
mortellement. Il se tourne vers ses soldats, agite son sabre
pour les appeler au combat et tombe mort. Le jeune capitaine Perrot, atteint mortellement au moment où, à la tête
de sa compagnie, il arrivait sur le haut de l'escarpe, n'a
que le temps de s'écrier : « En avant le 2ᵉ de zouaves! »
Les capitaines Doré, de la Vaissière et de Lignerolle trouvent également une mort glorieuse en combattant au milieu de leurs soldats. Bien des zouaves intrépides, arrivés
sur le parapet, y restent et combattent à découvert, bravant ainsi l'ennemi dont ils provoquent l'admiration.

Maître des ouvrages ennemis, le général de Lavarande
en organise aussitôt la défense ; les canons russes sont
tournés contre la place.

Le capitaine Lescop, officier d'un bouillant courage, ne
s'arrête pas dans la redoute. Il s'élance avec quelques centaines d'hommes à la poursuite des fuyards, entre avec eux
dans la batterie du 12 mai, placée entre les ouvrages blancs
et la ville, et se fait tuer en avant du *pont tournant,*

placé au fond de la baie du Carénage. Le lieutenant Michelin, qui l'a suivi, est tué près de la même batterie du 12 mai; les canons de cette batterie sont encloués par les zouaves, qui regagnent enfin, non sans regrets, leurs bataillons.

Pendant l'attaque du 2e de zouaves, le 4e régiment de marine et la brigade du général de Failly s'étaient emparés des autres parties de l'ouvrage, en sorte qu'il fut en peu de temps entièrement occupé par nous.

Croyant à un retour offensif de la part des Russes, le général de Lavarande, à l'entrée de la nuit, plaça les gendarmes de la garde, qui lui avaient été donnés comme réserve, dans l'intérieur de la redoute, et tout le 2e de zouaves en tirailleurs en avant, de manière à couvrir les abords de la position.

Au point du jour, une partie des troupes rentra au camp. La défense des ouvrages conquis fut confiée aux gendarmes de la garde. Les zouaves et l'infanterie de marine furent postés dans le fossé.

Le 2e de zouaves eut la garde des redoutes jusqu'au 10 juin à onze heures du matin, moment où d'autres troupes vinrent relever ses bataillons.

Les pertes du régiment à l'affaire du 7 furent considérables. Le lendemain 8, au matin, on eut à regretter la mort du jeune et brillant général de Lavarande. Assis sur une banquette, à l'abri des feux directs de la place, il dictait un rapport à son aide de camp et à son officier d'ordonnance, lorsqu'un boulet vint en ricochant lui briser la tête et le haut du corps. 7 officiers tués, 21 blessés ou contusionnés, et environ 650 sous-officiers et zouaves atteints par le fer ou par le feu de l'ennemi, prouvent la part que le 2e de zouaves prit aux glorieux combats du 7 juin.

Qu'on nous permette un mot sur chacun des officiers morts à cette affaire.

Le capitaine adjudant-major Pruvost, officier zélé, instruit et modeste, décoré pour sa belle conduite à la bataille de l'Alma, avait été très-malade au commencement de l'hiver. Évacué sur Constantinople et sur la France, il ne voulut pas profiter du congé qui lui avait été accordé. S'arrachant des bras de sa mère, il revint partager les dangers de ses compagnons d'armes, et recevoir la mort du soldat en donnant l'exemple du courage.

Le capitaine Lescop, brave, dur à la fatigue, aimant passionnément la gloire, avait été aussi décoré pour sa belle conduite à la bataille de l'Alma. Entraîné pour sa bouillante ardeur, il vint, comme le chevalier de Malte de l'armée de Charles-Quint qui planta son poignard dans la porte de Bab-Azoun, à Alger, briser son existence au pied des remparts de Sébastopol même. Moins heureux que le chevalier de la langue franque, il paya de sa vie cet acte audacieux.

Le capitaine Perrot, jeune officier d'avenir, avait déjà donné plusieurs preuves d'intrépidité.

Officier très-zélé et esclave de ses devoirs, le capitaine Doré avait toujours et partout payé de sa personne. Fils d'une famille pauvre et honorable, il partagea souvent sa modeste solde avec ses parents.

Décoré, en Algérie, pour sa bravoure, le capitaine de

Lignerolle était arrivé depuis peu de jours en Crimée lorsqu'il tomba frappé mortellement en se précipitant des premiers à l'attaque des retranchements ennemis.

Le capitaine de la Vaissière, brillant officier, s'était déjà fait plusieurs fois remarquer par un courage froid et une grande résolution. Il mourut en combattant à la tête de ses zouaves.

Officier d'une grande modestie, d'une bravoure froide et persévérante, le lieutenant Michelin était très-aimé de ses camarades et de ses soldats. Il alla chercher la mort jusque dans la batterie du 12 mai [1].

II

Pendant les journées qui suivirent l'occupation des ouvrages blancs (ils prirent le nom de *redoute Lavarande*),

---

[1] Voici les noms des militaires de tous grades du 2e régiment de zouaves qui sont signalés dans l'ordre du jour du général en chef, en date du 15 juin, comme s'étant fait particulièrement remarquer par leur bravoure dans le combat du 7 :

Les capitaines Pruvost, Doré, Perrot, Lescop, de la Vaissière, les sous-lieutenants Beysser et de Cetto, les sergents Susini et Vuamet, le caporal Voirin.

Par suite des propositions faites après le combat du 7 juin, ceux dont les noms suivent furent nommés chevaliers de la Légion d'honneur :

MM. les capitaines Lauer, Pouyanne et Javary ; Vasseur, sergent-major, et Coutery, sergent.

le 2e de zouaves continua à concourir à la construction de nouvelles batteries et des cheminements. La ligne des petits postes de jour et de nuit fut établie dans le canal qui amenait les eaux de la Tchernaïa à Sébastopol, en contournant l'éperon et en longeant la rade jusqu'à l'aqueduc de la baie du Carénage. Les nouvelles batteries élevées de ce côté forcèrent bientôt les bâtiments à vapeur russes à s'abriter dans les baies du nord.

Au point de vue matériel, les résultats obtenus par la prise des ouvrages blancs et du mamelon Vert étaient immenses. L'assiégeant, maître de positions importantes qui avaient coûté à l'ennemi quatre mois de travaux et de grandes dépenses en hommes et en matériel, se trouvait en mesure de battre de face et de prendre à revers une partie de la rade tout en poussant les attaques à quelques centaines de mètres de Malakoff, ce nœud gordien de la défense.

Au point de vue moral, les résultats étaient bien plus grands encore. L'armée de siége venait en un seul jour de faire un pas de géant. Chacun comprenait que Sébastopol se débattait dans les dernières étreintes de l'agonie, et ne tarderait pas à succomber. Déjà les Russes paraissaient songer à effectuer leur retraite. Ils construisaient un pont de bateaux sur la partie de la rade comprise entre le port militaire et les forts du nord.

Ce prompt et brillant succès avait porté au plus haut point la confiance de l'armée française. Pendant les journées du 16 et du 17 juin, la canonnade avait redoublé, et sur tous les points notre artillerie paraissait avoir un avantage marqué.

Ces motifs, sans doute, prévalurent sur les règles indiquées par la science militaire pour faire devancer l'époque où, par un effort suprême, l'assiégeant allait chercher à enlever la formidable position de Malakoff.

Dans la soirée du 17, l'ordre fut envoyé à plusieurs divisions de l'armée française et à une partie de l'armée anglaise de se préparer à livrer un assaut général, dans la partie de la place comprise entre le ravin de Karabelnaïa et la grande rade.

Chaque corps reçut des instructions pour l'attaque du 18, et se dirigea en silence, entre une heure et deux du matin, vers son poste de combat. La 3e division, commandée par le général Mayran, fut disposée sur la rive gauche de la baie du Carénage de la manière suivante :

Le 1er bataillon du 2e de zouaves, sous les ordres du commandant Lacretelle, près de l'aqueduc; le 2e, sous le commandant Darbois, à côté du 1er; à gauche du régiment vint l'infanterie de marine et le 19e bataillon de chasseurs à pied, puis la brigade du général de Failly.

Depuis la mort du général de Lavarande, la 1re brigade de la 3e division était commandée par le colonel Saurin. Placée comme il vient d'être indiqué, elle devait, dans l'attaque générale, agir contre la batterie de la *Pointe*, les *Batteries noires* et la *Maison en croix*, de manière à couvrir la droite de l'attaque dirigée sur Malakoff.

Le signal de l'attaque devait être donné vers trois heures du matin, par trois fusées partant ensemble de la redoute Victoria.

Le général Mayran ayant envoyé l'ordre au colonel Saurin d'attaquer, le 2ᵉ de zouaves quitta sa position d'attente et se porta vers la place. Un long espace de terrain, couvert de bruyères et de ronces, qui rendait la marche difficile, dut être traversé par les zouaves. Aucun accident de terrain ne couvrait ce mouvement. Le jour permettant déjà de distinguer les objets, les Russes laissèrent approcher les bataillons, et ouvrirent sur eux, à 300 mètres environ, un feu terrible de mousqueterie et de mitraille. Les bateaux à vapeur placés dans le port, voyant à revers l'attaque, couvrirent aussi les colonnes de projectiles. Les Russes, s'attendant à un assaut, avaient tout préparé pour la résistance. Une triple ligne de fusils rangés derrière les parapets faisait sur les bataillons un feu de deux rangs des plus meurtriers, tandis que les batteries de la gauche du port et les canons des bateaux à vapeur sillonnaient par de la mitraille tout le terrain à parcourir.

Dans ce moment, le colonel Saurin eut la cuisse traversée par une balle de mitraille, le commandant Darbois reçut une balle qui lui coupa la joue : tous deux, blessés trop grièvement pour continuer le combat, quittèrent le champ de bataille. Par suite des pertes faites dans la journée du 7 juin et dans cette matinée, le régiment n'avait presque plus d'officiers, et les débris de ses deux bataillons, ralliés par le commandant Lacretelle derrière un pli de terrain, présentaient un effectif de 400 combattants au plus.

Le commandant Lacretelle, voulant tenter un nouvel effort, appuie à gauche, et se porte avec cette poignée de braves vers la Maison en croix, où il rejoint la brigade de

Failly, décimée également par la mitraille et par la mousqueterie, et arrêtée dans une carrière placée à 200 mètres environ de la place.

Ce dernier espace est impossible à franchir, tant les feux croisés de l'ennemi y sont terribles. Les troupes hésitent : quelques officiers intrépides cherchent à les entraîner en se tenant seuls debout en avant des carrières. Le commandant Lacretelle, frappé déjà à la jambe au commencement de l'action, reçoit une balle de mitraille qui lui laboure la poitrine; le sous-lieutenant Escourrou, jeune officier plein d'ardeur et de dévouement, tombe aussi blessé grièvement. Le colonel de Cendrecourt, de l'infanterie de marine, et le général Mayran, atteints grièvement, sont emportés du champ de bataille.

Les troupes ne peuvent plus conserver l'espoir de prendre la ville, mais elles ne songent point non plus à battre en retraite. Forcés de s'arrêter devant une grêle de projectiles, elles restent dans leurs positions, à peu de distance des Russes, qu'elles semblent défier par leur présence. Mais ceux-ci, calmes et prudents, ne veulent pas compromettre leur succès par une sortie hors de leurs retranchements; ils attendent derrière leurs formidables positions qu'une attaque téméraire se renouvelle ou que le signal de la retraite nous soit donné. Les troupes reçoivent enfin l'ordre de se replier et de rentrer au camp.

Les pertes éprouvés par le 2e de zouaves furent d'autant plus cruelles que déjà son effectif avait été considérablement réduit dans la journée du 7. Plusieurs officiers furent tués; les trois officiers supérieurs et huit officiers inférieurs furent blessés ; parmi ces derniers, deux restèrent au pouvoir de l'ennemi ; plus de trois cents sous-officiers et zouaves furent tués ou blesés.

Le capitaine Pouyanne, qui fut tué et porté comme *disparu*, était doué d'une grande vigueur morale et physique [1]. Militaire modeste, plein de zèle et de dévouement, il fut universellement regretté par ses chefs, ses camarades et les soldats.

Porté aussi comme disparu, le jeune capitaine Frasseto, officier plein d'avenir et d'une grande distinction, reçut une blessure mortelle au moment où il donnait à ses zouaves, en marchant à découvert sur la place, l'exemple de l'intrépidité. Très-malade pendant l'hiver, il n'avait jamais voulu quitter sa compagnie, et quoique pouvant à peine marcher, il l'accompagna toujours toutes les fois qu'elle fut commandée pour un service de guerre.

Le lieutenant de Vermondans, blessé mortellement en marchant à l'attaque de la place à la tête de ses zouaves, était plein de vigueur. Gai, ayant de l'entrain, il était aimé de ses camarades et de ses soldats. Blessé à la bataille de l'Alma, où il s'était fait remarquer par son courage, il avait été décoré, quoique très-jeune, et il allait être nommé capitaine quand la mort vint l'atteindre.

Le sous-lieutenant Gabalda, blessé mortellement, avait fait un premier congé en Algérie. Il fit la remise volon-

---

[1] Il venait de recevoir la croix de la Légion d'honneur, qui lui avait été accordée comme récompense de sa bravoure pendant le combat du 7 juin.

taire de son grade de sergent-major pour venir servir aux
zouaves. Sa bonne conduite et son courage lui avaient
fait bien vite rendre le grade auquel il avait renoncé. Il
venait d'être nommé sous-lieutenant.

Le 25 juin 1855, le général en chef nomma :

Officier de la Légion d'honneur : le colonel Saurin.

Chevaliers : MM. Fayout, lieutenant ; Carlin, Deleuze,
Liotard, sergents ; Guignot, caporal ; Castaingts, Choua-
nard, Nicolod, zouaves.

Le commandant Lacretelle fut promu lieutenant-colonel au 19e de ligne.

Nous avons déjà eu occasion, lors du récit que nous
avons fait de la campagne des Babors, de parler du colonel d'état-major de La Tour-du-Pin. Cet officier supérieur,
dont l'amour pour la guerre et pour le danger était poussé
jusqu'à la passion, n'avait eu garde de laisser les zouaves
s'embarquer pour l'Orient sans les suivre. Les *chakals*
du colonel Cler retrouvèrent en Crimée le brave à la *poêle
à frire* aussi imprudent que par le passé, et ils purent
répéter encore, sans risquer de se tromper, chaque fois
que La Tour-du-Pin venait visiter leurs cantonnements :
« *Allons, allons, il y aura du tabac.* » Il était rare, en
effet, qu'il en fût autrement ; le pauvre officier infirme,
réduit à l'état de volontaire, ne laissait échapper aucune
occasion de s'exposer aux balles et aux boulets pour voir
de plus près les combats qui se livraient de part et d'autre.
Il semblait un véritable juge du camp, témoin des deux
partis dans un duel sur une échelle colossale. On eût dit,
en le voyant impassible au milieu du carnage, qu'il était

comme Achille, invulnérable, et n'avait pas même à craindre pour son talon.

Le 26 octobre, de La Tour-du-Pin ayant su que le colonel du 2e de zouaves était de tranchée au point extrême des attaques de gauche, et que pendant la nuit on avait dû commencer les travaux d'approche, travaux à peine ébauchés encore à la pointe du jour, s'était empressé d'aller rejoindre son ami à son poste périlleux. Plusieurs batteries russes placées dans les contre-approches commençaient à être démasquées, et couvraient déjà les tranchées françaises de projectiles. Ce fut ce moment que La Tour-du-Pin choisit pour venir s'asseoir tranquillement dans la parallèle et causer avec le colonel Cler sur les opérations futures. Le colonel Cler lui fit observer le danger réel qu'il y avait à rester là, et l'inutilité de braver ce danger lorsqu'on n'y était pas obligé par le service. De La Tour-du-Pin se mit alors à discuter sur le peu d'efficacité du feu de la place. A l'instant même, et comme pour lui donner tort, un boulet vient renverser un sac à terre, et passe entre les deux amis. Autour d'eux, des blessés, des morts et des débris de bombes et d'obus indiquaient, au contraire, que les Russes ne perdaient pas leur poudre. Malgré toutes ces preuves, il fallut que le colonel du 2e de zouaves employât presque autant de force que de persuasion pour faire quitter les travaux à son camarade [1].

---

[1] A la bataille d'Inkermann, de La Tour-du-Pin, qui se tint constamment au milieu des bataillons du général Bosquet, eut la chance de ne recevoir qu'une légère blessure à la joue.

Dès que l'on fut décidé à opérer contre Malakoff, sur la droite, de La Tour-du-Pin saisit toutes les occasions d'étudier Sébastopol de ce côté, et surtout d'observer ce qui se passait dans le port; il multipliait, dans ce but, ses visites au camp du Moulin d'Inkermann. Un jour, le colonel à la *poêle à frire* vint supplier son ami de lui laisser visiter les postes extrêmes. Le capitaine adjudant-major de Lavaissière s'offrit pour l'accompagner jusqu'à une embuscade de nuit, abandonnée pendant le jour, parce qu'elle était trop en vue de l'ennemi. Ils partirent. Arrivés à l'embuscade, de La Tour-du-Pin souhaita le bonjour à son compagnon, qui retourna à son service, et s'établit seul, avec sa longue-vue, pour examiner, bien à son aise, la batterie de la *Pointe* et le haut de la rade. Lorsqu'il eut terminé ses longues et minutieuses observations, il essaya de regagner la grand'garde la plus rapprochée. Malheureusement, il se trompa de direction. Sa vue, très-basse et très-mauvaise, ne lui permit pas de retrouver le chemin par lequel il était venu. Il fut bientôt complétement égaré, sur un terrain coupé de ravins, plein de ronces, de pierres, et fort accidenté. Il marchait à l'aventure depuis quelques instants lorsqu'à la poussière soulevée autour de ses pas, au sillon tracé dans la pierre et sur le sol par les boulets, il crut reconnaître qu'il s'approchait de la place, et qu'il servait de cible aux batteries et aux tirailleurs russes. Il fit alors volte-face, et il était temps, puis il se laissa guider par le hasard; au bout d'une heure, il était de retour aux avant-postes français, emportant de l'adresse des Russes la plus détestable opinion, car il était arrivé sain et sauf dans les tranchées.

Le 18 juin, le brave colonel d'état-major était parti avec les premières colonnes. Il assista en amateur passionné au terrible combat livré par les divisions Brunet et Mayran. Lorsque les troupes françaises, décimées par la mitraille, furent obligées de se replier, en traversant de nouveau un terrain découvert, de La Tour-du-Pin s'assit gravement par terre, au beau milieu de l'arène, et attendit que le dernier soldat eût défilé devant lui pour regagner les travaux d'attaque.

Cette fois encore le hasard permit qu'il fût épargné par les projectiles. Mais le jour de la prise de Malakoff, le 8 septembre, ayant voulu suivre les colonnes du général de Mac-Mahon, il fut frappé d'un éclat d'obus qui lui dénuda la jambe. Transporté à Marseille, il y mourut victime d'une passion singulière, et qui l'avait poussé instinctivement, pendant sa vie, sur tous les champs de bataille de l'Europe.

L'intrépide et malheureux colonel de La Tour-du-Pin a laissé parmi les soldats un souvenir qui se conservera toujours dans le cœur des Africains et des Criméens. Longtemps encore, dans les veillées du bivouac, on parlera au 2e de zouaves du brave à la *poêle à frire*. Un jour, sans doute, sa vie servira de texte à quelque légende militaire.

III

Après la sangiante journée du 18 juin, le 2e de zouaves fut hors d'état de continuer à prendre part aux travaux du siége. Ses cadres étaient presque nuls, ses compagnies réduites à un effectif très-faible. Outre les blessés entrés aux ambulances, un grand nombre d'autres se faisaient soigner au corps.

Dans le courant de juillet, le régiment fut remplacé par le 7e de ligne, et il se rendit avec la 3e division à l'armée d'observation de la Tchernaïa. La place qui lui fut donnée sur le plus bas des monts Fédioukines, à droite des gorges de Traktir, lui permit bientôt de jouer un rôle glorieux dans la bataille livrée le 16 août sur les bords de la rivière.

Avant de faire le récit de cette belle journée, à laquelle le 2e de zouaves prit une part si glorieuse, il est nécessaire, pour l'intelligence des mouvements opérés par les deux armées, de donner la description du terrain.

La rivière de la Tchernaïa, en sortant des gorges de Tchorgoun, coule d'abord dans une vallée resserrée, qui s'élargit ensuite devant les monts Fédioukines, pour se rétrécir de nouveau à hauteur des ruines d'Inkermann, avant de tomber dans le haut de la rade de Sébastopol. Près des gorges de Tchorgoun, un canal prend les eaux de la Tchernaïa et du petit ruisseau du Chouliou, pour les amener, en traversant un aqueduc, dans le canal de dérivation, qui leur donne accès dans l'intérieur de Sébastopol. Ce canal étroit, profond, aux berges droites et difficiles; suit les contours des monts Fédioukines, se rapproche du cours de la Tchernaïa, passe sous un petit ponceau à 100 mètres derrière le pont de Traktir, et se jette dans un petit lac fermé au moyen d'un barrage dans l'ouverture qui sépare les monts Fédioukines du mont Sapoune. Le canal de dérivation longe ensuite le bas des pentes du mont Sapoune, et entre dans Sébastopol en traversant, sur un pont-aqueduc, la baie du Carénage.

Des plateaux élevés, d'un accès assez difficile, dominent à droite la vallée du Chouliou, et forment une crête qui s'avance obliquement entre le cours d'eau et la vallée de la Tchernaïa, jusqu'à l'endroit où cette rivière traverse l'*étranglement* qui la fait sortir de la petite plaine au-dessus de Tchorgoun. C'est sur ce point que se trouve le pont-aqueduc, dominé, à droite et à gauche, par des roches à pic, et fermant un passage que les Piémontais, par quelques retranchements, avaient rendu infranchissable. A gauche, au delà du pont-aqueduc, le terrain s'élève jusqu'au village de Kamara, placé au pied de l'un des contreforts de la chaîne de montagnes qui s'étend de Balaclava à la vallée de Baïdar.

Les monts Fédioukines forment un système de trois mamelons étagés, séparés des montagnes de la rive gauche de la Tchernaïa par deux larges ouvertures, dominant du côté du nord la plaine où coule cette rivière, et du côté du sud celle de Balaclava. Ces mamelons constituaient une excellente position défensive : celui de droite, le plus bas et le plus accessible, dominait la gauche de la gorge de Traktir, où passait la route de Mackensie à Balaclava. Le 2e de zouaves et le 19e bataillon de chasseurs à pied étaient campés sur son point culminant.

Le 15 août, veille de la bataille de la Tchernaïa, l'armée alliée occupait les positions suivantes :

1° A l'extrême gauche, au-dessous des crêtes du mont Sapoune, entre le télégraphe et la redoute Canrobert campait la 1re brigade de la division Herbillon, formée par le 14e bataillon de chasseurs, le 47e et le 52e de ligne.

2° Sur le plus élevé des monts Fédioukines, une partie de la division Camou, le régiment de tirailleurs indigènes, les 6e et 82e de ligne, et une batterie du 13e d'artillerie.

3° Sur le mamelon du milieu flottait le fanion de commandement du général Herbillon, qui avait près de lui, à gauche et en avant, le 50e de ligne et le 3e de zouaves, de la brigade du général de Wimpffen, le 95e et le 97e, de celle du général de Failly, et trois batteries du 2e d'artillerie.

4° Ainsi que nous l'avons dit, le 2e de zouaves et le 19e bataillon de chasseurs à pied, formant la 1re brigade du général Faucheux, occupaient à droite le plus bas des monts Fédioukines.

5° En arrière du général Herbillon, formant la réserve des troupes françaises de la Tchernaïa, le général Cler, avec le 62e et le 73e de ligne, et cinq batteries d'artillerie (dont deux de la garde) sous les ordres du colonel Forgeot.

6° La division de cavalerie composée de régiments de

chasseurs d'Afrique, sous les ordres du général Morris, bivouaquait dans la petite plaine de Balaclava, en arrière de la droite des monts Fédioukines.

7° L'armée piémontaise, en entier à droite de l'armée française, tenait les versants qui prennent naissance au village de Kamara, et tombent presque à pic sur l'étranglement de la Tchernaïa, et en pentes moins fortes sur le ruisseau dit de Kreuzen, qui part de Varnoutka et se jette dans cette rivière, vis-à-vis Tchorgoun.

Des avant-postes avaient été jetés au delà de ces cours d'eau sur les hauteurs qui dominent le village de Tchorgoun ; ils étaient couverts du côté de l'ennemi par des épaulements en terre.

La petite armée piémontaise, si bien organisée par l'habile et brave général Alphonse de la Marmora, avait établi ses camps à droite et à gauche de la route *Woronzoff*. Des batteries et d'autres ouvrages en terre rendaient leur position formidable. Les soldats, surtout ceux de la brigade de Savoie, commandée par le général Mollard, ayant par leur caractère, leur physionomie et leur langage une analogie complète avec nos soldats, vivaient en très-parfaite intelligence avec eux, et désiraient ardemment, comme leurs pères, combattre sur un même champ de bataille, côte à côte avec nous, pour une cause commune.

8° Le contingent des Turcs était à droite des Piémontais, dans la forêt qui couronnait les hautes chaînes du pâté de montagnes placé entre Balaclava et la vallée de Varnoutka.

9° Enfin quelques corps anglais, de la cavalerie et de l'artillerie surtout, occupaient la plaine et les collines qui précèdent Balaclava.

Vers la fin de la journée du 15 août, le général Herbillon, commandant l'armée d'observation de la Tchernaïa, reçut du général d'Allonville, commandant une division mixte dans la vallée de Baïdar, une dépêche télégraphique qui, bien qu'interrompue par la nuit, lui fît connaître que l'armée russe avait été en mouvement pendant toute la journée, et que dans ce moment de fortes masses semblaient vouloir le déborder par la gauche.

Le général Herbillon, s'attendant à être attaqué pendant la nuit ou le lendemain matin, prévint ses lieutenants, et compléta par de nouvelles instructions les ordres qui leur avaient déjà été donnés pour le combat.

Pendant la nuit du 15 au 16 août, six divisions d'infanterie russe, trois de cavalerie et une nombreuse artillerie, descendirent des hauteurs de Mackensie en suivant la route et les montagnes qui dominent la Tchernaïa, à hauteur de Tchorgoun. Trois de leurs divisions d'infanterie, les 7e, 5e et 12e, sous les ordres du général Read, devaient attaquer la ligne française, les autres, sous le général Liprandi, avaient pour mission d'attaquer les Piémontais. La cavalerie devait soutenir ces attaques, et l'artillerie établie sur les hauteurs, depuis la redoute qui dominait la route de Mackensie, au-dessous de *Bilboquet*, jusqu'aux retranchements piémontais, devait, pendant la bataille, écraser de ses feux de face et d'écharpe la droite des monts Fédioukines et l'entrée des gorges de Traktir.

Un peu avant quatre heures du matin, la 17e division

russe, du corps de Liprandi, aborde l'avant-poste piémontais sur la hauteur entre Tchorgoun et la Tchernaïa, et le force à repasser la rivière.

Immédiatement après, l'artillerie russe de position sur les hauteurs, et celle de campagne établie à mi-côte, près la redoute élevée depuis quelques jours sous *Bilboquet*, ouvrent un feu très-vif sur toutes les émbuscades de la rivière. Les trois divisions du corps de Read se mettent alors en marche vers la Tchernaïa, la 7e se dirigeant à droite sur le bas de la plaine, et les 12e et 5e vers le pont.

IV

Au premier coup de canon, les divisions françaises prennent les armes et se portent aux positions qui leur ont été assignées d'avance pour le combat.

Un brouillard très-épais régnait sur la Tchernaïa; la fumée des pièces russes ne pouvant s'élever empêchait de distinguer quel serait le véritable point d'attaque; toutes les embuscades, soutenues par des compagnies de renfort, défendent vivement la rivière et les abords du canal de dérivation.

N'écrivant que l'histoire du 2e régiment de zouaves, nous ne pouvons donner la relation des attaques qui furent tentées sur toute la ligne; le cadre de ce récit sera donc restreint aux combats livrés sur le plus bas des monts Fé

dioukines, sur la gauche du pont, et sur les gorges de
Traktir.

Dès que le feu des Russes commence, le 2e de zouaves
prend les armes, les hommes laissant de grand cœur le
café préparé pour marcher à l'ennemi. Le commandant
Darbois, à peine remis de la blessure qu'il a reçue le
18 juin, commande le régiment. Il reçoit l'ordre du général Faucheux de conduire ses deux bataillons [1] à la gauche du plateau, de manière à soutenir et à renforcer au
besoin la ligne des avant-postes en amont du pont. Le bataillon du commandant Alpy descend sur le canal, celui
du commandant Darbois reste en réserve vers le haut de
la pente.

Sur la Tchernaïa, les Russes, qui ont montré des mas-
sés profondes, forcent les avant-postes à se replier vers le
canal ; ils passent la rivière sur des ponts légers. Le
commandant Alpy tient bon ; mais, blessé mortellement,
il est emporté du champ de bataille. Le commandant Darbois descend avec le reste du régiment ; il soutient le bataillon engagé, et, reprenant un instant l'offensive, il
occupe de nouveau le terrain entre le canal et le pont.
Renforcés par de nouvelles réserves, les Russes avancent,
traversent le canal sur de petits ponts en forme d'échelles,
jetés d'une berge à l'autre, et gagnent le pied des pentes.
Les zouaves ne cèdent le terrain que pied à pied ; soute-

---

[1] Le régiment était réduit à un effectif de moins de 1,200 hommes
depuis les sanglantes affaires des 24 février, 7 et 8 juin, dans lesquelles
il avait eu 65 officiers et plus de 1,100 hommes mis hors de combat.
Plusieurs, heureusement, avaient pu reprendre leur service.

nus par la batterie du capitaine de Sailly, en position en arrière près de la gorge, ils défendent chaque accident de terrain et chaque broussaille. Leur chef, le commandant Darbois, fait des prodiges de valeur : à cheval, il est toujours en avant, élevant sa casquette au bout de son épée pour rallier autour de lui ses soldats. La colonne russe, qui peut immédiatement remplacer ses pertes, continue à marcher; elle est près d'atteindre le sommet des pentes. Le régiment voit tomber ses meilleurs officiers et ses plus intrépides zouaves. Le commandant Darbois est frappé mortellement au bas-ventre par une balle; le sous-lieutenant porte-aigle Bosc est aussi atteint en pleine poitrine; son drapeau est enlevé par des sous-officiers, qui le tiennent haut et fier en face de l'ennemi. Les zouaves serrent leurs rangs, sans cesse décimés par le feu des Russes, mais ils n'ont presque plus d'officiers pour les diriger. Les pièces du capitaine de Sailly, masquées par cette ligne, sont placées sur les avant-trains et reportées en arrière[1].

Dans ce moment, le général Cler, qui s'est avancé au commencement de la bataille, avec trois des bataillons de

---

[1] A cette période de la bataille, la 1re brigade de la 3e division, placée en première ligne, n'avait pas plus de 1,000 hommes présents, ayant été diminuée de l'infanterie de marine détachée à Kertch et à Eupatoria. Pas un seul officier supérieur n'était *debout*. Le général Manèque, son commandant, avait reçu trois blessures graves à l'affaire du 18 juin. Le colonel Saurin avait été blessé grièvement à la même attaque, et avait été évacué. Les commandants Alpy et Darbois venaient de recevoir des blessures mortelles, et le commandant du 19e bataillon de chasseurs avait été atteint pendant la nuit d'une attaque de choléra; il se trouvait à l'ambulance.

sa brigade, vers la droite de la division Faucheux, pour y former une seconde ligne et la réserve, débouche en arrière avec ses bataillons déployés. La fumée du canon et la disposition du terrain ondulé dans cette partie du plateau lui permettent de cacher sa marche offensive. Instruit de ce qui se passe sur les pentes, il donne immédiatement l'ordre au colonel de Pérussis, du 62e de ligne, de se porter en avant avec ses deux bataillons, de façon à aborder en tête et sur son flanc gauche la lourde colonne russe. Il envoie son aide de camp, le capitaine Caffarelle, pour diriger sur le flanc droit de cette colonne le bataillon du 73e, puis lançant son cheval à la rencontre des zouaves du 2e régiment : « Où allez-vous? leur crie-t-il, c'est en avant qu'il faut marcher! » Les zouaves reconnaissent dans le général qui leur amène des renforts leur ancien colonel, poussent une grande acclamation, font volte-face, leurs clairons sonnent de nouveau la marche du régiment, et tous se précipitent baïonnette basse sur l'ennemi. Surprise par le feu des bataillons du général Cler et par le retour furieux des zouaves, la colonne russe qui se déploie est culbutée, roulée sur les pentes, et jetée dans le canal.

Le mouvement offensif dirigé par le général de Failly sur les pentes de gauche et dans le fond de la gorge ayant été aussi vigoureux, toute la masse des Russes repasse en désordre la rivière et le pont. Leurs 5e et 12e divisions sont rejetées au delà de la Tchernaïa. A l'extrême droite de leur ligne, la 7e division, qui avait attaqué au commencement de la journée la gauche de la ligne française, est vivement repoussée par les bataillons du général de Wimpffen. Les Russes ne renoncent cependant pas à faire un nouvel effort sur la ligne. Le général en chef ennemi, qui s'est aperçu du peu de succès de cette première attaque, appelle à lui les réserves qu'il fait descendre des hauteurs du Chouliou, et qu'il donne comme appui aux trois divisions déjà engagées. Cette masse se porte vers la ligne française, qu'elle attaque de nouveau sur son centre.

L'artillerie russe en batterie sur et en avant des collines qui s'étendent du bas de *Bilboquet* à la redoute ruinée et aux retranchements des avant-postes piémontais, couvre de ses projectiles les pentes et les bas plateaux des monts Fédioukines. Sept batteries françaises, dont deux (celles des capitaines de Sailly et Armand) placées sur le plus bas des monts, au lieu de répondre à ce feu terrible, tirent sur les masses ennemies. Le camp du 2ᵉ de zouaves est sillonné par les boulets, qui le prennent d'écharpe et de face. L'artillerie piémontaise de position et de campagne appuie à droite le feu des pièces françaises.

L'attaque de la ligne de la Tchernaïa est tentée de nouveau par l'infanterie russe. Les débris des 12ᵉ et 5ᵉ divisions se portent sur le pont de Traktir. Les troupes du général de Failly se précipitent au pas de charge sur le pont et en aval de la rivière, tandis que le 2ᵉ de zouaves, appuyé par les bataillons du général Cler, s'y porte en amont. On s'aborde à la baïonnette. Les boulets ennemis font de sanglantes trouées dans ces masses de chair humaine; les boulets français passant sur les têtes, écrasent les queues des colonnes russes, et y jettent le désordre.

Enfin l'ennemi est forcé de se replier; ses divisions vont se rallier au pied des collines, sous la protection de leurs bouches à feu, laissant la petite vallée couverte de leurs morts.

Voyant l'inutilité de ses efforts réitérés sur le pont de Traktir, le général en chef de l'armée russe change sa manœuvre. Il se décide à porter ses efforts sur la partie de la ligne comprise entre la droite des Français et la gauche des Piémontais, là où le terrain présente une large ouverture près de la Tchernaïa et du canal, qui sont presque partout guéables dans cette partie de leur cours.

La 17e division, renforcée du régiment d'Odessa, qui n'a été employée que comme réserve, est dirigée vers ce point. Elle traverse la rivière et le canal, et cherche à peser sur la droite de l'armée française, en remontant les berges d'un ravin situé sur le flanc droit du plus bas des trois monts Fédioukines. Le général Faucheux fait diriger sur ce point une demi-batterie et quelques compagnies du 14e bataillon de chasseurs à pied, chargés d'appuyer le mouvement offensif d'un bataillon du 62e (commandant de Lavoyrie) envoyé par le général Cler.

Les Piémontais, de leur côté, avancent leur ligne pour s'opposer à l'attaque des Russes. Un de leurs bataillons de bersaglieri appuie vers les Français, et vient prendre position en arrière du versant menacé; leur artillerie et la division Trotti paraissent sur le flanc gauche de la colonne ennemie. Une courte fusillade s'engage, le commandant de Lavoyrie est blessé mortellement, mais avant d'être enlevé du champ de bataille il a le bonheur bien grand, pour un brave soldat, de voir s'éloigner la colonne ennemie, qui se rejette sur le canal, au pied même des pentes occupées par la droite de notre ligne.

Forcée de renoncer à l'espoir de percer le centre des alliées, contrainte, pour opérer sa retraite, de traverser l'espace couvert par les feux des Piémontais, la 17e division se rallie, et pendant quelque temps dirige tous ses feux sur notre extrême droite. Les balles, tirées de bas en haut, passent sur la tête des troupiers sans les atteindre. Les Russes forment alors une forte colonne avec le régiment d'Odessa en tête, et la dirigent vers la batterie Armand, sur le haut de la pente.

Le général Cler, qui a compris le but de cet effort suprême de l'ennemi, dispose deux de ses bataillons, le 2e du 62e (colonel de Pérussis et commandant Cottat) et le 1er du 73e (commandant Deparfouru), en arrière des pièces, en recommandant au commandant de la batterie de faire feu dès qu'il entendrait battre la charge. Une compagnie de zouaves du 2e régiment, sous les ordres du lieutenant Vial de Sabligny, reste seule en avant, et de façon à attirer l'attention des Russes. La colonne donne dans le piége. Elle gravit péniblement la pente, s'arrête de distance en distance, et reforme ses pelotons sur la ligne des fanions portés par ses sous-officiers. Les zouaves cèdent le terrain en démasquant la batterie ; ils augmentent, par leur mouvement rétrograde et leur petit nombre, la confiance de l'ennemi. Bientôt, cependant, la tête de la colonne atteint le haut de la pente ; mais là elle est reçue par une dernière salve des pièces, qui sont aussitôt ramenées *à bras en arrière*, laissant le champ libre à l'infanterie. Le général fait battre la charge, ses deux bataillons s'élancent sur la tête et les flancs de la colonne d'attaque, qui, surprise, hésite, résiste faiblement, puis se replie sur le canal, où elle est poursuivie par le bataillon du commandant Cottat et par les zouaves jusqu'au delà de la rivière. Le terrain où vient de se passer ce dernier acte de la bataille reste couvert de morts, de blessés, de prisonniers, d'armes, de tambours et de fanions d'alignement.

L'affaire était complétement décidée, et le 2ᵉ de zouaves pouvait inscrire une nouvelle victoire à côté de celles de l'Alma et d'Inkermann. La part prise par le régiment fut glorieuse dans cette sanglante bataille. Quatre fois il avait repoussé l'attaque des Russes, et plus de trois cents des siens, dont onze officiers, avaient payé de leur sang les brillants résultats obtenus à force d'héroïques sacrifices.

Le chef de bataillon Darbois, qui commandait le régiment, fut blessé mortellement. Il était arrivé en Crimée avec le 1ᵉʳ régiment de zouaves. Nommé chef de bataillon au 2ᵉ régiment, il étrenna ses nouvelles épaulettes en conduisant bravement, dans la nuit du 23 au 24 février, son bataillon à l'attaque des *ouvrages blancs*. Cité à l'ordre du jour de l'armée pour sa belle conduite dans cette affaire, il se fit encore remarquer au combat du 7 juin et à celui du 18, où il reçut une blessure à la figure. A peine rétabli, il prit le commandement du régiment, qu'il guida avec la plus grande vigueur pendant la bataille de la Tchernaïa. Quelques jours avant sa mort, il reçut, comme dernière consolation, la croix d'officier de la Légion d'honneur.

Le commandant Alpy, atteint aussi d'un coup mortel au commencement de l'action, était depuis deux jours seulement au régiment. Il sortait du bataillon de chasseurs à pied de la garde impériale. Actif, capable et zélé, il emporta les regrets du régiment, qui déjà avait pu apprécier ses belles qualités militaires.

Officier brave, modeste et dévoué, le sous-lieutenant porte-aigle Bosc s'était distingué au siége de Laghouat en traversant plusieurs fois avec calme et courage un terrain sillonné par les balles arabes pour aller porter des ordres aux compagnies de son bataillon. Il n'était alors que fourrier. Nommé sous-lieutenant en récompense de sa belle conduite dans le combat de la nuit du 23 au 24 février, il se fit remarquer à la bataille de la Tchernaïa, où son drapeau fut troué par les balles ennemies. Blessé mortellement, il put recevoir avant de mourir la croix de chevalier de la Légion d'honneur.

Nommé lieutenant après l'assaut de Laghouat, où il avait eu une brillante conduite, cité encore à la suite de l'affaire du 7 juin, le capitaine Arnaud, officier plein d'élan, fut blessé mortellement en donnant à ses soldats l'exemple du courage.

Le sous-lieutenant Berger, tué au moment où le régiment reprenait l'offensive, était arrivé au 2e de zouaves avec les galons de sous-officier. Il s'était distingué aux affaires des 7 et 18 juin, et avait été nommé sous-lieutenant à la suite de ces combats.

Après la glorieuse journée de la Tchernaïa, le général en chef nomma dans le 2e de zouaves : officier de la Légion d'honneur, le commandant Darbois; chevaliers, le capitaine Réau, le sous-lieutenant Bosc et le sergent Girardot; plusieurs hommes de troupes reçurent la médaille militaire, et de nombreuses promotions furent faites dans tous les grades.

La bataille de la Tchernaïa fut la dernière affaire dans laquelle le 2e de zouaves fut appelé à déployer son courage et son héroïque dévouement. Ce brave régiment avait été tellement affaibli par ses pertes successives, depuis quelques mois, qu'il se trouva hors d'état de concourir aux travaux d'attaque. Laissé au corps d'observation sur la Tchernaïa, il vint camper, en octobre, après la prise de la ville, en arrière du col de Balaclava. Vers la fin de ce même mois d'octobre, les deux bataillons couronnèrent les crêtes du mont Sapoune, entre le télégraphe et la redoute Canrobert. Le régiment se trouvait encore dans cette même position lorsque la paix fut signée.

Au mois de juin 1856, le 2e de zouaves dit un éternel adieu aux braves morts sur la terre de Crimée pour l'honneur de la France, et ce qui restait de ses héroïques enfants se rembarqua pour l'Algérie.

Le régiment rentra à Oran, où les habitants et la garnison lui firent l'accueil triomphal que méritaient les services rendus, le sang versé et les exemples de courage et de dévouement dont il avait enrichi, pendant cette rude campagne, les annales glorieuses de la France.

LIVRE SEPTIÈME

LA GRANDE KABYLIE

I

Rentré à Oran en juin 1856, comme nous l'avons dit plus haut, le 2ᵉ de zouaves ne devait pas rester longtemps inactif. Ce brave régiment, si fortement éprouvé pendant la rude campagne d'Orient, allait être appelé à prodiguer de nouveau son sang précieux pour châtier et soumettre les montagnards de l'Algérie.

Plusieurs tribus du cercle de Dra-el-Mizan, dans la Kabylie de la province d'Alger, ou *grande Kabylie*, ayant revé l'étendard de la révolte, le gouverneur général, maréchal Randon, résolut de diriger contre les habitants de ces montagnes sauvages une forte colonne expéditionnaire.

Le 75e de ligne, le 2e régiment de la légion étrangère et le 2e de zouaves, stationnés dans la province d'Oran, furent désignés pour prendre part à cette nouvelle expédition.

Le 1er septembre 1856, le régiment reçut l'ordre de former deux bataillons de guerre à six compagnies, à l'effectif de 120 hommes par compagnie, pour l'expédition qu'on allait entreprendre. Les 1re, 2e, 3e, 6e, 7e et 8e du 2e bataillon, et les 3e, 4e, 5e, 6e, 7e et 8e du 3e bataillon (commandant Laurans et capitaine Amat), ayant été désignées, on s'empressa de les compléter et de leur prescrire de se rendre à Oran.

Plusieurs détachements se trouvaient alors sur la route de Tlemcen. Les compagnies ne tardèrent pas à être toutes réunies dans le chef-lieu de la province. Le lieutenant-colonel Blaise prit aussitôt le commandement de ces deux bataillons et les dirigea sur Mers-el-Kebir, où ils furent embarqués pour Alger sur la frégate à vapeur *le Cacique.*

Le 6 septembre 1856, à huit heures du matin, l'embarquement était terminé; la frégate chauffa vers les neuf heures, et, à midi, les côtes d'Arzew apparurent sur la droite. On relâcha quelques instants dans ce petit port pour prendre la 5ᵉ compagnie du 3ᵉ bataillon, détachée en ville. Le lendemain 7, le régiment débarquait dans la journée à Alger même, et allait camper non loin du fort de l'Empereur. Il fit séjour jusqu'au 15 et fut passé en revue par le gouverneur général, puis il se mit en route, le 16, pour le camp de Dra-el-Mizan, point de concentration de la colonne expéditionnaire. Le 16, les bataillons bivouaquèrent au village européen de Regaya; le 17, sur l'Oued-Corso, à quelques pas d'un établissement créé par des religieux, établissement entouré des plus belles cultures. Le 18, le 2ᵉ de zouaves atteignit l'Oued-Isser.

Les deux bataillons campèrent au point de jonction des routes de Dellys, du fort de Tizi-Ouzou et du camp de Dra-el-Mizan. Là se trouve une maison de commandement et se tient un marché arabe considérable. On approchait du pays insurgé. Le 19, le bivouac fut installé à Chabel-el-Amner, à moitié chemin de Dra-el-Mizan, où la colonne fut rendue le 20 septembre, après une marche de cinq jours.

Le 2ᵉ de zouaves resta quarante-huit heures à Dra-el-Mizan et fut versé dans la 1ʳᵉ brigade (général de Ligny) de la division Renault. Il se trouva embrigadé avec le 75ᵉ de ligne et le 2ᵉ régiment de la légion étrangère, troupes venant comme lui de la province d'Oran.

Le 23 septembre, le régiment, après avoir traversé un

pays accidenté, coupé de ruisseaux fortement encaissés au pied des pentes des premières ramifications du Jurjura, s'établit non loin de Bordj-Boghni et du territoire des Guechtoulas donnant la main par sa droite à la gauche de la division Jusuf. Cette division, partie d'Aumale dès les premiers jours de l'insurrection, en avait arrêté le développement par des démonstrations et même des coups de main hardis exécutés sur les tribus habitant les pentes occidentales du Jurjura.

Le 24 septembre, à trois heures du matin, la 1re brigade de la division Renault se met en marche pour se porter sur le pays ennemi. Les hommes sont sans sac. Le 2e de zouaves se trouve, après le 75e, placé à l'avant-garde. La colonne s'élève en suivant, vers le sud, une crête aiguë se rapprochant du Jurjura et se terminant brusquement par un ravin très-profond dont les berges sont à pic. Pendant cette ascension pénible, les Kabyles tirent des coups de fusil et essaient quelques démonstrations hostiles qui forcent le 75e à occuper plusieurs positions, laissant ainsi la tête de la colonne au 2e de zouaves. Le régiment arrive à l'extrémité de l'arête, contrefort de la montagne, et se trouve tout à coup au bord d'un ravin profond, de l'autre côté duquel il aperçoit quelques villages admirablement situés et dépendant de la tribu hostile de Beni-Koufi.

Ordre est donné au 2e bataillon de détruire ces villages. Les zouaves se précipitent aussitôt jusqu'au fond du ravin, malgré un feu des plus vifs, mais heureusement assez mal dirigé, des Kabyles. A peine les hommes commen-

cent-ils à gravir la berge pour remonter vers les habitations, que l'ennemi roule sur eux, du haut de la montagne, d'énormes quartiers de roc. Rien n'arrête l'élan du
bataillon : les soldats s'accrochent aux plantes, aux pierres, aux arbres, grimpent comme le chat, sautent comme
le chakal et pénètrent bientôt au milieu des villages, qu'ils
enlèvent et livrent aux flammes. Cette leçon sévère, mais
malheureusement indispensable dans ces pays, est à peine
donnée à la tribu hostile que la division Jusuf se montre
du côté opposé, arrivant par une autre route et se portant
sur le même point. Le 2e bataillon du 2e de zouaves profite de la présence de ces troupes pour effectuer sa retraite
et pour rallier la colonne de Ligny. La brigade entière
retourne alors à son bivouac du matin.

Cette brillante opération ne coûta que deux blessés au
2e de zouaves et permit à l'un de ses soldats, le nommé
Subra, de se distinguer en enlevant et en emportant sous
le feu des Kabyles un blessé d'un autre corps.

La brigade de Ligny fit séjour le 25 et se porta, le 26, à
8 kilomètres en avant sur l'Oued-Bog, après avoir fait un
fourrage que l'ennemi n'inquiéta pas.

Le jour suivant, la division Renault suivit la vallée et
vint s'établir à 8 kilomètres plus loin, sur l'Oued-Boghni,
au pied du contrefort escaladé le 24. L'arrivée du maréchal gouverneur fit connaître aux troupes qu'elles devaient se préparer à de nouvelles marches et à de nouvelles luttes.

En effet, après un repos de vingt-quatre heures, la colonne expéditionnaire reçut l'ordre de s'enfoncer dans l'est. Elle traverse une longue et belle forêt d'oliviers d'une étendue de plusieurs lieues et débouche dans une contrée découverte où la droite est bientôt assaillie à coups de fusil par les Beni-Bougran. Une charge du 1er de chasseurs d'Afrique dissipe les Kabyles, et le bivouac est établi sur l'Oued-Assma. Le lendemain, le général de Ligny prend avec lui quatre bataillons, parmi lesquels le 3e du 2e de zouaves, et s'élance sur les villages des Beni-Hidja, que sa colonne est chargée d'enlever et d'incendier. Les zouaves s'emparent de plusieurs positions, d'où ils protègent les troupes occupées à détruire les habitations kabyles, puis ils effectuent leur mouvement de retraite sans éprouver de pertes, malgré un feu assez vif de l'ennemi. Le 30 septembre, c'est au 2e bataillon à marcher. De concert avec cinq autres bataillons aux ordres directs du général Renault, il reconnaît le territoire des Beni-bou-Addou, qui occupent un des principaux contreforts du Jurjura. La colonne arrive bientôt sur un plateau d'un assez grand développement couvert d'arbres fruitiers. Devant elles s'étendent plusieurs villages perchés comme des nids d'aigles, d'un accès impossible pour toute autre troupe qu'une troupe française. Le général Renault se décide à les enlever. Il forme ses troupes en échelon par bataillon, l'aile droite en avant, et prescrit à l'échelon de droite (2e bataillon du 2e de zouaves) de se rendre maître du village principal, placé au point culminant. La charge sonne, le bataillon s'élance; les habitants, soutenus par les contingents kabyles de la tribu des Zouava, résistent; mais ils sont refoulés. Le capitaine adjudant major Saint-

Martin pénètre un des premiers dans le village et reçoit une balle qui lui traverse le bras droit. Le 75ᵉ de ligne et la légion étrangère, lancés par le général, s'emparent des aútres villages. A onze heures, le signal de la retraite est donné. Le lieutenant-colonel Blaise est charge, avec le 2ᵉ bataillon de son régiment, de la mission périlleuse de couvrir ce mouvement. On met sous ses ordres deux compagnies de la légion étrangère. L'ennemi, nombreux, suit d'abord avec acharnement la colonne; la compagnie de zouaves du capitaine Chapuis opère un retour offensif si vigoureux que les Kabyles, repoussés, n'osent bientôt plus se hasarder trop près de l'arrière-garde. Dès le début de la retraite, un officier de mérite, qui avait fait avec distinction la campagne de Crimée et avait été employé, à l'attaque de gauche de ce siége mémorable, au service périlleux des tirailleurs volontaires, le capitaine Kœnigsegg, reçut une balle qui lui brisa la jambe gauche en se portant au secours d'un soldat blessé de la légion étrangère. Ce brave officier mourut trois semaines plus tard. Le 2ᵉ de zouaves eut dans cette dernière affaire onze blessés, dont deux capitaines.

Rentré au bivouac le 1ᵉʳ octobre avec sa division, le régiment vit, le 3, les tribus situées au nord se rendre au camp français pour faire leur soumission. Le même jour (3 octobre), la division Jusuf opéra sa jonction avec celle du général Renault.

Cependant, beaucoup de tribus kabyles voisines de la crête du Jurjura se maintenaient en état d'hostilité. Une nouvelle pointe en avant fut prescrite par le général en chef. Le 4 octobre, une forte colonne, composée de troupes des deux divisions Jusuf et Renault, vint de nouveau occuper les villages enlevés le 30 septembre. Elle se dirigea ensuite sur d'autres villages jetés **sur des rochers** abruptes dépendant de l'un des contreforts les plus élevés de la grande chaîne de montagnes.

On ne tarde pas à reconnaître que les **Kabyles** occupent en force, non-seulement ces villages, mais encore de nombreux retranchements construits en pierres sèches et parsemés de barricades et d'abatis. En avant de ces approches, tout le terrain est à découvert; ils peuvent voir et battre au loin tous les sentiers par lesquels on doit s'élever pour marcher à l'attaque de ces formidables positions. Malgré tous ces obstacles, l'ordre est donné d'enlever les villages. Deux bataillons, un de la légion étrangère et un de tirailleurs indigènes, se préparent à aborder de front l'ennemi; le 1er de zouaves fait tête de colonne à droite, pour favoriser le mouvement offensif en occupant des rochers qui dominent le point objectif. Le 3e bataillon du 2e de zouaves et un bataillon du 75e font tête de colonne à gauche pour se placer sur un mamelon formant le seul point de retraite des Kabyles. Les trois colonnes se mettent en mouvement au même instant. Le 2e de zouaves, arrêté presque au début de sa marche par des obstacles de terrain qui n'ont pas été préalablement reconnus, ne voulant pas perdre un temps précieux pour franchir les accidents, et risquer de faire manquer ainsi l'attaque générale, prend le parti de tourner, au pas de course, toutes les difficultés. Les Kabyles ne tardent pas à voir paraître sur leur ligne de retraite les zouaves et le 75ᵉ ; ils comprennent le but de ce mouvement, ils n'attendent pas l'attaque de front, et se replient avant d'avoir pu faire éprouver beaucoup de pertes, par le feu, à la colonne chargée d'aborder de front leurs retranchements.

Jusqu'à onze heures du matin, les troupes de la petite colonne française restèrent en position sans être inquiétées par les Kabyles, puis elles effectuèrent leur retraite en bon ordre. Le 2ᵉ de zouaves avait eu 3 hommes tués, un officier, le capitaine du Mazel, blessé, 4 sous-officiers et 18 hommes atteints plus ou moins grièvement.

Un jour de repos fut accordé aux deux divisions; mais le 6, dès l'aurore, elles se remirent en marche pour franchir les lignes rocheuses et difficiles qui séparent la vallée de l'Oued-Assma de celle de l'Oued-Sebaou. Elles bivouaquèrent le soir chez les Beni-Yeni, qui les accueillirent en faisant parler la poudre. La nuit venue, ces hardis montagnards attaquèrent à plusieurs reprises la grand'garde du 2ᵉ de zouaves, qu'ils essayèrent même d'enlever. Il fallut les repousser à la baïonnette, et six hommes des postes avancés furent blessés dans ces escarmouches. Au point du jour, le 7 octobre, une colonne, ayant en tête le 3ᵉ bataillon du 2ᵉ de zouaves, se dirige sur les villages de la tribu des Beni-Douala, enlève les positions kabyles au pas de course, et revient au bivouac, le soir, sans avoir perdu un seul homme. Le jour suivant, c'est le tour du 2ᵉ bataillon à marcher; une nouvelle colonne revient aux villages enlevés la veille, en complète la destruction, et les zouaves du 2ᵉ régiment chargés de l'arrière-garde, re-

poussent avec vigueur les attaques incessantes des montagnards. Ils ont un officier, le lieutenant Letondot, et dix
hommes blessés. Le soir, une colonne partie du camp de
Tizi-Ouzou rallie le corps expéditionnaire du maréchal
gouverneur.

Les opérations offensives touchaient à leur terme ; on
devait partir le 9 octobre pour Tizi-Ouzou. Pendant toute
la nuit, les Kabyles ne cessèrent de chercher à inquiéter
les bivouacs ; ils disparurent un instant au petit jour pour
reparaître bientôt et harceler l'arrière-garde de la colonne.

La petite armée du maréchal s'était mise en marche
vers sept heures du matin, ayant pour protéger son mouvement sur l'Oued-Sebaou le 2e de zouaves, dont deux
compagnies, les 5e et 6e du 3e bataillon, étaient sans sacs,
afin d'être plus agiles.

L'armée avait à peine quitté son bivouac que les Kabyles
de tous les pays environnants, appuyés par de nombreux
contingents des tribus principales, parmi lesquelles se
faisait remarquer celle nombreuse, aguerrie et puissante
des Beni-Raten, se précipitèrent sur l'arrière-garde. Jusqu'à midi, ils continuèrent à faire leurs efforts pour enta-
mer la colonne ; mais ce fut en vain ; le 2e de zouaves ne
cessa de les repousser avec une intrépidité qui coûta cher
à bien des montagnards du Jurjura. Le régiment eut son
officier de santé, le docteur Hounau, un sous-lieutenant,
M. Vignau, et 9 zouaves blessés.

Le 10 octobre, les troupes bivouaquèrent en avant de
Tizi-Ouzou. Le maréchal les passa en revue, et compli-
menta le 2e de zouaves sur sa brillante conduite pendant

cette courte mais difficile expédition, dont le but paraissait atteint.

Le jour suivant, 11, la division Renault fut dissoute, et les troupes qui la composaient reçurent l'ordre de regagner leurs garnisons respectives. Le 2e de zouaves, dirigé sur Alger, arriva le 16 dans cette ville, s'embarqua le 22 sur le *Cacique*, et rentra le 23 à Oran.

Les deux bataillons du régiment qui avaient pris part aux marches, aux fatigues, aux combats de l'expédition de 1856 ne cessèrent de montrer une vigueur, une intrépidité et une discipline dont le maréchal gouverneur félicita à plusieurs reprises les officiers et les soldats. Le 2e de zouaves eut un capitaine, 2 sous-officiers et 18 zouaves tués ou morts des suites de leurs blessures; 5 officiers, 8 sous-officiers et 39 zouaves blessés.

En récompense de sa brillante conduite, le corps eut un de ses chefs de bataillon, le commandant Laurans, promu officier de la Légion d'honneur; trois capitaines, MM. Saint-Martin, Chapuis et Grenier, et deux sous-officiers, Thomas, sergent-major, et Pompey, sergent, faits chevaliers, et dix sous-officiers ou soldats médaillés

II

En donnant des ordres pour faire rentrer dans leurs garnisons ou cantonnements les troupes employées à l'expédition de 1856, le maréchal gouverneur général avait laissé l'espoir à ses braves compagnons d'armes qu'ils seraient bientôt appelés à achever enfin la conquête et la prise de possession de ces montagnes de la grande Kabylie, dernier boulevard des tribus insoumises au milieu des provinces pacifiées par nos armes. Les fiers Kabyles, semblables à ces anciens preux, qui en appelaient à leur épée du jugement d'en haut, auraient cru faillir à l'honneur s'ils eussent laissé l'étranger fouler leur sol sans le défendre. Il leur fallait, avant de se soumettre aux chrétiens, maîtres de l'Algérie, la preuve matérielle que les nouveaux possesseurs de l'ancienne régence étaient les plus forts et que Dieu l'avait voulu ainsi.

L'expédition de 1856 avait été plus encore une reconnaissance offensive sur une vaste échelle, une opération préliminaire, qu'une guerre décisive. Celle de 1857 devait avoir une solution définitive. N'étant pas entravé par l'obstacle que sans cesse, sous le régime parlementaire, les Chambres opposaient à toute entreprise sérieuse, le gouvernement de l'empereur Napoléon III paraissait disposé à en finir avec les *Kabylies* de nos possessions africaines, à donner au gouverneur général les moyens de briser toute résistance, et de s'établir solidement dans un pays difficile, peuplé de tribus orgueilleuses et braves, mais attachées au sol.

Le 31 mars 1857, le 2e régiment de zouaves reçut l'ordre de se rendre à Alger pour entrer dans la composition d'un corps expéditionnaire qui, par sa force, son organisation, et le nombre des troupes appelées à en faire partie, devenait une petite armée. Ce corps, bien commandé, bien composé, pourvu de tout, ne devait pas laisser de doutes sur l'issue d'une lutte qu'on s'attendait toutefois à voir se prolonger, grâce à la nature du pays à conquérir et à la bravoure de ses défenseurs.

Au 2e de zouaves, on se hâta de former deux bataillons de six compagnies chacun, présentant un effectif de 1,559 hommes, dont 43 officiers. Le colonel Saurin[1], commandant le régiment, ayant sous ses ordres les 1er et 3e bataillons (commandants de Saint-Hillier et Fondrevaye), s'occupa à tout préparer pour le prochain départ, fixé au 9 avril. Le 8, les compagnies stationnées à Saint-André et à Mers-el-Kebir arrivèrent à Oran. La revue de départ fut passée dans la soirée par le général Montauban, commandant la province.

Le 9, au point du jour, les deux bataillons (1er et 3e) désignés, organisés et pleins d'ardeur, quittèrent Oran. Avec eux marchaient une section d'artillerie de montagne de la 1re batterie du 12e d'artillerie, une section d'ambulance et un détachement du train des équipages. Cette petite colonne arriva le 5 mai à Alger, ayant bivouaqué le 9 avril à Saint-Cloud, le 10 à Saint-Leu, le 11 à la Macta, les 12 et 13 à Aïn-Nouissy, le 14 à Assi-Tiferoun, le 15 à Sidi-Mokredad, les 16 et 17 à Bel-Assel, le 18 à Djeddiouia, le 19 à Merdja-Sidi-Abed, le 20, à l'Oued-Isly, les 21 et 22 à

---

[1] Le brave colonel Saurin, ainsi que nous l'avons dit, avait remplacé le colonel Cler à la tête du 2e de zouaves. Il avait pris une part des plus glorieuses à la rude campagne d'Orient. Il a encore eu le bonheur d'attacher son nom à celle de 1856 en Kabylie.

Orléansville, le 23 à l'Oued-Fodda, le 24 à l'Oued-Rouina, le 25 au pont de Cheliff (El-Kantara), les 26 et 27 à Milianah, le 28 à l'Oued-Ger, le 29 sur le bas Oued-Ger, le 30 à Ameur-el-Aïn, les 1er, 2, 3 mai à Blidah, et enfin le 4 à Douera.

Pendant cette longue marche de vingt-sept jours, le 2e de zouaves ne laissa qu'une douzaine d'hommes en arrière, presque tous rejoignirent leurs bataillons à Alger.

Le régiment, à son arrivée dans cette ville, fut placé à la 1re brigade (Bourbaki) de la 2e division (général de Mac-Mahon) de l'armée expéditionnaire. Il forma brigade avec le 2e bataillon du 54e de ligne, deux bataillons du 2e régiment de la légion étrangère, venant comme lui de la province d'Oran. La 2e brigade de cette même division fut composée du 11e bataillon de chasseurs à pied, de deux bataillons du 3e de zouaves, deux du 93e de ligne, et un du 3e régiment de tirailleurs algériens.

La 2e brigade de la division de Mac-Mahon ne devait rejoindre la 1re qu'au pied des montagnes occupées par les tribus ennemies. Cette dernière, après la revue du gouverneur général, revue passée le 10 mai, se disposa à quitter Alger. Le 13, elle vint camper, sous les ordres du général Bourbaki, à la Maison-Carrée, le 14 au Boudouan, le 15 à l'Oued-Isser, le 16 au caravansérail d'Azib, point de concentration du matériel et des approvisionnements destinés à l'armée.

Le 19, la brigade traversant les camps occupés par les 1re et 3e divisions (généraux Jusuf et Renault), vint bivouaquer sur les bords du Sebaou, au pied des montagnes des Beni-Raten, la tribu kabyle signalée depuis longtemps comme la plus hostile aux Français. Il avait été décidé par le maréchal Randon que l'attaque des positions ennemies aurait lieu dès le 21 ; mais les pluies et d'épais brouillards forcèrent le général en chef à différer son mouvement offensif. En effet, non-seulement les deux rives de l'Oued-Sebaou, mais même les hauteurs, depuis la base jusqu'au sommet, disparaissaient sous des brumes qui ne permettaient pas de distinguer à quelques pas. On fut donc contraint de modérer l'ardeur des troupes et de différer toute opération jusqu'au 24.

Pendant ces quelques jours, le 2e de zouaves, ainsi que la 2e division, occupa le camp d'Abid-Chamblat. Les 1re et 3e, qui formaient avec celle du général de Mac-Mahon la totalité de l'armée expéditionnaire, étaient bivouaquées un peu plus en arrière, en aval du cours d'eau, la division Jusuf à El-Amiz, la division Renault à Sik-ou-Meddour, où avait été placé ce que nos soldats d'Afrique appellent un *Biscuit-ville* [1].

Le 20 mai des coups de feu s'étaient fait entendre, les Beni-Raten avaient essayé d'envoyer quelques balles sur les avant-postes et sur les grand'gardes de la 2e division. Le lendemain, un spectacle émouvant attira l'attention gé-

---

[1] Pendant la guerre de 1841 et de 1842, à l'époque où l'armée en quittant le rivage de la mer ne trouvait sur ses lignes d'opérations que les rares places de l'Atlas, des petits postes étaient établis de distance en distance pour recevoir les approvisionnements destinés aux colonnes expéditionnaires. Ces postes, qu'on ne pouvait fortifier, entourés à hauteur d'appui par des caisses à biscuit, étaient baptisés par les soldats du nom significatif de *Biscuit-ville.*

nérale. Un détachement du 2ᵉ de zouaves avait été envoyé au bois, deux hommes de la 3ᵉ compagnie du 1ᵉʳ bataillon, les nommés Chauvet et Jacquet, s'éloignèrent trop du camp. Deux cavaliers kabyles, en embuscade au pied de la montagne, lancèrent leurs chevaux dans l'espoir de les couper de leur route. Chauvet se jette dans le lit du cours d'eau, et parvient à échapper à ses adversaires ; mais Jacquet, blessé d'un coup de feu au bras gauche, fait bravement face aux deux Kabyles, manœuvrant de façon à ne pas se laisser prendre entre eux, et cherchant, malgré sa blessure et les coups de yatagan dont ses bras sont labourés, à désarçonner les Arabes. Il allait périr lorsque des spahis de la grand'garde vinrent à temps le délivrer en faisant fuir l'ennemi. Le malheureux soldat, envoyé à l'ambulance de Tizi-Ouzou, vécut encore une vingtaine de jours, donnant parfois l'espoir de lui conserver la vie.

Le 23, le maréchal fit une reconnaissance, et voyant le temps se mettre au beau, les brouillards se dissiper, il prit ses dispositions pour faire commencer l'attaque dès le 24 à la pointe du jour. Le 2ᵉ de zouaves reçut l'ordre de marcher sans sacs, avec la tente-abri en sautoir, et des vivres (biscuit, viande cuite, sucre et café) pour deux jours. Les sacs, placés sur les mulets du convoi, devaient être transportés sur les hauteurs qu'on avait mission d'enlever, et où le camp serait ensuite établi.

Le 24, à quatre heures et demie du matin, la division de Mac-Mahon, chargée d'enlever les villages des Beni-Raten par le piton de Bélias, est massée aussi près que possible des hauteurs. Elle se forme dans l'ordre en échelons par régiment pour la 1re brigade, avec la 2e brigade en réserve.

Premier échelon, 1er et 3e bataillons du 2e de zouaves (colonel Saurin), couvert sur son front par la 1re compagnie du 1er bataillon (capitaine Amat), déployée en tirailleurs.

Deuxième échelon, les deux bataillons du 54e de ligne (colonel Martineau-Deschenez).

Troisième échelon, un bataillon du 2e étranger et le 11e de chasseurs à pied (colonel de Chabrière et commandant Niepce).

En vertu de ces dispositions, le 2e de zouaves doit avoir l'honneur d'aborder le premier l'ennemi et de planter son aigle sur les hauteurs du pays kabyle. Les tirailleurs, protégés par le demi-jour, s'avancent silencieusement, suivis de très-près par les deux bataillons du régiment. Le flanc droit étant bientôt à découvert, la 2e compagnie du 1er bataillon (capitaine Chapuis) est déployée en flanqueurs pour garantir cette droite de la colonne contre toute entreprise de l'ennemi. De nombreux obstacles ne tardent point à naître sous les pas des zouaves. Ici c'est un torrent grossi par les pluies récentes, plus loin un fourré épais, plus loin encore des champs de figuiers. Rien n'arrête les soldats et leurs chefs. Les coups de feux retentissent, les postes kabyles ont signalé l'approche de la division française; ils sont culbutés par les tirailleurs, que suit pas à pas le premier échelon. Le village de Tachernich se présente le premier, il est tourné, et ses défenseurs refoulés se hâtent de gagner le sommet de la montagne pour faire rouler de là, sur les zouaves, des blocs de rochers amassés dans ce but, et entassés sur plusieurs points pour la défense. Tout cela ne peut ralentir d'un instant l'élan de l'attaque. Chacun court à l'envi sur les Kabyles, qui, en moins de vingt-cinq à trente minutes, voient près d'eux leurs héroïques adversaires, ayant grimpé comme des chats sauvages jusqu'au sommet de hauteurs presque à pic. Le drapeau du 2ᵉ de zouaves, aux plis mutilés par la mitraille de l'Alma, de Sébastopol et de la Tchernaïa, voit encore deux glorieuses déchirures s'ajouter à ses lambeaux. Le sous-lieutenant porte-aigle Vignau, sur les pas duquel se précipite un groupe d'officiers, de sous-officiers et de zouaves, tient haut et ferme ce signe vénéré de ralliement.

Dans ce rapide et vigoureux fait d'armes, plusieurs zouaves sont atteints par le feu de l'ennemi. Le village d'Afenson, un des principaux des Beni-Raten, entouré, traversé, n'a plus un seul défenseur en état de combattre. Le 1ᵉʳ bataillon du régiment l'occupe. Il est rejoint par le 3ᵉ. Cependant chacun écoute, un silence solennel se prolonge de la montagne à la vallée. Nul bruit, pas un coup de feu, pas un cri à droite ou à gauche indiquant si les deux autres divisions sont aux prises, si la brigade de réserve de la division de Mac-Mahon est en marche pour rejoindre. Le colonel Saurin arrête son régiment sur un petit plateau en avant d'Afenson, n'osant encore lui faire prolonger sa marche triomphante. En avant, et à 2 kilomètres, néanmoins, on distingue un mamelon assez élevé, couronné par le village d'Imaïseren, position admirable dominant tout l'intérieur du pays des Beni-Raten. Des fontaines jaillissent de toute part sur ce plateau, dont le 2e de zouaves se trouve séparé par une légère dépression de terrain. Au-dessous on entrevoit le fameux marché de Soukel-Arba, considéré comme un des points les plus importants à atteindre. C'est la clef *morale* du pays. Là doit s'élever sous peu le fort Napoléon.

Les généraux Bourbaki et de Mac-Mahon arrivent sur le plateau. La prise du village d'Imaïseren est décidé; le colonel lance son 1er bataillon. Les zouaves prennent le pas de course, se jettent tête baissée dans le vallon qui sépare les plateaux d'Afenson et d'Imaïseren, et inspirent tant de frayeur aux Kabyles par l'impétuosité de leur charge que les montagnards commencent à abandonner la défense de leurs belles positions pour gagner les ravins et les rochers. Il est vai de dire qu'ils espèrent avoir bientôt leur revanche, lorsque le clairon français sonnera la retraite. Ils ne savent pas encore que cette retraite n'aura jamais lieu, que la France n'abandonnera plus ces parages sur lesquels la conquête va bientôt prendre droit de domicile.

Le village est enlevé, et partout sous leurs pas les zouaves rencontrent des preuves évidentes, incontestables, de projets de défense que la fuite causée par la terreur a rendus inutiles. Là ce sont des sacs de poudre, de balles, dont on sait que les populations de l'ancienne régence, nomades ou Kabyles, sont si avares; ici des provisions de bouche, des ustensiles qu'ils n'abandonnent qu'à la dernière extrémité. Plus loin des bestiaux oubliés, tant la retraite a été prompte, paissent attachés à leur corde.

Le colonel Saurin, cependant, arrivé si rapidement avec

son 1er bataillon, suivi par le 3e, sur le plateau d'Imaïseren, fait sonner la halte. En avant de la colonne sont les
deux compagnies des capitaines Chapuis et Amat. Cou-
chée à plat ventre, cette avant-garde occupe l'extrémité
du village et la pointe qui domine le marché de Souk-el-
Arba, bien décidée à se maintenir à tout prix sur cette position avantageuse. Les dispositions sont prises pour organiser la défense du village conquis. A droite et à gauche, les 5e et 6e compagnies du 1er bataillon (capitaines
Lesur et Fayout) se hâtent de se retrancher derrière des
débris de murailles. A droite, les abords étant découverts,
et la pente vers les ravins où s'est réfugié l'ennemi présentant des lignes abruptes, la défense est facile et l'attaque peu à craindre. A gauche, au contraire, on est forcé
de lancer trois compagnies, celles des capitaines Chapuis,
Duvivier et Galloni, pour contenir les Kabyles, tandis
qu'on creuse à la hâte des retranchements que dirigent
les sapeurs du génie. Les Kabyles maintiennent leur feu
jusqu'à cinq heures du soir.

Tandis que le 1er bataillon s'établit fortement dans
Imaïseren, le 3e vient appuyer sa droite à ce village. Sa
compagnie de gauche (capitaine Declerck) attaque un
mamelon encore occupé par l'ennemi, l'enlève et s'y
maintient, malgré une vive résistance, jusqu'à l'arrivée
du 54e de ligne, dont l'un des chefs de bataillon, le commandant de Rebeval, est tué en cet endroit. Enfin le jour
baisse, le combat diminue d'intensité, la fusillade s'éteint
petit à petit, les bagages arrivent, les compagnies du
1er bataillon qui luttent dans les ravins rejoignent le gros

du régiment, celle du 3e bataillon a laissé sa position au 54e, les grand'gardes sont placées, les tranchées, faites à la hâte, occupées, le bruit cesse de toute part, un silence profond règne sur ce vaste champ de bataille, qui embrasse dans son ensemble des montagnes élevées, des ravines profondes, des villages à moitié détruits ou incendiés. La division française s'établit au bivouac, tandis que les Kabyles se préparent à recommencer la lutte.

En effet, le 25, dès le point du jour, les Kabyles engagent le combat avec une nouvelle violence. Ces intrépides montagnards, croyant à une retraite prochaine, n'ont pas voulu mettre dans leur résistance l'opiniâtreté qu'ils montrent quelquefois dans la défense de leur sol; ils ont compté sur les éventualités d'une offensive acharnée, lorsque les bataillons français abandonneront pied à pied leurs villages; mais le maréchal leur a fait connaître qu'il vient s'installer définitivement chez eux, et que nous ne quitterons plus le pays. Cette nouvelle a redoublé leur fureur, ranimé leur désir de reprendre leurs maisons. De nombreux contigents les ont rejoints pendant la nuit; loin de s'avouer vaincus, ils ne songent qu'à chasser l'étranger, l'infidèle qui a osé souiller de sa présence le foyer paternel.

C'est sur le poste avancé d'Imaïseren qu'ils se jettent avec le plus d'acharnement. Les compagnies Galloni et Fayout sont assaillies jusque dans leurs retranchements. La fusillade se maintient jusqu'à deux heures de l'après-midi. A ce moment, le feu semble se ralentir du côté des Kabyles; ils paraissent se concerter entre eux. Les obus, les fusées, les projectiles lancés sur leurs groupes par l'artillerie de montagne ont fini par leur faire comprendre que la force est décidément du côté des Français. Dès qu'un Arabe ou un Kabyle est bien convaincu qu'il n'est pas le plus fort, sa soumission ne se fait pas attendre. Des pourparlers s'engagent, le maréchal Randon dicte ses conditions ; elles sont dures, aussi la soumission n'est point obtenue immédiatement.

Le 26, cependant, un grand bruit se fait entendre du côté de Souk-el-Arba. On apprend que les Beni-Raten congédient les contigents des autres tribus qui sont venus leur prêter le secours de leurs armes. Bientôt tout ce qui appartient aux Raten vient à composition.

Le 27, la soumission est achevée ; on se prépare à opérer contre les autres tribus encore en état d'hostilité. Le 28, la division de Mac-Mahon, entrée la première au cœur de la Kabylie, revendique l'honneur de marcher en tête de l'armée. Elle va s'établir à Aboudid, position plus élevée que celle d'Imaïseren. Le temps est devenu pluvieux et couvert ; la température qui, les jours précédents, s'était élevée à 20 degrés à l'ombre et sur la montagne, s'abaisse tout à coup. La marche de la colonne de Mac-Mahon est lente, car le pays est couvert, coupé de ravins, de sentiers, de ruisseaux. La 2ᵉ brigade est en tête. Souk-el-Arba est traversé, le maréchal doit y établir le 30 son quartier général. La position d'Aboudid est occupée complétement le 29, et les deux bataillons du 2ᵉ de zouaves font face à Souk-el-Arba.

Les 29 et 30 mai, le 1ᵉʳ bataillon fut chargé d'escorter

un convoi de vivres et de fourrages qui devait s'approvi-
sionner dans la plaine, au camp de Sik-ou-Meddour, laissé
sous le commandement du colonel de Fénélon. Ce bataillon eut à souffrir d'une pluie torrentielle.

Cependant le maréchal ne voulait pas seulement châtier
les Kabyles, mais, ainsi qu'il le leur avait dit à eux-mêmes,
prendre possession de leur pays et s'y installer fortement.
Il avait été résolu, dans ce but, qu'une route serait construite de Tizi-Ouzou à un fort qu'on allait élever immédiatement chez les Beni-Raten. Les troupes des trois divisions employées à ces divers travaux commencèrent dès
les premiers jours de juin à fournir des travailleurs, des
postes de soutien et des détachements pour les reconnaissances. Jusqu'au 24 de ce même mois de juin, le 2ᵉ de zouaves fut employé soit à la route, soit au fort Napoléon. Le
24, à cinq heures du matin, le régiment se mit en marche
avec la division, la 1ʳᵉ brigade en tête, pour se porter sur la
position d'Ichériden, que les derniers défenseurs de l'in-
dépendance de la grande Kabylie avaient fortifiée, et où ils
s'étaient réfugiés pour opposer une résistance désespérée.
Le temps que nos bataillons avaient employé à construire
une route et un fort, les montagnards l'avaient mis à
profit, de leur côté, pour organiser une vigoureuse défense.

La colonne du général de Mac-Mahon, chargée de briser ce nouvel obstacle, s'avance dans l'ordre suivant : un
bataillon du 54ᵉ de ligne, le 1ᵉʳ du 2ᵉ de zouaves, précédé
de la compagnie Duvivier en tirailleurs, le 3ᵉ bataillon, le
2ᵉ régiment étranger, puis la 2ᵉ brigade. Arrivées au point
où la route se termine, les troupes prennent position, l'ar-

tillerie en avant, le bataillon du 54e à gauche des bouches
à feu, le 1er bataillon du 2e de zouaves à gauche du 54e,
le 3e derrière le 54e, en deuxième ligne. On est à bonne
portée de mitraille des retranchements ennemis, le canon
ne tarde pas à se faire entendre. On lance des fusées, mais
les Kabyles restent immobiles derrière leurs barricades.
Alors l'ordre est donné au 54e et au 2e de zouaves d'aborder la position. Ces deux braves régiments marchent et
s'élèvent sans répondre au feu des Kabyles, dont les balles
font de nombreuses victimes. Beaucoup d'officiers, de
sous-officiers et de soldats tombent, les uns blessés, les
autres frappés mortellement : de ce nombre, aux zouaves,
sont le capitaine Duvivier, le sergent-major Saint-Ouen,
de sa compagnie; le sous-lieutenant Piau, qui a les cuisses
traversées; puis les capitaines Chapuis (mort six mois
plus tard de cette blessure reçue à la tête), Rossignol,
Amat; les lieutenants Morlan, Verrier[1]; les sous-lieutenants Vignau, porte-drapeau, et de Chalot, qui, atteint au
bas-ventre, expire presque aussitôt. Tous ces braves officiers appartiennent au 1er bataillon. Le régiment, comme
on le voit, paye un large tribut à la Kabylie, comme il en
avait payé un bien plus grand encore à la Crimée[2].

---

[1] M. Verrier reçut deux blessures.

[2] Le capitaine Rossignol, mort des suites de ses blessures, avait fait
avec honneur la campagne d'Orient, où il avait été blessé. Officier
modeste, plein de cœur, il avait l'estime de ses chefs, et la respectueuse
affection de ses soldats.

Le capitaine Chapuis, atteint très-grièvement d'une balle à la tête
et porté sur la liste des morts, survécut cependant quelques mois à
sa blessure. Après avoir plusieurs fois demandé à faire partie des bataillons du régiment envoyés en Orient, il ne put arriver en Crimée

Ces pertes ne peuvent ralentir l'ardeur de la colonne d'attaque ; le général Bourbaki est en tête de sa brigade, qu'il conduit en personne. Son cheval tombe, tué sous lui ; le général de Mac-Mahon s'élance pour guider les troupes, il est atteint à la hanche ; les bataillons marchent toujours. Plus on s'élève et plus le terrain présente de difficultés. Bientôt les soldats rencontrent une élévation coupée de sentiers difficiles, de ravins ; plus loin, c'est une dépression qu'il faut traverser le plus rapidement possible ; plus loin encore s'offre une ravine profonde, fossé aux berges battues par le feu bien entretenu des Kabyles, à l'abri eux-mêmes des coups des assaillants. Le général de Mac-Mahon, prévoyant les obstacles que la 1re brigade de sa brave division cherche à vaincre, avait ordonné à un bataillon de 2e étranger d'opérer une diversion en tournant l'ennemi par la gauche. Enfin, après des pertes sensibles, après des efforts qui rappellent au 2e de zouaves les combats d'un siége récent et mémorable, zouaves, soldats du 54e, soldats du 2e étranger pénètrent de toute

que vers la fin de la guerre. Nommé chevalier de la Légion d'honneur à la suite de sa belle conduite pendant l'expédition de l'automne 1856, il se fit de nouveau remarquer à l'attaque des retranchements kabyles.

Le capitaine Duvivier, digne fils du général de division ayant commandé à Rennes, était dans sa famille au moment où l'expédition de Kabylie fut décidée. Animé du feu sacré, il s'empressa de revenir prendre sa place à la tête de sa compagnie, qu'il conduisit bravement au feu. Officier d'une éducation parfaite, il emporta en mourant les regrets et l'estime de ses chefs et de ses camarades.

Les sous-lieutenants de Chalot et Rouillard, tués en conduisant leurs soldats à l'attaque des retranchements ennemis, étaient arrivés, comme sous-officiers, à la formation du régiment. Tous deux avaient fait avec distinction l'expédition de Laghouat.

part dans la position, que défendent avec rage plus de
6,000 Kabyles. Un des premiers, le lieutenant Vincendon,
de la 5e compagnie du 1er bataillon du 2e de zouaves, a
l'honneur de se jeter dans les retranchements ennemis.
Sur un autre point, le sous-lieutenant Cramparet, lancé
avec sa section par le général Bourbaki, arrive également
sur les barricades, et se maintient avec ses hommes, qui
luttent corps à corps avec les Kabyles.

Les Kabyles, stupéfaits de tant d'audace, abandonnent
enfin leurs postes ; ils n'essayent pas même de résister dans
le village d'Ichériden, situé derrière la position enlevée, et
qui peut leur servir de seconde ligne de défense. Le drapeau
du 2e de zouaves est planté par le sergent Barthélemy sur le
sommet d'une des maisons les plus élevées. Cependant,
craignant quelque embuscade, le général ordonne au clairon de sonner la halte. Les troupes s'arrêtent et établissent
leur camp, après le retour d'un bataillon du 2e étranger, qui a fait une pointe en avant. En arrière bivouaque
la brigade de soutien.

Le maréchal Randon en personne a présidé à cette brillante affaire. Il ne tarde pas à visiter le village d'Ichériden. Vers le soir, les outils sont distribués par le génie,
et l'on peut se mettre à couvert derrière des épaulements
élevés à la hâte, car les Kabyles n'ont cessé de tirer, et la
1re compagnie du 1er bataillon (capitaine Amat), formant
la grand'garde la plus avancée du côté de l'ennemi, a
éprouvé quelques pertes. Le 25 juin, la division de Mac-
Mahon prolonge son mouvement offensif ; les divisions
Renault et Jusuf pénètrent à droite dans le pays des Beni-

Yenni, opérant une diversion utile, et qui permet de s'installer fortement sur la position d'Ichériden, Le 28, une
nouvelle division, aux ordres du général Maissiat, venue
par le sud de la province de Constantine, se présente au
col de Chellata.

Le 30, les troupes font une reconnaissance en avant ;
la 2e brigade de la 2e division s'empare du village d'Ague-
mon ; la 1re brigade est en réserve ; les Kabyles cèdent à
un mouvement tournant, et abandonnent une position
qui va être enveloppée de toute part.

Il restait encore à vaincre et à soumettre une tribu
puissante, qui semblait vouloir prolonger la lutte, celle
des Beni-Mengillet, occupant un pays des plus difficiles,
au-dessus de la vallée de l'Oued-Djemn. Qnoique le terrain soit entièrement inaccessible pour les chevaux, et
presque impraticable pour les hommes, tant le sol est
tourmenté, la 1re brigade de la division de Mac-Mahon
vient s'installer le 2 juillet au village de Taourist-el-Keba.
Le 1er bataillon du 2e de zouaves se trouve de nouveau en
première ligne. Les Beni-Mengillet, abandonnés par les
contingents des tribus voisines, sont trop peu nombreux
pour fournir une bonne défense sur tous les points. On
attend dans le village l'arrivée du maréchal, qui doit rejoindre sous peu la division. Les 3, 4 et 5 juillet se
passent dans un repos nécessaire pour les troupes, après
les marches et les combats des jours précédents. Les 6, 7
et 8, on s'établit chez les Beni-Bou-Youaf, près du *Sebt* [1]

---

[1] *Sebt,* marché.

des Beni-Yaïa, non loin de l'ancienne capitale de la Kabylie, la célèbre ville de Koukou, devenue un simple et modeste village.

A partir de ce jour, la guerre de la Kabylie est, pour ainsi dire, terminée. Le moment des grandes luttes est passé. Quelques tribus qui n'ont pas encore brûlé la poudre ne veulent pas laisser pénétrer l'étranger dans leurs villages sans opposer une sorte de résistance ; mais elles sont d'autant moins en état de faire pencher la balance de leur côté, que déjà la majeure partie de ceux qui ont fait leur soumission marchent avec nos soldats comme auxiliaires. De ce nombre sont les Beni-Raten et les Beni-Fraoussen. Toutefois, le 9, la division quitte le territoire des Beni-Yaïa pour s'élever vers les hauteurs de Tamesguida. Le 3ᵉ bataillon du 2ᵉ de zouaves attaque un défilé, et le 1ᵉʳ couronne le plateau. Dans la journée, quelques coups de feu sont échangés avec les Illiten, quelques villages dissidents sont brûlés.

Le 10, le régiment part pour exécuter un mouvement tournant qui le porte au pied des montagnes des Illoula-ou-Malou, dans la vallée formée par un affluent du Haut-Sebaou. Là est blessé le lieutenant Villain, en plaçant une grand'garde. Il devait être le dernier de l'expédition touché par le feu de l'ennemi. Le 11, dès cinq heures du matin, les Illoula-ou-Malou sont attaqués sur le pic de Laboua. Le mouvement tournant du 3ᵉ bataillon et le mouvement direct du 1ᵉʳ s'effectuent sans peine ; quelques coups de feu sont échangés par les tirailleurs des capitaines Galloni et Masson, qui couronnent bientôt les hauteurs. C'est là que s'opère la jonction avec la division Maissiat.

Le 12, on travaille aux communications ; le 13, les Illoula-ou-Malou se soumettent et donnent des otages, et le 14 la division revient au camp occupé le 10 au soir, et où l'on avait laissé un bataillon avec les bagages.

Le 15, on occupe le pays des Beni-Hidjer, qui se soumettent immédiatement et sans coup férir. Ce jour-là, l'expédition est complétement terminée ; il ne restait plus de tribus insoumises, et l'armée de Kabylie fut dissoute.

Le 18, le régiment reprit la route de Dellys, où il arriva le 21, après avoir campé le 18 à Mekla, sur le Sebaou, le 19 à Tizi-Ouzou, et le 20 au Bordj-Sebaou. Le 22 au soir, le 2e de zouaves s'embarqua à bord du *Cacique*, et le 24 au matin il rentra à Oran.

A la suite de cette expédition, les lieutenants Le Go et Vincendon furent nommés capitaines, les sous-lieutenants Vignau et Gélyot lieutenants. M. le commandant Fondrevaye fut promu officier de la Légion d'honneur MM. de Sainthillier, chef de bataillon, Galloni, Declerck, capitaines, Vincent, Morlan, Le Go, lieutenants, Berthou, Barthélemy, Durante, sergents, chevaliers du même ordre. Treize médailles militaires furent données aux sous-officiers, caporaux et zouaves du régiment.

III

Les 1ᵉʳ et 3ᵉ bataillons du 2ᵉ de zouaves étaient à peine en marche pour se rendre à Alger, et coopérer à l'expédition importante de la grande Kabylie, à laquelle ils devaient prendre une part glorieuse, que sur les confins de la province d'Oran les maraudeurs du Maroc vinrent commettre des actes d'hostilité. Ils pensaient, sans doute, le moment favorable, la province étant en partie dégarnie de ses troupes. Le général commandant crut prudent de faire observer les frontières de l'ouest. Il prescrivit au lieutenant-colonel Blaise de réunir tout ce qui restait en hommes valides du 2ᵉ de zouaves, d'en former un bataillon de six compagnies, de se mettre à la tête de cette troupe, et de se porter d'abord à Tlemcen, où il devait recevoir de nouveaux ordres.

Les six premières compagnies du 2ᵉ bataillon, désignées pour marcher, furent complétées à un effectif de cent dix hommes dans de bons cadres, et le bataillon se mit en marche le 5 mai 1857 pour Tlemcen, où il arriva le 9. Il en partit le 12 pour Nemours. Le 17, cette troupe était rendue à Assi-Arbouss.

Assi-Arbouss, situé à sept lieues dans l'ouest de Nemours, tire son nom d'un puits très-abondant creusé au sommet d'un col. Le piton à la base duquel se trouve l'orifice du puits est élevé de 400 à 500 mètres au-dessus du niveau de la mer. L'eau est non-seulement abondante, mais de très bonne qualité. C'est donc un lieu de bivouac très-favorable. De ce point , on découvre, à quatre kilomètres plus loin, à l'ouest, le Kiss, ligne de démarcation de la frontière du Maroc avec la province d'Oran, la mer à huit kilomètres vers le nord, puis les îles Zapharmes, la plaine immense de Tarifa, tout le territoire des Beni-Snassem, et enfin le pays compris entre la frontière et les hautes montagnes des Trarars. Les environs d'Assi-Arbouss sont peuplés et bien cultivés. Les habitants, de race kabyle, paraissent intelligents, et se montrent satisfaits de notre domination. Ce point était donc, sous tous les rapports, très-convenable pour être choisi comme lieu d'observation. De là le bataillon pouvait rayonner pour protéger les populations qui auraient eu à souffrir de nouveaux actes d'hostilités. Le lieutenant-colonel Blaise eut pour mission de prendre une bonne position défensive et de donner un vigoureux appui aux populations de ce côté de la province d'Oran. Il lui était prescrit, sur toute chose, de ne pas dépasser la frontière.

Le bataillon, bien accueilli par les habitants et par quelques fractions des Beni-Snassem, qui ne cessèrent de fréquenter nos marchés, n'eut pas à brûler une amorce. Les maraudeurs ne reparurent pas, et le lieutenant-colonel Blaise ramena le 5 août sa troupe d'abord à Nemours, où il séjourna jusqu'au 24, puis à Oran, où il rentra le 29.

IV

CONCLUSION

Le 2e de zouaves, régiment d'une création bien récente encore, peut déjà montrer avec orgueil, inscrits sur son aigle, les noms de plusieurs victoires, et dans ses fastes ceux d'une foule de glorieux combats. Nous l'avons pris à son berceau, et nous l'avons vu, enfant, grandir vite à Laghouat et aux Babors, pour devenir guerrier redoutable. Il se couvre de gloire à l'Alma et à la Tchernaïa. Presque renouvelé en peu de temps, ce corps si brave, et que toujours on jette aux endroits les plus périlleux, quitte mutilé la terre d'Orient pour arroser de son sang précieux de nouveaux champs de bataille. Deux fois il prodigue la vie de ses enfants sur les montagnes de la grande Kabylie, pour assurer notre conquête, et plusieurs des quelques héroïques soldats échappés si miraculeusement aux luttes de Sébastopol, aux fatigues et aux périls de ce siége inouï, viennent tomber sous la balle du Kabyle, au piton de Belias et au mamelon d'Ichériden.

Et cependant, malgré cette succession non interrompue de travaux, de marches pénibles, de combats terribles, d'assauts renouvelés, rien ne peut altérer la gaieté du

zouave, vrai type du soldat français sous un nom africain.
Qu'il gravisse péniblement, sous un ciel de feu, chargé de
ses armes, de ses vivres de campagne, de tout son *bibelot*,
une aride montagne ; que dans une tranchée boueuse, par
un hiver rigoureux, sous un ciel saturé de neige, il cherche
à réchauffer ses membres engourdis, tout en veillant au
salut de ses compagnons d'armes ; ou bien qu'au bivouac,
après une longue marche, il établisse sa petite tente, et se
prépare à allumer le feu de la *turlutine*, sans cesse on l'entend répéter, en fumant sa *bouffarde*, le chant du chacal.
C'est par ce chant de guerre du zouave que nous termi-
nerons notre récit. Nous donnons à nos lecteurs quelques-
uns de ces couplets, comme une page propre à peindre
les mœurs de nos braves zouaves, et nullement comme un
produit littéraire d'une valeur quelconque.

Après avoir dit dans le premier couplet que le type du
soldat d'Afrique c'est le *chacal*, le zouave, qui chante volontiers ses louanges, et il en a réellement bien le droit,
le zouave s'écrie :

2e COUPLET.

D'abord montrons-le dans la plaine ;
Pour la marche à lui le pompon ;
S'il faut courir à perdre haleine,
Il ne vous dira jamais non.
Il n'a pas appris au gymnase
L'art de fatiguer un cheval.
Qui ne craint pas qu'on le ramasse ?
C'est un chacal.

3e COUPLET.

Courant ou fumant la bouffarde
Il faut le voir en razzia ;
A tout prix, il faut qu'il chaparde ;
Oui, malgré vous, il pillera.
En vrai corsaire au crépuscule,
De l'Arabe au pied matinal,
Tentes, villages, qui tout brûle?
    C'est un chacal.

4e COUPLET.

Au pied de l'Atlas, à l'armée,
France, tu dois un monument
A la figure basanée.
Place au zouave à l'œil ardent!
Qu'il exprime bien nos misères!
Et grave sur le piédestal:
Il vaut ce que valaient nos pères!
    C'est un chacal.

LIVRE HUITIÈME

L'ITALIE, LE MAROC ET LE MEXIQUE

I

Le maréchal de Saint-Arnaud avait écrit, le soir de la bataille de l'Alma, que les zouaves étaient les premiers soldats du monde. La guerre d'Orient n'avait fait que confirmer les paroles du maréchal. Aussitôt que la campagne d'Italie fut décidée, en mars 1859, les trois régiments de cette arme, en Afrique tous les trois et à peine de retour de glorieuses expéditions dans la Kabylie, reçurent l'ordre de former leurs bataillons de guerre et de se préparer à être embarqués pour Gênes.

Le 2e, alors commandé par le colonel Tixier, fut placé à la 2e brigade (de Castagny) de la 2e division (Espinasse) du 2e corps (de Mac-Mahon). — Transporté en Italie où il débarque à Gênes le 1er mai 1859, le régiment se met en marche le 2 pour remonter au nord vers Alexandrie en passant par Gavi. Il occupe jusqu'au 14 avec sa division des positions intermédiaires entre Gênes et Alexandrie, autour des villes que nous venons de nommer, en seconde ligne du 1er corps, puis il est dirigé sur Castelcériolo et San-Guliano pour coopérer au grand mouvement tournant ordonné par l'Empereur sur la droite des Autrichiens, vers Verceil et Novare.

Remontant le cours du Pô par la rive droite de ce fleuve, à dater du 15 mai, il atteint Voghera le 27 mai, Valenza le 29, Casale le 30, franchit le Pô ce jour-là, et la Sésia, à Verceil, le lendemain 31.

Le 1ᵉʳ juin, le 2ᵉ de zouaves bivouaque au-dessous de Novare, entre la garde impériale et le 4ᵉ corps. Le 2, il est dirigé sur Trécate, non loin du Tessin; le 3 juin, il remonte vers le Nord, de Trécate sur Turbigo, suivant le mouvement de la 1ʳᵉ division du 2ᵉ corps et celui de la division Camou des voltigeurs de la garde.

Le 4, la division Espinasse, formant la colonne de gauche du général de Mac-Mahon, s'avance sur Magenta où le 2ᵉ de zouaves va se trouver, pour la première fois depuis l'ouverture de la campagne, en présence de l'ennemi. Après avoir traversé le village de Marcallo, le régiment se forme par bataillons en masse en se couvrant par des tirailleurs, et aborde résolument, à la zouave, une forte colonne ennemie qui vient de se montrer en face de lui. Les Autrichiens culbutés se replient, se forment de nouveau et reviennent bientôt en masses nombreuses. Sur l'ordre du général, la division reste immobile, attendant que ses adversaires soient à portée. C'était vers trois heures et demie du soir, quelques instants avant la mort du général Espinasse et l'attaque générale du 2ᵉ corps sur Magenta. L'ennemi cherchait à pénétrer entre la 1ʳᵉ et la 2ᵉ division de ce deuxième corps. Pour s'opposer à ce projet, les 2ᵉ et 3ᵉ bataillons du 2ᵉ de zouaves sont portés à droite vers une tuilerie dont l'occupation est jugée nécessaire. Tout à coup, le commandant d'une batterie française, engagée de ce côté, voyant les Autrichiens prêts à s'emparer d'une de ses pièces, appelle les zouaves à son secours :

« Sac à terre, et à la baïonnette !... Castagny, lancez-vous!... s'écrie le brave Espinasse. »

Aussitôt, le 2ᵉ bataillon, commandé par M. de Fondrevaye, se précipite, suivi du 3ᵉ bataillon, dans la direction indiquée. Les zouaves font 100 mètres au pas de course, et se trouvent en face de deux bataillons autrichiens du 9ᵉ régiment (comte Hartmann.) A la vue de cette *Furia Francese*, de cette brusque et violente attaque, l'ennemi se pelotonne et se laisse entourer. Un combat acharné s'engage à l'arme blanche. Le zouave DAUZIÈRE, de la 2ᵉ compagnie du 2ᵉ bataillon, s'efforce de s'emparer du drapeau du régiment ennemi. L'adjudant SAVIÈRE, du même bataillon, vient à son aide, blesse d'un coup de sabre le porte-drapeau, et ces deux braves soldats ont la gloire d'enlever ce trophée qui orne aujourd'hui la voûte de l'église des Invalides.

L'aigle du 2ᵉ de zouaves est décoré de l'ordre de la légion d'honneur.

Bientôt un mouvement général d'attaque est ordonné sur Magenta, clef de la position à enlever, pour rallier les autres corps de l'armée et la garde qui depuis le matin soutient tout l'effort de l'ennemi. La division Espinasse aborde les Autrichiens par leur droite, la division de Lamotterouge par leur gauche, la division Camou reste en réserve. La brigade Castagny, où se trouve le 2ᵉ de zouaves, marche en tête de colonne, guidée par le brave Espinasse. Tout est culbuté sur son passage, aucun obstacle ne saurait arrêter cette avalanche. On parvient ainsi à la hauteur du chemin de fer, menaçant le centre du village. Une mêlée sanglante a lieu. C'est à qui des terribles zouaves du 2ᵉ arrivera le premier au pied du clocher de Magenta donné pour point de direction aux troupes du 2ᵉ corps.

A peine dans les rues de Magenta, le régiment reçoit de toutes lesfenêtres, des murs crénelés, des ouvertures pratiquées pour la défense à chaque étage des maisons, une grêle de balles qui le décime. Espinasse, dont la monture trébuche sur les cadavres, descend de cheval en disant à son officier d'ordonnance, le sous-lieutenant Froidefond, et au général de Castagny : « On ne tient pas sur ce sol mou- » vant, mettons pied à terre. »

Presqu'aussitôt, M. de Froidefond est atteint d'une balle dans le ventre. Il s'appuie contre le mur pour ne pas tomber. Le coup est parti d'une grande maison occupée par **un** détachement de chasseurs tyroliens. Cette maison et sa belle défense empêchent le passage de la colonne française. « Il faut à tout prix s'en emparer ! s'écrie Espinasse, et, bravant les balles qui sifflent autour de lui, il se précipite de ce côté en disant :

— « Allons, mes zouaves, enfoncez cette porte ! »

Les zouaves s'élancent à sa suite, ils ébranlent la porte qui résiste. Le général furieux frappe du pommeau de son épée la persienne d'une fenêtre du rez-de-chaussée.

— « Entrez, entrez par là, dit-il encore. »

Un coup de feu part de la fenêtre même à laquelle il est adossé, lui casse le bras, pénètre dans les reins et lui donne le coup de la mort..... Le général reste un instant immobile, puis son épée s'échappe de ses mains, il tombe pour ne plus se relever.

Les zouaves poussent des rugissements, bondissent autour de la fenêtre, la brisent, envahissent la maison, tuent ou font prisonniers tout ce qui s'y trouve.

Le 2e de zouaves contribue puissamment à la prise de vive force de Magenta, nœud de la bataille à laquelle ce nom est donné. Il a dans la lutte quarante-quatre tués et deux cent quarante-cinq blessés. Au nombre des premiers sont : Le capitaine Fayout et le lieutenant Lévis ; parmi les seconds, les commandants de Sainthillier et de Fondrevaye[1] ; les capitaines Vincendon, Marini ; les lieutenants Letondot, Vignan, Pienelli, Thienot, Defay ; les sous-lieutenants Prevault, de Boyat Louis[2].

L'aigle du régiment avait été traversée par un biscaïen pendant la lutte.

Le 2e corps, celui qui, avec la garde impériale, avait le plus contribué à la victoire du 4 juin, eut l'honneur d'être désigné par l'empereur pour entrer le premier à Milan, comme jadis en 1806, après Iéna et Auerstaedt, le corps de Davout, pour entrer à Berlin.

Le lendemain 7, le 2e de zouaves bivouaquait en dehors de la ville, sur le côté Sud-Est, à cheval sur la route de Lodi.

Le 8, le régiment se remet aux trousses des Autrichiens, en retraite sur Lodi. La division Espinasse, passée aux ordres du général Decaen, forme la gauche de l'ordre de bataille dont le centre est tenu par le 1er corps et la droite par le 4e.

Le régiment n'a pas à donner au combat du 8 à Méle-

---

[1] Ce brave officier mourût le 14 août des suites de sa blessure.
[2] Mort le 23 juillet.

gnano, le 1er corps n'ayant pas attendu pour aborder l'ennemi l'achèvement des mouvements tournants des corps placés aux ailes dans le but de rejeter les Autrichiens sur Lodi.

Le 2e de zouaves, suivant toujours les opérations de la 2e division du 2e corps, ne tarde pas à remonter au Nord. Il se trouve alors (12 juin) former la droite de la ligne, ayant à sa gauche le 1er corps, le 3e en avant de lui, et le 4e avec la garde en seconde ligne sur la route de Milan à Brescia. Trois jours après (le 15 juin), le régiment est à l'avant-garde de l'armée française, non loin de Chiari. Brescia est occupé déjà par les troupes sardes.

L'armée autrichienne, battue à Magenta, s'était reformée en arrière de la Chièse. Le 23, le 2e corps est tout à fait en avant de l'ordre de bataille de l'armée alliée, face au centre de l'ordre de bataille des Autrichiens.

Le 24 juin 1859 va être encore un beau jour pour le 2e corps et pour le 2e de zouaves. Le régiment marche dès l'aurore par la route de Brescia à Mantoue sur le centre de l'ennemi. Il forme la tête de colonne de la brigade Castagny, tête de colonne elle-même des troupes du duc de Magenta. Au moment de l'attaque de la casa Marino, il est déployé et un des premiers engagé. Pendant une partie de la matinée, le 2e corps combat dans la plaine pour repousser les tentatives sans cesse renouvelées du centre de l'armée autrichienne qui cherche à couper le maréchal de Mac-Mahon du général Niel. Mais, dès que le commandant du 4e corps a fait savoir à celui du 2e, vers onze heures, qu'il est en mesure de se porter en avant, dans la direction de Cavriana,

toutes les troupes du duc de Magenta opèrent un mouve
ment offensif sur Cavriana. Le 2ᵉ de zouaves contribue alors
puissamment à repousser les colonnes ennemies qui cherchent à se jeter sur la gauche et à maintenir celles qui
esssayent de reprendre les positions dont on s'était emparé.

Après la campagne d'Italie, le 2ᵉ de zouaves vient à Paris
au camp de Saint-Maur pour prendre part à l'entrée triomphale de l'armée victorieuse dans la capitale. Son aigle, atteint par une balle, attire tous les regards.

Le régiment part ensuite pour revenir dans ses garnisons habituelles, en Algérie, province d'Oran.

II

Il n'est pas dans la destinée du 2ᵉ régiment de zouaves
d'être longtemps en place et inactif. Il prend part à chacune
des grandes guerres, à chacune des opérations militaires,
des expéditions lointaines un peu importantes dans lesquelles la France déploie son glorieux drapeau.

A l'exception de la campagne de Chine, on peut dire que
ce beau régiment, depuis sa formation, n'a été étranger à
aucun des faits d'armes qui ont illustré nos troupes.

A peine de retour d'Italie, en août 1859, il reçoit l'ordre
de former ses bataillons de guerre, qui, tous les quatre,
sont destinés à entrer dans la composition de l'armée du
général de Martimprey, chargé de marcher sur la frontière du

Maroc, pour réprimer les brigandages et les violations de territoire de nos voisins de l'Est.

Vers le milieu de septembre, le 2ᵉ de zouaves se trouve à la première brigade (Deligny) de la 1ʳᵉ division (Walsin-Esterhazy) du corps expéditionnaire, et fait cette courte expédition, où il perd plus de monde par le choléra que par le feu de l'ennemi.

Le 11 septembre, le camp du commandant Beauprêtre ayant été attaqué par les tribus marocaines, une répression vigoureuse avait paru nécessaire.

Le 2ᵉ de zouaves vint rallier sa division sur l'Oued-Kiss, en face des Beni-Snassen. Il eut peu de combats à livrer, car il n'y eut pour ainsi dire qu'une affaire, celle du col Aïn-Tacourats contre les Beni-Snassen ; mais le régiment fut décimé comme tout le corps expéditionnaire par le choléra, qui sévissait d'une manière affreuse de ce côté de notre colonie.

III

Une campagne qui devait être bien autrement importante, bien autrement longue que celle du Maroc, allait bientôt mettre de nouveau en relief les hauts faits du 2ᵉ de zouaves.

Une guerre lointaine se préparait. Un petit corps de troupes françaises, dont la mission était d'abord d'opérer avec des troupes anglaises et espagnoles, ne tardera pas à partir pour le Nouveau-Monde. Le contingent prêt à embarquer à la fin de novembre, très-faible dans le principe, comptait dans ses cadres le 2e bataillon du 2e de zouaves.

Quelques semaines plus tard, le corps expéditionnaire, mis sous les ordres du général de Lorencez, se composait d'une sorte de division mixte de toutes armes, comprenant un régiment d'infanterie, une batterie d'artillerie de marine et dont les principaux éléments étaient le 1er et le 2e bataillons du 2e zouaves, alors sous les ordres du colonel Gambier. Le 3e bataillon et le dépôt restèrent à Oran.

Le régiment, débarqué dans les premiers jours de février 1862 à la Vera-Cruz, se mit en marche le 28 pour Téjéria (à 10 kilomètres plus loin), marchant sur Téhuacan.

Après la rupture des négociations et du traité de la Solédad, les troupes du corps expéditionnaire revinrent en arrière pour se concentrer près de Paso-Ancho (5 avril 1862). Le 9 du même mois, les alliés s'étant retirés, le petit corps français, resté seul en face de l'ennemi, commença sans hésiter, le 19, malgré ses forces restreintes les hostilités, ne voulant pas laisser ses malades à Orizaba, à la merci des Juaristes.

Le 2e de zouaves entre le 20 avril à Orizaba après un engagement de cavalerie. Le 28, il livre au général mexicain Saragossa, de concert avec les autres troupes françaises, un combat glorieux pour nos armes. Les deux bataillons du 2e de zouaves, le 1er de chasseurs à pied, enlèvent à la baïonnette toutes les positions formidables prises par l'ennemi sur la montagne des Cumbres, à Aculcingo.

Le régiment se remet en marche le 1er mai pour Puebla et

Mexico. Le 5, il était devant la première de ces deux villes. Chargés de l'attaque principale, l'enlèvement de Guadalupe et de San Loretto, les deux braves bataillons du 2ᵉ de zouaves se forment en colonne par division à distance entière et commencent un mouvement tournant par la droite afin d'aborder Guadalupe par des pentes accessibles. Parvenu à 2,000 mètres du célèbre couvent, devenu une position très-forte, le régiment se déploie, et, une fois à mi-côte, commence le feu. Au signal du général de Lorencez, l'un des deux bataillons soutenu par quatre compagnies du 1ᵉʳ bataillon de chasseurs, s'élance à l'assaut et arrive jusqu'aux fossés de l'ouvrage; mais là, les troupes se trouvent en face d'une forteresse bien armée, bien défendue, ayant dix pièces en batterie et aux murs de laquelle il n'a pas été possible de pratiquer une brèche avec du canon de campagne. Le général est obligé de faire sonner la retraite. Le 2ᵉ de zouaves avait perdu plusieurs officiers et près de cent hommes de troupe.

Après cette affaire du 5 mai, le corps expéditionnaire commence le 9, une marche rétrograde sur Orizaba, traversant différentes localités. Le passage des Cumbres près Aculcingo est hérissé d'obstacles artificiels, mais dépourvus de défenseurs. Le 17 mai, il est à Téhuacan, le 18 à Orizaba.

A la première nouvelle de l'affaire du 5, un renfort de onze bataillons, quatre escadrons, deux batteries, fut embarqué et dirigé sur le Mexique dont le corps expéditionnaire, passé aux ordres du général Forey, après le débarquement de ces troupes, fut formé de deux divisions ainsi composées :

1re Division (Bazaine) : 1re brigade (Neigre), 18e bataillon de chasseurs à pied, 1re de zouaves, et 81e de ligne.

2e Brigade (de Castagny) : 20e bataillon, 3e de zouaves, 95e de ligne, 1er bataillon de tirailleurs algériens, deux batteries dont une de marine et une de montagne, une compagnie de sapeurs du génie.

2e Division (de Lorencez) : 1re brigade (Douay), 1er bataillon de chasseurs, 2e de zouaves, 99e de ligne.

2e Brigade (de Bertier) : 7e bataillon de chasseurs, 51e et 61e de ligne, 1er bataillon du 2e d'infanterie de marine, deux batteries, une à pied, une montée, une compagnie de sapeurs du génie.

Brigade de cavalerie. (Général de Mirandol) : Deux régiments de marche de quatre escadrons chacun, plus un demi-escadron du 5e de hussards. — Cette cavalerie légère est prise dans les trois régiments de chasseurs d'Afrique et dans le 12e de chasseurs à cheval. — Trois batteries aux parcs et réserves [1].

A peine à Orizaba, le 2e de zouaves reçoit l'ordre de détacher l'un de ses bataillons, celui du commandant Morand, pour rétablir les communications avec la Vera-Cruz. Ce bataillon et le régiment d'infanterie de marine battent, près de Cordova, une division mexicaine commandée par le général Allcave. L'ennemi en se retirant brûle le pont de bois

---

[1] Les troupes de renfort partirent de France et d'Algérie, du 26 juillet au 16 septembre. Le général Forey débarqua à la Vera-Cruz le 25 septembre et prit immédiatement le commandement en chef.

établi près de Chiquihuite, mais le génie le rétablit promptement et les communications avec la mer sont assurées. Jusqu'au commencement de novembre, la petite division du général de Lorencez, qui compte à peine six mille hommes de toutes armes, se maintient dans sa position à Orizaba et aux environs.

Un bataillon du 2e de zouaves reste à Orizaba tandis que l'autre, après avoir, comme nous l'avons dit, rejeté l'ennemi de Cordova et de Chiquihuite, fournit des travailleurs pour les travaux de défense, puis vient occuper Cordova.

Le 2e bataillon du 2e de zouaves est ensuite employé à la difficile et périlleuse mission d'escorter les envois destinés au ravitaillement des troupes échelonnées de la Vera-Cruz à Orizaba. Il rentre dans cette dernière place vers le milieu d'août. Le commandant Morand avec trois de ses compagnies part le 25 pour se rendre à la Vera-Cruz chargé d'escorter un convoi de vivres attendu avec impatience et indispensable au corps expéditionnaire.

En arrivant le 29 août à la Solédad, dont le pont est brûlé, le brave Morand trouve les eaux du Rio Jemmape très-élevées. Le gué est absolument impraticable, nulle promesse ne peut séduire les gens du pays et décider aucun Indien à tenter le passage du torrent pour aller réclamer à la Vera-Cruz le secours de la marine. Un sergent de zouaves dont nous regrettons de ne pas connaître le nom, périt victime de son dévouement en cherchant à gagner à la nage la rive opposée.

Le 7 septembre seulement, après avoir reçu des renforts d'Orizaba, Morand peut enfin reprendre sa marche. Le Rio

Jemmape n'est point encore guéable, mais sur l'autre rive paraît une colonne de renfort du 1er de zouaves qui a débarqué tout' récemment, venant d'Afrique avec le colonel Brincourt. On parvient, grâce à l'intrépidité et à l'adresse d'un zouave du 1er régiment, à établir une communication entre les deux rives, le génie construit une traille qui permet de transborder les vivres de la Vera-Cruz. Le 19 septembre, le commandant Morand rentre à Orizaba avec son convoi, ayant surmonté dans sa marche tous les obstacles déjà rencontrés par ceux qui l'ont précédé dans la conduite de ces difficiles opérations.

Le 2e de zouaves tout entier s'installe ensuite au village de Ingenio, aux avant-postes extrêmes du corps expéditionnaire. Le général Forey étant débarqué à la Vera-Cruz et ayant rallié le général de Lorencez à Orizaba, ne tarde pas à donner des ordres pour commencer les opérations offensives. Le 3 décembre 1863, le régiment se porte en avant avec les autres troupes de sa brigade. Marchant avec la colonne directement aux ordres du général Douay tandis que le 99e marche sous le commandement du colonel l'Hérillier, le 2e de zouaves suit la route de Combres, vient camper le 2 à Aculcingo, franchit le premier défilé et occupe le 3 Palma, après avoir rejeté les postes mexicains, qui du reste ne tentent pas une défense sérieuse malgré les obstacles dont ils ont hérissé les passages. Le 4, les deux colonnes réunies sont sur l'Anahuac, à San-Andrès.

La première opération rendue nécessaire par la force des choses, avant de songer à entrer à Mexico, est l'enlèvement de Puebla qui barre la route. Les deux divisions du général

Forey marchent sur cette ville, et en font l'investissement le 18 mars 1863. La tranchée est ouverte le 22 en face du fort San-Xavier à 650 mètres des fossés.

Le général Douay, nommé divisionnaire, remplace au commandement de la 1re division le général de Lorencez rentré en France, et le colonel l'Hérillier du brave 99e de ligne, nommé général de brigade, prend le commandement de la 1re brigade.

Le 2e de zouaves, occupe, le 4 mars, Topeaca, et le 9, Amozoc, où le commandant en chef arrive le 14. Le 16, on s'empare de plusieurs positions élevées autour de Puebla ; le général Douay reçoit l'ordre de tourner la ville par le Nord, pour former son attaque de ce côté, tandis que la division Bazaine s'établit au Sud.

Le 16 mars, la brigade l'Hérillier franchit l'Atoyac, se dirigeant sur Puente-Mexico, et se place vis-à-vis le Cerro San-Juan, hors de la portée du canon de la ville, dont elle forme l'investissement au Nord-Ouest.

Nous ne suivrons pas le régiment pendant toutes les phases de ce siége, nous nous bornerons à parler des affaires dans lesquelles il fut engagé. La plus brillante fut celle du 29 mars. Nous ne saurions mieux faire que de donner ici le rapport du général Forey au ministre, à cette occasion.

Au Cerro San Juan, 2 avril 1863.

« Monsieur le Maréchal,

» Mon rapport général du 2 de ce mois, a mis Votre

» Excellence au courant de la marche des travaux du siége
» de Puebla jusqu'au 29 mars.

» J'avais fixé ce jour pour enlever le fort San Xavier, sur
» lequel se dirigeaient nos attaques, et j'ai l'honneur de faire
» connaître à Votre Excellence les détails de cette opération.

» Le fort San-Xavier offre à l'ouest un front bastionné ;
» au nord, une grande courtine ; à l'est une lunette cou-
» vrant l'entrée du côté de la ville, et au sud un front bas-
» tionné irrégulier. Ces ouvrages, formant une enceinte
» continue, entourent une vaste construction qui comprend
» un pénitencier relié au couvent de San-Xavier. L'ensem-
» ble de ce solide édifice a environ 180 mètres de long sur
» 80 de large. Il renferme trois cours intérieures et divers
» corps de bâtiments.

» Les abords étaient couverts de défenses accessoires et
» flanqués par de nombreuses pièces encore intactes. La
» défense était donc facile, et la disposition intérieure des
» bâtiments permettait de la pousser jusqu'aux dernières
» limites.

» Il était indispensable de s'emparer de ce grand obsta-
» cle. Les travaux du génie nous en avait rapprochés. Le feu
» de l'artillerie en avait ruiné les batteries. Il appartenait
» à l'infanterie de faire le reste.

» Confiant dans la vigueur et l'énergie de mes troupes,
» je n'hésitai pas à ordonner l'assaut. Le 1ᵉʳ bataillon de
» chasseurs à pied et un bataillon du 2ᵉ zouaves formèrent
» les colonnes d'assaut. Un bataillon du 51ᵉ et un du
» 3ᵉ zouaves composèrent la réserve, indépendamment des
» deux bataillons de garde de tranchée.

» Je confiai la direction de cette importante opération au
» général Bazaine, qui, accompagné de son état-major, vint
» à une heure de l'après midi prendre le commandement de
» la tranchée.

» A quatre heures, toutes nos batteries dirigèrent le feu
» le plus vif sur le pénitencier, de manière à compléter la
» ruine de ses défenses extérieures. A cinq heures, selon
» l'ordre donné, le feu s'arrêta. Le général Bazaine,
» commandant, placé dans la quatrième parallèle, donna le
» signal. Les cris répétés de : Vive l'Empereur ! y répondi-
» rent et aussitôt la première colonne, sortant des tran-
» chées, s'élança au pas de course sur le saillant de San-
» Xavier, le couronna rapidement et pénétra dans l'ouvrage
» avec un élan irrésistible.

» L'ennemi fut un instant surpris, mais au bout de quel-
» ques minutes, une grêle de balles partant des murs cré-
» nelés, des terrasses, des portes, des fenêtres, des clochers,
» couvrirent nos attaques. Les Mexicains démasquèrent en
» même temps des pièces cachées derrière des barricades ;
» ils y joignirent le feu d'une batterie de campagne placée
» en avant du fort de Carmen et celui de tous les forts voi-
» sins du point d'attaque, mais ce déluge de mitraille n'ar-
» rêta pas l'élan de nos soldats.

» La seconde colonne suivit de près la première, et bien-
» tôt elles pénétrèrent dans le pénitencier. La garnison,
» composée d'environ sept cents hommes avec plusieurs
» pièces de campagne, essaya de résister. Pour la pre-
» mière fois, les Mexicains sentaient la pointe de nos
» baïonnettes ; ils cédèrent à l'impétuosité de cette attaque.

» Pourchassés sans relâche d'étage en étage, de chambre
» en chambre, quelques-uns parvinrent à s'échapper, beau-
» coup succombèrent et le reste fut pris.

» Dans les différentes parties des bâtiments, il y avait
» de la poudre, des caisses de cartouches, et des chaînes
» de bombes enterrées qui devaient éclater au moyen de
» ficelles dissimulées par de la paille. Grâce à l'énergie et
» aux dispositions prises par le capitaine du génie Barillon,
» il n'en résulta aucun accident.

» L'ennemi voyant le pénitencier en notre possession
» essaya de le reprendre. Une réserve de deux mille Mexi-
» cains s'avança sur la face orientale; mais les chasseurs
» et les zouaves installés au premier étage du bâtiment
» accueillirent cette colonne par un feu plongeant si bien
» nourri qu'elle rétrograda promptement derrière les bar-
» ricades de la ville. L'ennemi continua à diriger sur le
» fort une fusillade dès plus vives qui ne s'arrêta qu'à sept
» heures et demie.

» Les pertes de l'ennemi sont graves, car l'intérieur du
» fort était rempli de cadavres. Nous avons pris dans l'ou-
» vrage trois obusiers, une pièce de campagne, des chariots
» chargés de projectiles et les deux fanions du 20e bataillon
» de ligne mexicain. On a ramené près de deux cents pri-
» sonniers, dont dix offiiciers, parmi lesquels se trouve un
» colonel du génie et un colonel d'infanterie.

» Officiers et soldats de diverses armes méritent les plus
» grands éloges par leur entrain et leur discipline dans le
» combat. »

Le général cite dans ce rapport, comme s'étant particulièrement distingués : le chef de bataillon *Gautrelet*, commandant le 2ᵉ échelon, qui avait donné l'exemple de l'intrépidité pendant le combat, et dirigé son bataillon avec une grande intelligence militaire; — Le capitaine Escourrou blessé une première fois, qui avait continué à combattre et s'était fait tué au milieu des troupes ennemies; — *Coste*, le sous-lieutenant, *Caze*,— les sergents *Gauffinet*, *Fontaines*, blessé deux fois; — Les caporaux *Durand*, arrivé un des premier dans le redan, et blessé grièvement sur une pièce de l'ennemi qu'il avait pointé contre les Mexicains; — *Tessiere* qui s'était emparé d'un fanion ;— Les zouaves : *Chirion* qui avait enlevé un fanion; — *Louët* qui avait fait prisonnier un officier supérieur ennemi, par lequel il venait d'être blessé, et qui avait reçu une seconde blessure.

Cette affaire meurtrière, une des plus importantes de ce siége pendant lequel la lutte avait été acharnée, n'avait pas peu contribué à la reddition de la place, qui fut évacuée par les troupes mexicaines le 16 mai suivant. Le général Forey fit son entrée à Puebla le 19, à la tête de détachement pris dans tous les corps de l'armée expéditionnaire, et au commencement du mois de juin, les ordres furent donnés pour se porter sur Mexico.

La division Douay fut mise en mouvement dans les premiers jours de ce mois de juin 1863.

Le 9, le général Forey rallia à Buena-Vista cette division et alla coucher au Penon où il reçut pour la seconde fois une députation de notables de Mexico. Le lendemain 10, il s'avança, à la tête des troupes, jusqu'aux portes de la capitale du Mexique, et y fit son entrée. Le 2ᵉ de zouaves fut un des premiers corps qui eurent l'honneur de mettre le pied dans la ville.

Le général Forey, nommé maréchal, ayant été remplacé dans son commandement par le général Bazaine, quitta le Mexique dans les premiers jours d'octobre 1863 pour revenir en France. Le nouveau général en chef, à la fin du même mois d'octobre, se disposa à marcher avec une forte colonne expéditionnaire par Quéretari sur San-Luis de Potosi, où s'était réfugié Juarès.

La brigade L'Hérillier fut dirigée sur Tepexi del Rio, et le 2 novembre, les autres troupes de la 2e division (Douay) furent portées sur Teluca. Ce jour-là, le lieutenant-colonel Martin, du 2e de zouaves, avec les deux bataillons du régiment, soutint le général mexicain Mejia fortement engagé contre une colonne cherchant à détruire une prise d'eau importante entre Xilotepec et Arroyozarco. L'ennemi battu laissa des prisonniers, des armes et des chevaux aux mains des zouaves. Arroyozarco fut oceupé d'abord, puis le général Méjia, toujours soutenu par le 2e de zouaves, par deux sections d'artillerie et par un peu de cavalerie, vint s'établir à Capenlines et poussa jusqu'à San-Juan.

Le 2e de zouaves, pendant toute cette expédition sur San-Luis de Potosi, ne cessa pas d'être à l'avant-garde de sa division et eut plusieurs combats à livrer. Le 4 décembre, il marchait de Celaya sur Guanajuato par San-Miguel de Allende. Partout l'ennemi se repliait sans combattre. Le 9 décembre, le régiment occupe Guanajuato, et le 12 il se remet en marche pour Silao où il arrive le même jour.

Le général Douay, laissant à Zamora son artillerie et ses

voitures, sous la garde du 18ᵉ bataillon de chasseurs, partit le 27 décembre avec le 2ᵉ de zouaves et le 1ᵉʳ bataillon de chasseurs à pied, les tirailleurs algériens, une section de génie, une demi-batterie de montagne, trois escadrons du 2ᵉ régiment de marche et quinze jours de vivres.

Le lendemain 28, il arrivait à Reyès, à quinze lieues de Zamora, qui avait été évacué le matin même par Urraga. Là, le général Douay apprit qu'Urraga avait fait d'Uruapan un grand dépôt de munitions ; qu'il y avait installé ses ateliers de construction et de confection, et qu'il avait relié ce point avec les villes principales de l'État par des routes praticables aux transports du pays et à l'artillerie de campagne. Urraga avait commencé à diriger tout son matériel sur Coalcomon et s'était placé à Reyès afin de couvrir cette évacuation et d'activer la marche de ses convois. L'arrivée soudaine des Français jeta beaucoup de désordre dans cette opération.

Le 19, le général Douay se porta sur Périban, situé à 12 kilomètres de Reyès et la ligne des convois se trouva ainsi coupée. Sa colonne, composée de 3 bataillons d'infanterie sans sacs, de la cavalerie et d'une demi-batterie de montagne, rencontra un matériel considérable, un outillage pour fondre et forer les canons, une machine pour frapper la monnaie, plus de 60 quintaux de cuivre en lingots et en lames, des outils de toute espèce et des munitions de guerre.

Le général Douay, averti qu'un convoi de mulets était parti la veille de Périban dans la direction de Tepalcatepu, lança à sa poursuite toute la cavalerie, qui atteignit le convoi après une marche de neuf lieues, dispersa l'escorte et enleva 143 mulets chargés de matériel et de munitions de guerre.

Le 30, la colonne reprit le chemin d'Uruapan, marchant en sens inverse de l'ennemi. A mesure qu'elle avançait, les renseignements sur Urraga devenaient plus précis. A la nouvelle de l'apparition de nos troupes, l'ennemi avait enfoui ou jeté dans les ravins tout ce qu'il escortait, pour fuir avec plus de rapidité. Au village de Sirosto, on sut qu'une batterie de neuf pièces arrivée la veille, avait subitement rétrogradé et que le village de San-Juan de las Colchas était encore occupé par 300 ou 400 cavaliers juaristes.

Le général Douay fit alors accélérer l'allure à son avant-garde, et prit des dispositions pour envelopper San-Juan; mais l'ennemi n'attendit pas et s'enfuit en apercevant la tête de la colonne. La cavalerie lancée à sa poursuite changea la retraite en une déroute désordonnée, et le lendemain 1er janvier, à dix-huit kilomètres d'Uruapan, on trouva dans un champ, au milieu d'un foyer brûlant encore, neuf bouches à feu rayées, des débris d'affûts, de roues, de caissons : c'était la batterie signalée la veille à Sirosto que ses conducteurs avaient abandonnée après avoir incendié les affuts.

La marche sur Uruapan fut reprise, mais l'ennemi avait fui en désordre par le chemin de Taulan et d'Ario où la cavalerie put encore ramasser une dizaine de chariots chargés. Après avoir dirigé sur Zamora, sous la conduite d'un bataillon d'infanterie, les dix-neuf pièces enlevées, le général Douay prit lui-même cette route le 4 janvier. De Zamora, il se porta sur la Barca, où il resta jusqu'au 10. Là, il reçut du général en chef l'ordre de prendre la direction générale des opérations dans le Nord, et de porter son quartier-général à Lagos où il arriva le 18, ayant avec lui ses escadrons, le 2ᵉ de zouaves, la batterie de campagne et quatre pièces de siége, laissant le bataillon de tirailleurs pour occuper provisoirement Zamora et la Piédad.

Le général Douay vint ensuite à Lagos. Il avait ordre d'opérer sur Zacatécas dans le Nord. S'étant renseigé sur la position et les projets de l'ennemi, il concentre d'abord sa division, puis il prononce son mouvement. Il partage ses troupes en deux colonnes ; celle de droite est formée par un bataillon du 2ᵉ de zouaves, le 1ᵉʳ bataillon de chasseurs, l'artillerie et le convoi, sous le commandement du général L'Hérillier. Cette colonne part de Lagos le 28 janvier 1864, se dirigeant sur Aguas-Calientes où elle arrive le 31. La colonne de gauche reste sous les ordres directs du général Douay et prend la direction de Théocaltiche.

Le 7 février, la division Douay fit son entrée à Zacatécas où se trouvait déjà le 2ᵉ de zouaves. Le mois suivant, 25 mars, le commandant Gautrelet, prévenu qu'une bande juariste est venue s'établir non loin de la ville, part la nuit avec 90 zouaves de son régiment, atteint l'ennemi à la pointe du jour, lui tue 7 hommes, fait des prisonniers, et s'empare de 50 chevaux et d'un convoi.

Le 12 avril, ce même officier supérieur apprend que 150 guérillas sont à Trujillo, à 8 lieues de Fresnillo, centre de son commandement. Il part avec 15 chasseurs d'Afrique, 100 hommes portés par des voitures, et au petit jour, il surprend l'ennemi qui laisse entre ses mains 30 hommes tués, 70 chevaux, des armes et des munitions.

L'une des dernières affaires du 2ᵉ zouaves au Mexique, fut celle du Cerro de Majoma, qui coûta la vie au brave colonel Martin.

Voici comment le général en chef, maréchal Bazaine, en rendit compte dans sa dépêche du 27 octobre au ministre de la Guerre.

« Le colonel Martin ayant appris le 19 septembre à Porfias
» que les troupes réunies des généraux juaristes Ortega et
» Patoni marchaient de Tapona sur San-Juan de Mezquital
» pour attaquer les garnisons de Fresnillo et de Sombrerete,
» résolut de se porter au secours de ces places. Sa colonne,
» forte de six cent onze hommes, dont quatre-vingts Mexi-
» cains, se dirigea le 21 septembre au matin sur l'hacienda
» de la Hestanzuela, ayant douze lieues à parcourir.

» A trois lieues environ d'Estanzuela, le colonel Martin,
» informé que l'ennemi était proche, fit masser sa colonne ;
» ses cavaliers refoulèrent les avant-postes juaristes, le lieu-
» tenant Bouries fut blessé dans ce premier engagement.

» La ferme d'Estanzuela étant tombée en notre pouvoir, le
» colonel Martin y établit son convoi et sa réserve, et, après
» avoir assuré ses derrières, appuya l'escadron du 12ᵉ de
» chasseurs à cheval par une compagnie du 2ᵉ de zouaves, fit
» déployer les quatre autres compagnies sous les ordres du
» commandant Japy, deux obusiers au centre et les auxi-
» laires mexicaines placées en réserve, puis ordonna de
» marcher en avant.

» A peine avait-il gravi une première pente, qu'il décou-

» vrit l'ennemi rangé en bataille. C'était le corps d'armée
» d'Occident commandé par le général Ortéga ayant pour
» second le général Patoni et composé de trois divisions
» d'infanterie (Acalda, Ortéga, Patoni) une de cavalerie
» (Carbajal) une brigade non indivisionnée (Castro) et vingt
» pièces de canons (Lalane). Un état trouvé sur un colonel
» tué dans cette affaire porte l'effectif de l'armée à 3,500
» fantassins et 700 cavaliers.

» L'artillerie était établie sur le Cerro de Majoma, à mi-
» côte pour balayer le plateau et au pied du Cerro, à droite
» et à gauche de la route.

» Le colonel Martin attaque la droite de l'ennemi, malgré
» le feu de son artillerie. Les zouaves s'avancent sans hé-
» siter et sans répondre au feu. La violence de la canonnade
» redouble ; le colonel Martin, toujours à découvert, tombe
» frappé à mort par un boulet ; sa mort allume une inexpri-
» mable fureur dans le cœur de ses zouaves qui l'aimaient
» comme un père. Le commandant Japy prend à ce moment
» le commandement de la colonne. Il ordonne l'assaut. Of-
» ficiers et soldats rivalisent d'audace, et malgré la mitraille
» ils arrivent au pied du Cerro de Majoma qui est la citadelle
» dont il faut s'emparer. Ce point est défendu par des tra-
» vailleurs que protége un enclos de murs en pierres sèches;
» plus haut, huit pièces de canon, plus haut encore, de nom-
» breux bataillons soutenus par trois autres pièces. Notre
» petite troupe semble perdue au milieu de tout ce feu,
» mais l'audace supplée au nombre. Nos tirailleurs de gau-
» che, vigoureusement conduits par les lieutenants Allard et
» Pierron, s'élancent à l'assaut du Cerro, délogent l'ennemi

» de l'enclos et montent sous une pluie de balles ; les com-
« pagnies de soutien les appuient, les officiers sont au pre-
» mier rang.

« Le lieutenant Tramond est blessé mortellement ; les
» lieutenants Brissaud et Pierron, quoique blessés, restent
» à leur poste de combat ; le lieutenant d'état-major Gœdorp
» tombe à son tour ; le capitaine Coiffé et le lieutenant
» Jougla accourent et se portent au plus fort du danger,
» l'élan du soldat redouble. Nous avançons au pas de
» charge, les huit pièces de canon sont enlevées à la baïon-
» nette, les bataillons ennemis refoulés sur la pente nous
» laissent maîtres des trois autres pièces prises sur le corps
» des artilleurs.

» L'ennemi, étonné de tant d'audace, veut tenter une
» revanche et reprendre son artillerie. Ortéga demande
» encore à ses soldats dix minutes d'énergie pour en finir
» d'une poignée d'hommes. Nos zouaves, ralliés par leurs
» intrépides officiers, MM. le commandant Japy, Colasse,
» Touret, Luzeux, Caze, Fonville, Villaret et Laurent, se
» préparent à une lutte nouvelle ; le capitaine Fourès,
» brillamment secondé par les lieutenants Delavigne,
» Belbèze et Laneau, charge à fond pour les dégager, cul-
» bute l'infanterie ennemie qui abandonne les pièces qu'elle
» voulait reprendre.

» A ce moment, la 2ᵉ compagnie du 18ᵉ bataillon de
» chasseurs, commandée par le capitaine Marqué, arrive,
» poursuit la gauche de l'ennemi et lui enlève son artillerie
» que nos chasseurs à pied aussi intelligents qu'intrépides
» dirigent contre les Juaristes.

» Le sous-lieutenant Bobau, du 5ᵉ d'artillerie, dirige éga-
» lement contre l'infanterie juariste les pièces enlevées sur
» le Cerro, et les colonnes ennemies, abandonnant voitures
» et munitions, précipitent leur retraite et disparaissent
» dans l'obscurité de la nuit.

» 20 pièces de canon, une quantité immense d'armes et
» de munitions, 152 prisonniers, 4 fanions sont en notre
» pouvoir.

» La colonne Japy est rentrée le 26 septembre à Durango,
» avec ses trophées et ses prisonniers, au milieu d'une foule
» enthousiaste. Les dames de la ville ont préparé de la
» charpie et du linge et se sont portées au devant de nos
» soldats qu'elles ont couvert de fleurs. Sur l'épaule de
» chacun d'eux a été attaché un ruban portant ces mots :
» Gratitude de Durango. »

Quelques jours après ce brillant combat, le 2ᵉ de zouaves
recevait l'ordre de revenir en Algérie rejoindre à Oran son
3ᵉ bataillon.

On peut dire que pendant près de quatre années, ce beau
régiment avait marché ou combattu sans cesse et fait la
campagne la plus rude. Guerre de plaines, de montagnes,
de siége, il avait eu à supporter tous les genres de fatigue,
tous les genres de privations ; en butte aux maladies, à la
souffrance, à la disette, luttant contre des bandes souvent
insaisissables, d'autres fois contre des troupes régulières, il
avait eu affaire en outre au plus cruel, au plus terrible de
tous les adversaires, un climat mortel.

IV

Tandis que les deux bataillons du 2e de zouaves combattaient au Mexique, le 3e bataillon, sous les ordres du commandant d'Arguesse, était en expédition en mai et juin 1864, à la colonne du général Deligny dans la province d'Oran.

Les populations du Sud avaient, du côté de Laghouat, levé l'étendard de la révolte.

Au commencement de mai le général Deligny, commandant dans l'Ouest, s'était mis en marche pour le Sud. Le 12, emportant neuf jours de vivres, sa colonne, forte de trois bataillons dont le 3e du 2e de zouaves, de cinq escadrons et d'une section de montagne, quitta le poste de Kheney-Souck pour venir bivouaquer aux marabouts de Sidi-Nacer. Le 13, ses goums, qui marchaient à l'avant-garde, sont attaqués par une masse de 4,000 cavaliers et de 7 à 800 fantassins; trois escadrons prennent la charge, commencent par refouler l'ennemi, et dégagent nos alliés, puis les zouaves du 2e régiment, lancés sur les collines de gauche, en chassent les Arabes et y installent le convoi.

Le lendemain de ce brillant combat, la colonne marche sur Stitten, petite ville dont l'ennemi avait fait le centre de ses opérations et de sa défense. Le général Deligny, flanqué sur sa gauche, où les Arabes se montraient en forces, par le bataillon du 2e de zouaves, qui occupait successivement tous les pitons, arriva au col qui précède Stitten; le col ayant été enlevé par les tirailleurs algériens, la colonne descendit sur la ville, les tirailleurs l'abordèrent par la droite, les zouaves par la gauche, le 67ᵉ de front. Les Arabes abandonnèrent les maisons et s'enfuirent par les ravins.

Ce coup de vigueur, et les combats livrés par les colonnes des généraux Yusuf et Roses sur d'autres points, déterminèrent les dissidents à demander *l'aman,* mais les hostilités recommencèrent en octobre ; cependant le 3ᵉ bataillon du 2ᵉ de zouaves put rentrer à Oran assez à temps pour y recevoir les deux bataillons arrivant du Mexique.

Ici se termine la tâche que nous avons entreprise. Que de nouvelles guerres éclatent, que de nouveaux combats appellent le 2ᵉ zouaves au champ d'honneur, et il soutiendra dignement la réputation que lui ont acquis ses hauts faits

FIN

COLONELS

AYANT COMMANDÉ LE 2me DE ZOUAVES

VINOY, de février 1852 à juillet 1853. — Aujourd'hui sénateur et au cadre de réserve.

CLER, de juillet 1853 à mars 1855. — Tué à Magenta.

SAURIN, de mars 1855 à décembre 1858. — Général de brigade commandant la subdivision des Côtes-du-Nord.

TIXIER, de décembre 1858 à août 1861. — Général de brigade.

GAMBIER, d'août 1861 à septembre 1864.

LEFEBVRE, colonel actuel.

TABLE DES MATIÈRES

FIN DE LA TABLE

Clichy. — Imprimerie M. Loignon, Paul Dupont et Cie.

www.ingramcontent.com/pod-product-compliance
Lightning Source LLC
Chambersburg PA
CBHW051232050726
47594CB00001B/137